AF562023

ANDREAS BOSKUGEL

# DENKE! ANDERS 2.0

**... Sei endlich der, der du sein willst!**


Rich Verlag-Andreas Boskugel
Korrektorat: Veronika Roman, www.lektorat.koeln
**ISBN 978-3-95754-021-8**
1. Auflage

## Inhalt


1. Einleitung ... 5
2. Ist das Gesetz der Anziehung wissenschaftlich bewiesen? ... 15
3. Du sollst nicht urteilen! ... 21
4. Alles nur Meinung ... 26
5. Die einzig wahre Macht! ... 33
6. Die Logik-Falle ... 38
7. Ein gutes Wort für die Menschheit! ... 43
8. Wer ist der Gute? ... 47
9. Nobody is perfect? ... 52
10. Toleranz ist gut für andere, nicht für dich! ... 56
11. Gesunde Gleichgültigkeit ... 61
12. Kritik ... 64
13. Lebenskunst ... 72
14. Umwelt ... 74
15. Gott 2.0 ... 83
16. Das logische Gebet ... 90
17. Evolution ... 93
18. Unbewusste Prägung ... 101
19. Sind Vorurteile schlecht? ... 107
20. Das Gesetz der Anziehung interagiert ... 110
21. Worte oder Taten? ... 112
22. Überwindung? ... 118
23. Prägung vs. Integration ... 122

24. Gezielte Autosuggestion ............ 125
25. Gefühle 2.0 ............ 129
26. Fokus ............ 134
27. Der schwarze Fleck ............ 142
28. Religion 2.0 ............ 146
29. Der Sinn des Lebens ............ 150
30. Rücksichtslos? ............ 154
31. Falsches positives Denken! ............ 161
32. David gegen Goliath ............ 164
33. Geld ............ 168
34. Motivation? ............ 176
35. Sei authentisch! ............ 179
36. Handeln 2.0 ............ 185
37. Selbst denken! ............ 192
38. Partnerschaft 2.0 ............ 198
39. Gesundheit 2.0 ............ 205
40. Kinder und das Gesetz der Anziehung ............ 220
41. Praxis ............ 223
42. Das Luftschloss ............ 251
43. Du kannst es einfach tun! ............ 253
44. Ausdauer ............ 257
45. Sinnlose Zitate ............ 261
46. Schlussbemerkung ............ 273

## 1. Einleitung

**Es ist nie zu spät, sein Leben sehr deutlich, ja wirklich grandios zu verbessern!**
In diesem Werk erfährst du, wie ich von einem totalen Loser, der restlos dem Alkohol verfallen war und in bitterer Armut lebte, zu einem sehr erfolgreichen Geschäftsmann und Bestsellerautor aufgestiegen bin! Ja, ich erhob mich buchstäblich wie Phönix aus der Asche, aus meinem restlos unbefriedigenden, ja würdelosen Dasein. **Das kannst du auch!** Jeder ist in der Lage, sein Leben drastisch zu verbessern! Dazu brauchst du keine höhere Bildung und keinen tollen Beruf oder eine Intelligenz wie Albert Einstein. Auch ein Antlitz wie von Heidi Klum oder George Clooney ist nicht vonnöten. Ich selbst habe keinen Beruf, und meine eigene Begabung und mein Anblick halten sich in Grenzen. **Trotzdem habe ich es geschafft!** Ich bin in Armut aufgewachsen, dieser stetige drückende Mangel in meiner Kindheit hat mich tief geprägt. Mein Vater war schwerer Alkoholiker – auch das prägte mich nachhaltig! Natürlich habe ich diese Verhaltensmuster übernommen! Mein eigener Alkoholismus und meine erdrückende Armut waren der Goliath in meinem Leben! Genau wie David habe ich diesen schier unüberwindbaren Riesen mit nur einem Handstreich dahingestreckt! **Das kannst du auch, und es ist wesentlich einfacher, als du denkst!** Du solltest dir vor Augen halten, dass David ja gar nicht heftig mit Goliath gerungen hat, es war ein leichter Sieg in der ersten Sekunde des Kampfes! **Das schaffst auch du!** Du musst nicht jahrzehntelang mit deinen Problemen – namens Mangel, Krankheit, Einsamkeit oder vielleicht auch Übergewicht, unglückliche Beziehungen – kämpfen! Du kannst sie einfach hinwegfegen mit dem richtigen Ansatz! Diesen Ansatz findest du hier! Auch in diesem Buch

werde ich Klartext reden, ohne politisch korrekte Umschreibungen! Auf David gegen Goliath und die wahren Ursachen dieses heroischen Sieges werde ich später noch mal ausführlicher zurückkommen.

**Auch du kannst dein Leben atemberaubend verbessern und es zu einem großartigen Erfolg machen!**

Du kannst heute damit beginnen, wenn du jetzt diese Entscheidung triffst! Natürlich hast du deine ersten negativen Prägungen von anderen erhalten! Deine sämtlichen Verhaltensmuster hast du dir als Kleinkind von anderen abgeschaut, andere Dinge wurden die anerzogen von deinen Eltern, Onkels und Tanten, von deinen Lehrern, dem Fernseher oder wo auch immer deine Aufmerksamkeit hingelenkt wurde! Aber anderen deswegen Vorwürfe zu machen oder ihnen zu grollen, bringt dich nicht weiter! Auch Schuldgefühle wegen falscher Entscheidungen in deiner Jugendzeit sind völlig fehl am Platz! **Du selbst kannst dein Leben jetzt ändern!** Niemand anderer hat wirkliches Interesse daran, dass du glücklich bist, auch wenn es dir deine Freunde oder Verwandten so sagen. Das sind Sprechblasen! Natürlich würden sie es begrüßen, wenn es dir so richtig gut geht. Aber etwas dafür tun? Glaubst du, andere werden hart arbeiten, Entbehrungen auf sich nehmen und Risiken eingehen, damit es **dir** besser geht? Natürlich nicht, das musst du selbst machen! Und die Lösung heißt eben **nicht** hart arbeiten, Entbehrungen auf sich nehmen und Risiken eingehen!

**Beachtung bringt Verstärkung** ist ein eiserner Grundsatz des Lebens! Beachte ich Probleme, werden diese größer, und sie vermehren sich! Ich selbst stärke und vervielfältige sie durch meine Aufmerksamkeit! Mit diesem stetigen Fokus auf das Unerwünschte sage ich schließlich meinem Unterbewusstsein: ***Bitte gib mir mehr davon!*** Wenn ich ständig an Probleme denke, wird das Unterbewusstsein nun immer mehr von diesem Problemdenken angefüllt. Das Innere strahlt nun negative

Schwingungen aus, diese kommen zurück als negative Erfahrungen, und dadurch verstärkt sich dieser Kreislauf immer weiter. Es ist wahrhaftig ein Teufelskreis des negativen Denkens!
**Das Gesetz der Anziehung bringt dir immer das in dein Leben, was du als mentales Gegenstück in deinem Unterbewusstsein gespeichert hast!**
Ich habe dieses Buch geschrieben, um dich dazu einzuladen, dein Leben wirklich grandios zum Guten zu verwandeln! **Diesen Teufelskreis endlich zu durchbrechen!** Es ist nie zu spät, aus negativen Inhalten positive zu machen!
In diesem Buch möchte ich dich dazu ermuntern, ein frustrierendes in ein freudiges, spannendes, ja phänomenales Leben zu verwandeln. Falls du in deiner jetzigen Lebenssituation nicht wirklich glücklich in allen Bereichen bist, hast du hier die Lösung in der Hand! Du kannst das jetzt umgehend ändern! Ich meine damit nicht, es so ein bisschen zu verbessern, sondern ich rede hier von der Revolution! Eine totale Neuordnung hin zu einem selbstbestimmten, wirklich erfüllten, absolut geilen Leben! Ich rede von prächtigem Gedeihen, von gleißendem Glück, atemberaubendem Reichtum und einer eisernen Gesundheit!
Wenn du dich umschaust, kannst du selbst beobachten, dass die meisten Menschen ein Leben führen, das der reinen Existenzsicherung gewidmet ist. Viele gehen morgens zur Arbeit, die ihnen zuwider ist, Tag für Tag, Jahr für Jahr! Sie kommen nach Hause, in eine Ehe, die ihnen mehr Stress als Freude bereitet, Tag für Tag, Jahr für Jahr. Aber sie brauchen diesen Job, schließlich müssen sie ja ihre Kosten decken. Den Partner brauchen sie ebenso, wenn auch nur aus Gewohnheit, aber ohne ihn würden sie sich unvollständig fühlen.
Natürlich könnten sie sich auch nach einer anderen Arbeit umsehen, aber was gibt es da schon Lohnendes, was auch noch ein wenig Freude bereitet? Vor allem für Leute mit dieser Ausbildung und aus solchem Jahrgang? Auch ein anderer Partner wäre

denkbar, aber jetzt noch mal von vorn anfangen? Die guten Partner sind doch eh alle vergeben, die guten Jobs ebenso. Also lassen sie lieber alles, wie es ist, das gibt wenigstens Sicherheit und Beständigkeit. Wenn auch auf einem Level, der ein Glücklichsein verhindert. Aber Sicherheit ist den meisten Menschen eben wesentlich wichtiger als wahres Glück. Am Abend vor der Glotze können sie dann ja in eine andere Welt flüchten, sich noch ein bisschen mit Alkohol betäuben, und sie können sogar einmal am Tag lachen über einen faden Witz eines durchschnittlichen Komikers.

Und so können sie die Frustration wieder für ein paar Stunden vergessen.

In diesem Buch möchte ich dich dazu ermuntern, ein frustrierendes in ein freudiges, spannendes, phänomenales Leben zu verwandeln.

**Es ist viel einfacher, als du denkst! Doch du selbst musst es tun!**

Denn mir ist aufgefallen, dass Menschen nur sehr selten auf die Idee kommen, darüber nachzudenken, **warum** sie überhaupt in einer solchen unbefriedigenden Situation feststecken. Würdest du sie fragen, dann würden sie dir was von falschen Entscheidungen erzählen, die sie in jungen Jahren getroffen haben, den falschen Beruf gelernt, den falschen Partner geheiratet usw. Viele würden dir sogar erzählen, dass damals andere für ihr Leben verantwortlich waren, die Eltern, Lehrer, Politiker, der erste Partner, der sie enttäuscht hat, und dass sie nur deshalb die falschen Entscheidungen trafen. Sie kommen einfach nicht auf die **wahren** Ursachen, die den Lauf ihres Lebens bestimmen.

***Die einzige Sünde ist die Unwissenheit und alles Leiden die logische Konsequenz.***

Buddha

Die **wahre** Ursache, dass ihr Leben nicht so verläuft, wie sie es gerne hätten, ist darin zu finden, was die Eltern ihnen vorgelebt haben! Das, was sie als 3-Jährige schon so beobachtet haben, bildet den Grundstock ihrer Prägung. Sie haben es zwar nicht mit dem Gehirn verstanden, wenn die Eltern über Geld stritten oder sich über ihren Mangel unterhielten. Aber sie haben es gespürt, diese Existenzangst, diese drückende Armut. Als Teenager wurde der Mangel konkreter – während andere Schüler teure Markensachen trugen, bekamen sie welche vom Grabbeltisch.
Nun wurden sie zusätzlich noch darauf konditioniert, mehr über Probleme nachzudenken und darüber zu reden als über erfreuliche Dinge! Fast täglich hörten sie: *Probleme müssen diskutiert werden, man muss darüber sprechen!* Wenn Kinder sich dem verweigern, weil sie einfach unbeschwert sind, dann werden sie von den Eltern dazu genötigt, doch endlich die rosa Brille abzunehmen und der Realität ins Auge zu blicken!
Ja, das ist der Grund, warum so viele Menschen so viele Probleme haben, weil ihr Unterbewusstsein schon ab der frühesten Kindheit negativ geprägt wurde! Weil sie aus diesem Grunde nicht verstehen, dass das Betrachten von Problemen weitere Probleme hervorruft! Sie kennen oder verstehen das Gesetz der Anziehung nicht. Sie kennen oder verstehen die Wirkungsweise ihres Unterbewusstseins nicht! Sie kommen nie auf die Idee, dass es ihre eigenen negativen Gedanken waren, die zu destruktiven Mustern wurden, dass dadurch dieses unbefriedigende Leben überhaupt erst erschaffen wurde. **Warum** haben sie den falschen Beruf gewählt, **warum** den falschen Partner geheiratet? Waren sie etwa zu dumm für einen anspruchsvollen Job? Oder haben sie einfach nur den erstbesten Partner genommen, der sich ihnen darbot? Haben sie nicht gründlich genug nachgedacht? Nein, nicht weil sie zu blöd dazu waren oder etwa nicht gut genug waren, um einen besseren Lebenspartner zu finden! Auch nicht weil der erste Partner sie enttäuscht hat. Es ist geschehen, weil ihr Unterbewusstsein mit

negativen Inhalten angefüllt ist, und **deswegen** haben sie die falschen Entscheidungen getroffen! Also nicht die Entscheidung ist die Ursache, sondern die negative Prägung des Unterbewusstseins! Wäre das Innere positiv geprägt, hätten sie ganz andere Wege eingeschlagen, hätten einen ganz anderen Berufswunsch gehabt und hätten auch, aufgrund der positiven Prägung, viel mehr Fleiß und Elan an den Tag gelegt, dieses Ziel zu erreichen! Auch hätten sie ein wesentlich höheres Selbstwertgefühl entwickelt, und das hätte sich entscheidend bei der Partnersuche niedergeschlagen! Es ist ja logisch: Wenn ich mich tagein, tagaus mit Problemen beschäftige, dann treffe ich unbewusst Entscheidungen, die mir weitere Probleme bringen! Und wenn mich meine Eltern unbewusst Armut lehrten, werden meine schulischen Leistungen sowie meine Lebenseinstellung Armut fördern!

**In diesem Buch wird dir ein Weg aufgezeigt, wie du das schnell und nachhaltig änderst! Ja, du kannst heute beginnen, die Inhalte deines Unterbewusstseins drastisch zu verbessern.** Erst nachdem du damit begonnen hast, wird dir das Gesetz der Anziehung bessere Resultate auf allen Ebenen in dein Leben bringen.

Dazu ist es notwendig, dass du erkennst, dass die Dinge anders sind, als du es auf den ersten Blick siehst!

Du hast dieses Buch oder deinen E-Book-Reader in der Hand und glaubst, es sei fest, das ist es aber nicht! Niemand weiß es, auch nicht der Physik-Nobelpreisträger, warum wir es überhaupt als fest wahrnehmen! Eigentlich ist es nur wabernde Energie. Wenn du es millionenfach vergrößerst, wirst du es sehen! Würde man jedwede „feste Materie“ so weit vergrößern, dass der Atomkern die Größe eines Handballs hätte, dann würde das nächste Elektron, von der Größe eines Tennisballes, mit einem Radius von ca. 15 Kilometern mit beinahe Lichtgeschwindigkeit um diesen Kern kreisen. Wenn wir bei diesem Größenverhältnis bleiben, sprechen wir von über 20 Billionen Kubikmetern, in denen sich lediglich dieser Atomkern von der Größe eines Handballs und ein paar andere Teilchen von der Größe eines Tennisballes befinden. Der Rest ist einfach **nichts!** Das heißt im Klartext, dass es im Universum buchstäblich kaum feste Materie gibt. Das ist wissenschaftlich bewiesen! Und das ist jetzt nicht nur der Fall mit dem Buch, das du gerade in der Hand hältst, sondern mit allem, inklusive dir selbst!

Und so ist es mit vielen Dingen, wir sehen das Offensichtliche, aber nicht die wahren Dinge dahinter. Nur diese Fassade zu betrachten, nenne ich hier *weltliches Denken*, weltliches Denken ist: Wenn man nur das betrachtet, was man mit den Augen sehen kann, aber sich nicht die Mühe macht, die wahren Ursachen und Zusammenhänge dahinter zu ergründen.

Weltliches Denken praktiziert die überwältigende Mehrheit der gesamten Menschheit!

Man sollte das in einen Zusammenhang damit bringen, dass die überwältigende Mehrheit der Menschen nicht gesund, reich und glücklich ist.

Aufgrund ihrer Weltsicht ist es überhaupt gar nicht möglich, gesund, reich und glücklich zu sein. Sie leiden sozusagen unter den Dämonen ihrer Vergangenheit! In diesem Werk möchte ich dich auf den Gedanken bringen, dass es absolut einfach ist, diese Dämonen loszuwerden. Ja, du kannst sie problemlos entsorgen! Sie bedrohen dich nicht etwa von außen, sie sind in deinem Inneren, du selbst hast sie in deinem Herzen eingesperrt. Ich will dich darin bestärken, dass es total simpel ist, sie wieder rauszulassen und so zeitlebens Ruhe vor ihnen zu haben.

Wer das Gesetz der Anziehung nicht kennt, wird wie ein Spielball hin- und hergeworfen zwischen irgendwelchen schwachsinnigen Ideologien, ebenso dümmlichen Religionen und seinen eigenen tiefen Wünschen und Sehnsüchten.

Bedient man sich dieser Ideologien, könnte man ganz pauschal ausgedrückt sagen: *Es ist verboten, deine eigenen tiefsten Wünsche und Sehnsüchte zu leben, denn das ist nun mal verboten!*

Nicht unbedingt nach dem Strafgesetzbuch, aber nach der Meinung der ach so anständigen Leute, die eben diese Ideologien oder Religionen vertreten. Es ist eben moralisch verwerflich, reich werden zu wollen! Wenn es dein Wunsch ist, einen attraktiven Partner zu haben, dann bist du natürlich nur oberflächlich. Nein, du hast dich gefälligst anzupassen und dich wortlos in die große Schafherde einzuordnen!

***„Um ein tadelloses Mitglied einer Schafherde sein zu können, muss man vor allem ein Schaf sein.“***
Albert Einstein

Und natürlich musst du bescheiden sein.
Ich möchte behaupten, dass 99 % aller Menschen gerne gesund, reich und glücklich wären. Es nicht sein zu wollen, wäre absolut anormal. Also könnte man jemanden, der nicht reich sein will, guten Gewissens als pervers bezeichnen.
Ich möchte dir in diesem Buch das Gesetz der Anziehung und die damit verbundene kosmische Ordnung rüberbringen sowie die dazugehörige Erkenntnis, dass es keine allgemeingültigen Moralvorstellungen geben kann, denn nur wenn du diese ablegst, wirst du wahre Freiheit genießen können!
**Um nach dem Mainstream ein wahrhaft guter Mensch zu sein, musst du:**
- Deine eigenen Wünsche immer hintanstellen.
- Dein eigenes Glück als „nicht so wichtig“ bezeichnen.
- Immer für andere da sein.
- Alles tun, damit andere glücklich werden.
- Eine der etablierten Parteien wählen.
- So tun, als wärest du umweltbewusst.
- So tun, als wärest du bestürzt, wenn Tausende Kilometer entfernt ein dir völlig fremder Mensch stirbt.
- So tun, als wäre dir Geld nicht wichtig!

- Deinen zukünftigen Partner ausschließlich nach inneren Werten aussuchen.

**Ein schlechter Mensch bist du:**

- Wenn du dein eigenes Wohlergehen an die erste Stelle setzt.
- Wenn du deine Frau nach 20 Jahren Ehe verlässt, selbst wenn sie 40 Kilo zugenommen hat und streitsüchtig geworden ist.
- Wenn du zugibst, dass es dir egal ist, dass da gestern 10 Menschen im Mittelmeer ertrunken sind.
- Wenn du die mediale Meinung des Klimawandels hinterfragst.
- Wenn du offen darüber sprichst, dass es dir wichtig ist, reich zu sein.
- Wenn du das Establishment infrage stellst.
- Wenn du zugibst, dass du den versoffenen Penner am Bahnhof verachtest.

**Zusammenfassend könnte man sagen, dass du dann als schlechter Mensch gebrandmarkt wirst, wenn du ehrlich bist und das sagst, was du wirklich denkst!**

**Ein guter Mensch bist du, wenn du heuchelst und anderen politisch korrekt nach dem Mund redest.**

Beim Gesetz der Anziehung funktioniert das anders! Dieses kannst du nicht belügen! Nicht durch Heuchelei beeindrucken!

Wenn du da sagst: *Geld ist mir nicht so wichtig ...,* würde es dir, wenn es sprechen könnte, erwidern: *Alles klar, ich werde Geld von dir fernhalten!*

Wenn du behauptest: *Das Äußere ist mir bei einem Partner nicht so wichtig ...,* könnte es dir entgegnen: *Wie du möchtest, ich habe viele im Angebot, die stockhässlich sind!*

Man könnte sagen, das Gesetz der Anziehung ist das Gesetz der Eigenverantwortung! Das Gesetz der Selbstfürsorge – natürlich lehnen Menschen mit einer starken Opfermentalität dieses Gesetz ab!

Auch Leute, die ein Helfersyndrom haben, lehnen das Gesetz ab, weil sie überall nur Opfer sehen, Opfer von den bösen Menschen, den bösen Egoisten, Kapitalisten usw. Sie sehen fälschlicherweise keine machtvollen Menschen, die alle ihr eigenes Leben erschaffen, sondern nur Täter und Opfer.
Ja, im Grunde sind es immer die Prägungen deines Unterbewusstseins, die dein eigenes Leben – im Guten wie in Schlechten – erschaffen! Falls dir dein Leben nicht sonderlich gefallen sollte, dann ändere es! Die Umstände in deinem Leben zu ändern, geht prinzipiell nur über eine Veränderung in deinem Inneren! Heute ist ein sehr guter Tag, damit zu beginnen!
**Der Satz: *Du musst die Inhalte deines Unterbewusstsein verändern* ist die logische Schlussfolgerung, wenn du das Gesetz der Anziehung verinnerlicht hast. Das ist dein persönlicher Heiliger Gral!** Du kannst es schaffen, so wie es viele vor dir auch geschafft haben. Du musst lediglich hartnäckig daran arbeiten, die negativen Inhalte deines Unterbewusstseins in positive zu verwandeln! **Nun lass es uns gemeinsam tun!**

## 2. Ist das Gesetz der Anziehung wissenschaftlich bewiesen?

Dieses Gesetz der Resonanz ist bewiesen, zumindest experimentell. Es wahrhaftig **wissenschaftlich** zu beweisen, ist nicht möglich, aus folgendem Grund:
Wissenschaftlich bewiesen, das würde heißen, dass es in einem **reproduzierbaren** Experiment nachgewiesen werden muss. Angenommen, bei einem chemischen Experiment nimmt man 2 Gramm einer bestimmten Chemikalie und gibt diese in eine bestimmte Lösung, dann ist eine gewisse Reaktion zu erwarten. Diese Reaktion wird bei gleichen Umgebungsbedingungen immer genau dieselbe sein, egal wer dieses Experiment durchführt, egal an welchem Ort es ausgeführt wird und egal zu welcher Zeit es stattfindet.
Angenommen, man hätte einen Menschen mit einem absolut leeren Unterbewusstsein. Diesem würde man jetzt auftragen, bestimmte Gedanken zu denken, würde ihn mit bestimmten Suggestionen berieseln, dann würden sich diese Gedanken sehr schnell in seinem Leben manifestieren. Nun gibt es aber keine Menschen mit einem unbeschriebenen Unterbewusstsein, selbst Neugeborene haben schon während der 9 Monate Wachstum im Mutterleib über die Gedanken und Gefühle der Mutter Informationen vermittelt bekommen, die sie in ihrem Unterbewusstsein abgelegt haben. Ein jedes Unterbewusstsein eines jeden erwachsenen Menschen ist gefüllt mit Millionen von Meinungen und Glaubenssätzen, die im Grunde genommen alle auf Information zurückzuführen sind. Angenommen, man würde diese Chemikalie aus oben genanntem Experiment nun in eine Lösung tun, die aus Millionen verschiedener Komponenten nach Zufallsprinzip zusammengemischt wurde, dann ist es logisch, dass das Experiment jedes Mal einen anderen Ausgang hätte.

Außerdem ist nicht gesichert, dass der Mensch, der an diesem Experiment teilnahm, sich wirklich auf das fokussiert hat, was ihm aufgetragen wurde, schon gar nicht, wie intensiv er es getan hat usw. Jeder weiß, wie schwer es sein kann, sich auf etwas Bestimmtes zu konzentrieren.
Niemand weiß, was ganz genau im Unterbewusstsein eines Menschen gespeichert ist, noch nicht einmal die Person selbst. Deswegen wird man niemals den wissenschaftlichen Beweis für das Gesetz der Anziehung finden, den die Welt der Wissenschaftler als gesichert bezeichnen würde.
**Und es ist doch reproduzierbar –** wenn zum Beispiel der Patient durch Suggestionstherapie den felsenfesten Glauben aufbaut, dass er gesund ist, wird er geheilt werden. Nur liegt die Macht eben nicht beim Arzt, sondern **beim Patienten selbst**, deswegen ist dieser Vorgang für **den Arzt** nicht reproduzierbar. Für den Patienten schon. Aber Patienten schreiben keine wissenschaftlichen Abhandlungen darüber, das machen die Mediziner!
Weiterhin ist es in zahlreichen Dokumentationen festgehalten, dass Menschen nur Kraft ihrer hoffnungsvollen Einstellung unmögliche Dinge bewältigt haben. Wenn du irgendwo davon hörst, dass ein Wunder geschehen ist, dann weißt du mit Sicherheit, dass da Menschen beteiligt waren, deren Zuversicht stärker war als ihre Angst, die trotz aller Widrigkeiten an einen positiven Ausgang geglaubt haben.
Immerhin ist es aber schon wissenschaftlich gesichert, dass das alte Weltbild von Sir Isaac Newton **nicht** der Realität entspricht. Es ist ein Auslaufmodell, das schon im Jahre 1900 von Max Planck auf den Schrottplatz der Geschichte geschickt wurde. Die Quantenphysiker sind sich einig, dass Materie aus Bewusstsein erschaffen wird. Im legendären Doppelspaltexperiment wird eindrucksvoll dargestellt, dass es erst Bewusstsein erfordert, um überhaupt Materie zu erschaffen. Ohne Bewusstsein sind sämtliche

Teilchen nur in einer Wellenfunktion vorhanden. Dieses Experiment wurde mit Photonen, Elektronen und Atomen durchgeführt, und immer wieder gab es das gleiche Ergebnis: ohne Bewusstsein keine Materie.
Weiterhin bin ich der Meinung, dass es viele Wissenschaftler gar nicht beweisen können, selbst wenn sie technisch dazu in der Lage wären. Da steht ihnen ihr eigenes Paradigma im Wege! Schließlich hat man herausgefunden, dass viele Experimente mit flexiblen Komponenten, z. B. in der Biomechanik, den Ausgang nehmen, den der Wissenschaftler **erwartet**. Aber genau genommen ist schon **genau diese Tatsache** Beweis für das Gesetz der Anziehung! Denn was ist es sonst, wenn sich die Ergebnisse dem Glauben des Wissenschaftlers beugen?
Aber die Wissenschaftler sträuben sich natürlich weiter dagegen, weil es viele ihrer Lehren kippen würde!
Jeder Mensch kann auch dieses Gesetz für sich selbst beweisen, dazu bedarf es keiner Wissenschaftler. Erschaffe durch dein diszipliniertes Denken das Leben, was du dir wirklich wünschst, und lass die Wissenschaftler eben in ihrem alten Paradigma verweilen.
Nach deinem Glauben wird dir geschehen! Jesus hat diesen Satz häufig gebraucht! **Nach deinem Glauben wird dir geschehen!** ist der kürzeste und eindrucksvoll präziseste Satz, der das Gesetz der Anziehung beschreibt!
Dennoch ist nicht nur wissenschaftlich gesehen, sondern auch im Empfinden des Normalbürgers das Gesetz noch nicht wirklich akzeptiert.
Angenommen, da kommt einer daher, der sagt: *Ich habe das durch Arbeit an mir selbst erschaffen*, dann kommt ein Loser daher, der sagt: *Ich habe dasselbe getan, aber es hat nicht funktioniert, und du hast nur Glück gehabt!* Dem stimmen nun natürlich alle Versager zu, weil sie weiter daran glauben wollen, dass sie keine

Chance im Leben haben und dass andere an ihrem Elend schuld sind.
Wenn man jetzt überprüfen würde, ob denn der Loser nun wirklich an sich gearbeitet hat, wie oft und wie intensiv hat er durch Imagination und Vergebung die Inhalte seines Unterbewusstseins geändert? Und vor allem, worauf hat er sich sonst noch so fokussiert, was glaubt er tief in seinem Herzen? Welche Inhalte hat er seinem Unterbewusstsein aufgeprägt? Hat er eher vor der Glotze gesessen, oder hat er eine Biografie von einem Gewinner gelesen? Dann würde sich vermutlich herausstellen, dass er nur lieblos mal ein paar Minuten etwas getan hat ohne wirkliches Herzblut. Dann würde man merken, dass er so niemals Erfolg haben kann! Er **muss** scheitern! Auch wenn er mal kurzfristig positiv denkt, muss er das! So gesehen ist das Gesetz der Resonanz nur etwas für Menschen, die auch Verantwortung übernehmen wollen und die genug Eier haben, an ihren Wünschen festzuhalten, auch wenn der Mainstream etwas anderes als richtig empfindet! Ich bin lieber ein reiches, glückliches schwarzes Schaf als ein armes unglückliches weißes! Da es prozentual gesehen aber nur recht wenige Menschen gibt, die so denken wie ich, wird dieses Gesetz immer Grenzwissen bleiben. Es gibt ja immer noch Träumer, die glauben, dass eines Tages alle Menschen das Gesetz der Anziehung verstehen und wir dann das Paradies auf Erden erleben, aber dem möchte ich hiermit eine klare Absage erteilen. Es wird weder eine Welt geben, in der alle gesund sind, noch eine, in der alle reich sind, ebenso wenig eine Welt ohne Kriege. Ich denke, dass das auch im Schöpfungsplan gar nicht so vorgesehen ist, denn um solch eine Welt zu erhalten, müssten die Menschen aufhören, sich wie Menschen zu benehmen, und das wird natürlich niemals passieren.
Ich möchte behaupten, dass weltweit jeder Mensch mit einer Schulbildung den Placeboeffekt kennt, dieser belegt in eindrucksvoller Weise das Gesetz der Anziehung. **Nach deinem Glauben wird dir geschehen!** Auch den Placeboeffekt könnte

man mit diesem einen Satz beschreiben. Aber kaum jemand denkt diesen Gedanken zu Ende, und das bestätigt meine Behauptung, dass es niemals eine Welt geben wird, in der alle dieses Gesetz zu ihrem Wohlergehen anwenden werden. Zu tief sitzt das Bedürfnis der meisten, in Schuldzuweisungen zu denken und über andere zu urteilen.

Aber wir wollen uns hier nicht damit befassen, was die anderen falsch machen, denn dann wären wir genauso wie sie und würden über andere richten.

Aber genau das möchte ich dir hier anbieten: gemeinsam mit mir anders zu sein als die graue Masse. Genauer gesagt: gesünder, reicher und auch wesentlich glücklicher zu sein, als es der Durchschnittsmensch ist.

Die allerwichtigste Regel, um das zu erreichen, heißt: **Fokussiere dich immer auf das, was du möchtest, und niemals auf das, was du vermeiden willst!** Es ist immer wieder die gleiche Kausalkette: Mit deinen Gedanken beschriftest du dein Unterbewusstsein, und dieses führt dich, ohne dass du es wirklich merkst! Wissenschaftler sind sich einig, dass von dem, was ein Mensch tut, über 90 % völlig unbewusst abläuft. Dazu möchte ich dir gerne ein Beispiel aus der Praxis nennen: Ich hatte damals einen Bekannten, der sah so recht durchschnittlich aus. Er war ein sehr netter Kerl, hatte wirklich Humor, aber er sah eben nicht besonders aus, und das wusste er auch. Irgendwann lernte er seine Prinzessin kennen, das war wirklich eine Traumfrau, äußerlich wie innerlich! Nun erzählte er jedem, mit dem er sprach, dass sie ihn ja bestimmt irgendwann wieder verlassen würde, weil sie doch sicherlich auch was Besseres als ihn bekommen konnte. Doch sie wollte gar nichts anderes, sie war so verliebt und eh nicht so sehr auf Äußerlichkeiten fixiert. Aber es kam, wie es kommen musste: Irgendwann war Marcell mit seinen Kumpels unterwegs, so als Herrenabend. In einer Kneipe lernte er dann eine Frau kennen, so eine, die jeden Abend in der Kneipe sitzt, und er legte sie sofort flach. Natürlich blieb das seinen Kumpels nicht verborgen, und wie es nun mal so ist, einer erzählte es seiner Frau, diese kannte Marcells Freundin, und so erfuhr sie es und zog sofort bei ihm aus!

Als ich ihn später fragte, warum er das getan hat, erwiderte er mir, dass er es nicht wisse! Ich wusste es schon, warum er es getan hat! Er hat sein Unterbewusstsein so lange damit gefüttert, dass diese Frau ihn verlassen würde, bis sein Inneres einen Weg gefunden hatte, das in die Realität umzusetzen. Und als Folge betrog er seine wirklich tolle Freundin mit einer blöden Schlampe aus der Kneipe.

Diese Geschichte und Millionen andere, wo jemand etwas tut, von dem er gar nicht so genau weiß, warum er es denn macht, sind in meinen Augen Beweis genug, dass man immer dahin geht, worauf man seinen Fokus richtet. **Nach seinem Glauben ist ihm geschehen!**

Als er sich nach dieser Begebenheit wieder so einigermaßen erholt hatte und ich ihm die Zusammenhänge zwischen seinem Glauben und seinen Handlungen erläutert habe, war er auch endlich bereit, mal ein gutes Buch darüber zu lesen. Heute ist er glücklich verheiratet (mit einer anderen), und er zweifelt nicht mehr an sich selbst.

Fokussiere auch du dich stetig darauf, was du im Leben erreichen willst, nicht darauf, wovor du dich fürchtest! Natürlich ist das nicht immer leicht, aber es ist zu schaffen! Es ist wie mit allen Dingen: Je länger du es machst, um so einfacher wird es, und die Resultate werden nicht lange auf sich warten lassen!

## 3. Du sollst nicht urteilen!

Es ist nicht nur die wichtigste Regel, sondern auch mit Abstand die schwerste Lektion, die es zu erlernen gibt!
Durch dein Urteil über das Verhalten anderer konzentrierst du dich natürlich auf genau das, was du **nicht** willst. So kannst du aber logischerweise nicht das erreichen, **was** du willst.
Was ist das denn, wenn du ein Urteil fällst? Du siehst einen anderen, der etwas tut; sich kleidet; spricht; einen Beruf ausübt; Wünsche hat; Meinung äußert oder sonst wie ein Verhalten an den Tag legt, wie du es **nicht** tun oder sagen würdest. Aus dieser Empfindung heraus beginnst du nun, ein negatives Urteil über diesen Menschen oder über seine Handlungen zu fällen! Er ist jetzt ein Idiot, Vollpfosten, Schwachmat, Arschloch oder er ist unanständig, verblendet, unreif, verachtungswürdig, unmoralisch oder was auch immer du noch für Kraftausdrücke oder herabwürdigende Adjektive für die andere Person findest. Im Grunde sagst du jetzt: *Wenn ich an seiner Stelle wäre, würde ich anders denken, reden oder handeln!*
Hast du dir das schon mal auf der Zunge zergehen lassen? Also ich finde es immer ein bisschen schizophren darüber nachzudenken, wie ich denken oder mich verhalten würde, wäre ich nicht ich selbst, sondern ein anderer! Das ist wirklich Schwachsinn in Reinkultur, dass sich Menschen darüber Gedanken machen, was sie tun würden, wären sie nicht sie selbst!
Der, über den du da nachdenkst, ist eine Person mit einem vollkommen anders beschriebenen Unterbewusstsein als du, er hat Tausende andere Erfahrungen gemacht als du! Wir wissen ja, dass das meiste, was Menschen machen, ziemlich unbewusst abläuft. Wenn also jemand einen Satz spricht, dann denkt er ja nicht wirklich darüber nach. Niemand denkt: *Ich werde jetzt dieses Wort in den Satz mit einbauen, weil das besser klingt!* Man spricht eben einfach! Das kommt alles aus den Inhalten des Unterbewusstseins,

und das Innere eines jeden Menschen ist nun mal grundverschieden! Und so sieht es mit den meisten Handlungen aus, die wir tätigen, wir tun es, ohne es wirklich zu reflektieren. Hast du schon mal darüber nachgedacht, ob die Art, wie du läufst, vielleicht auf andere komisch wirken könnte? Oder dein Sprachgebrauch? Deine Mimik und Gestik? Vielleicht denken ja Verhaltensforscher oder Rhetoriktrainer darüber nach – aber ein normaler Durchschnittsmensch? Die meisten machen das natürlich nicht, aber sie urteilen fleißig über andere. Für viele ist es schon fast ein Ritual, über Kollegen abzulästern! Man sollte dringend erkennen, dass man selbst derjenige ist, der den Schaden davon hat! Derjenige, der verurteilt oder kritisiert, legt negative Gefühle auf **sein eigenes Unterbewusstsein** ab! Wenn dann das Innere eines Menschen zum großen Teil mit derartiger Negativität angefüllt ist, macht sich das **ausschließlich** im eigenen Leben bemerkbar. Versuch doch mal, dir das bildlich vorzustellen: So könntest du dir z. B. ausmalen, wie es bei dir zu Hause aussehen würde, wenn bei jedem schlechten Denken oder Reden über eine andere Person ein Mülleimer in deine Wohnung gekippt wird. Wie würde es nach ein paar Tagen bei dir zu Hause aussehen? Nach ein paar Wochen oder gar Monaten? Würde dir der Müll schon entgegen fallen, wenn du die Wohnungstür öffnest?
Aber genau so müllst du mit ständigem Urteil dein Unterbewusstsein zu!
Wenn schlecht über andere geredet wird, dann wird immer davon ausgegangen, dass der **andere schlecht ist.** Anscheinend kommt keiner von den Kritikern auf die Idee, dass der andere lediglich **anders** ist. Im Grunde kann kaum ein Mensch etwas dafür, wie er ist. Die allermeisten Menschen leben völlig unbewusst und wissen im Alter selbst nicht so genau, warum sie so geworden sind. Sie sind einfach von einer Begebenheit in die andere gestolpert und haben lediglich auf die Situation reagiert. Uns so sind sie dann eben geworden, wie sie jetzt sind, ohne jemals die direkte Intention

gehabt zu haben, so zu werden! Oder hattest du vor 20 Jahren den Wunsch, genau die Person zu werden, die du jetzt bist? Wenn „ja", dann herzlichen Glückwunsch, aber bei den meisten wird es so nicht sein! Also erkenne, der andere ist einfach nur anders! Aber nur weil jemand anders ist, ist er doch nicht schlecht, wir sind doch keine Schafherde. Trotzdem gehen immer viele davon aus, dass der andere jetzt „falsch" ist und bestraft oder zumindest ausgegrenzt werden muss! Es gibt Länder, da steht auf homosexuelle Handlungen die Todesstrafe. Das Erschreckende daran ist, dass das Volk selbst das für gerechtfertigt hält. Würde es in einigen Ländern eine Volksabstimmung darüber geben, würde die große Mehrheit vermutlich die Todesstrafe für homosexuelle Handlungen befürworten. Damit will ich sagen, wenn du oder ich in solch einem Land geboren und aufgewachsen wären, dann wären wir vermutlich selbst dafür, dass man Schwule hinrichten sollte! Denke darüber nach!

Das sind natürlich krasse Fälle, hier in Europa kaum vorstellbar. Aber auch hier gibt es irgendwie eine „Meinungspolizei". Ich meine nicht von staatlicher Seite, obwohl es die –zumindest in Deutschland– auch bald geben wird. Ich meine durch den normalen Menschen, durch die Bevölkerung! Egal ob früher, als die ersten Männer lange Haare trugen, oder etwas später, als die Punkszene das Licht der Welt erblickte, immer hat die große Mehrheit mit Kritik, Verurteilung, Hohn, Spott und Verachtung alles bekämpft, was anders war.

**Durch dieses Urteil über andere schadest du dir selbst!**

Wenn du den Punker verachtest, wird ihn das nicht weiter interessieren, aber du selbst legst dadurch Müll in **dein eigenes Unterbewusstsein ab!**

Vielleich kennst auch du Leute, die an allem was auszusetzen haben, die ständig kritisieren, denen niemand etwas recht machen kann, die ständig am Lästern sind. Solche Menschen haben ihre Negativität so tief verinnerlicht, dass es ihnen jegliche

Lebensfreude nimmt. Lachen können sie höchstens noch, wenn sie besoffen sind – willst du so enden?
Solche Leute sind für mich ein mahnendes Beispiel dafür, wie ungesund Urteil und Kritik sind! Schon die Schöpfungsgeschichte spricht davon, dass Adam und Eva aus dem Paradies vertrieben wurden, weil sie anfingen zu urteilen! Ja, das Urteil ist der Sündenfall!

***„Denken ist schwer, darum urteilen die meisten."***
Carl Gustav Jung

Ich meine natürlich ausschließlich das negative Urteil. Wenn du einen anderen siehst und das, was er tut; sich kleidet; spricht; einen Beruf ausübt; oder sonst wie ein Verhalten an den Tag legt, **richtig gut findest**, so solltest du sehr wohl das positive Urteil fällen. Denn nun legst du Gedanken und Gefühle von Wohlwollen und Bewunderung in dein Herz ab, und das wird **dir selbst zugutekommen!** Sei nicht blöd! Mit Kritik und Urteil schadest du dir ausschließlich selbst!
Natürlich warst du nicht derjenige, der damit begonnen hat, das hatten wir ja schon. Es wurde dir vorgelebt! Aber **nur du selbst** kannst derjenige sein, der das ändert!
Ich habe in meinem Kalender schon seit Jahren eine Erinnerung drin, jeden Tag pünktlich um 13 Uhr zeigen mir mein Telefon und mein Computer: *Ich werde nie wieder über jemanden schlecht reden, noch nicht mal schlecht denken!!!*
Natürlich hat es zum Anfang nicht immer geklappt, aber es wurde von Woche zu Woche besser. Wenn ich vielleicht am Anfang mal in eine Situation kam, wo schlecht über andere geredet wurde, hab ich da noch etwas mitgemacht, aber ich hatte schon ein schlechtes Gewissen dabei. Ein paar Wochen später habe ich mich dem verweigert, indem ich mich entfernt habe. Wenn heute jemand zu mir kommt und z. B. sagt: *Guck mal der da, der ist aber blöd ...*

Dann entgegne ich ihm etwas wie: *Er selbst findet es aber gut, wie er es macht, ich finde den Typen auch ziemlich nett!*
In den allermeisten Fällen beginnt jetzt mein Gegenüber auch, ins Positive umzuschwenken, in etwa: *Nett ist er, da hast du recht!*
Man merkt oftmals, dass sie etwas beschämt sind von ihrer eigenen Kritik, wenn man ihren Fokus auf Positives richtet. Vielleicht solltest du das auch mal versuchen, du wirst sehen, damit kannst du das Gesprächsklima, wo auch immer du bist, nachhaltig verbessern! Ist es nicht viel schöner, bei den anderen der positive Mensch zu sein anstatt der Meckerkopp? Der, der immer lächelt und was Gutes zu sagen hat, anstatt der ständig Kritisierende? Derjenige, der andere aufbaut, anstatt jemand, der sie runterzieht? Wenn du das eine Weile bewusst und intensiv praktizierst, dann wird es irgendwann deine Normalität sein, und dein Leben wird von Tag zu Tag besser, andere werden sich freuen, wenn sie dich sehen, weil du Lebensfreude verbreitest. Deine Ausstrahlung wird mit jedem Tag besser, du wirst stetig charismatischer.
Sehr negative Leute werden aus deinem Leben verschwinden!
Andere positive Menschen werden deine Nähe suchen!
Glaubst du, mit einem solchen negativen Meckerkopp, der sich gerade von dir entfernt hat, hättest du ein erfolgreiches Projekt umsetzen können? Sicher nicht, aber mit den neuen Leuten, die sich jetzt zu dir hingezogen fühlen, kannst du es bestimmt!

## 4. Alles nur Meinung

***„Alles, was wir hören, ist eine Meinung, keine Tatsache. Alles, was wir sehen, ist eine Perspektive, nicht die Wahrheit."***
Marcus Aurelius

Wenn du die Welt aufmerksam betrachtest, wirst du es sehen: Im Grunde gibt es keine richtige und keine falsche Weltsicht, auch keine richtige oder falsche Sicht auf Personen, Gegenstände oder Begebenheiten. Auch wenn uns das in den politisch korrekten Medien immer so dargestellt wird. Im Grunde ist alles nur eine Meinung des Einzelnen, die sich aus der Gesamtsumme der Inhalte seines Unterbewusstseins zusammensetzt.

Wenn man das erst einmal verstanden hat, kommt man zu der wirklich erhellenden Erkenntnis, dass eigentlich **niemand** Unrecht hat. So unsinnig, wie das erst mal klingen mag, aber selbst in völlig logischen wie auch in völlig phantastischen Dingen ist das so. Hast du nicht auch schon mal völlig falsch mit deiner Meinung gelegen? Du hast aber felsenfest daran geglaubt, im Recht zu sein? Hast vielleicht sogar deswegen einen ziemlich heftigen Streit geführt? Vielleicht hast du ja später deinen Irrtum erkannt und dich bei dem anderen entschuldigt. Aber was ist passiert? **Du hast lediglich, aufgrund neuer Erkenntnisse, deine Meinung geändert!** Nicht mehr und nicht weniger. Hättest du diese neuen Erkenntnisse nicht erlangt, wärst du bei deiner vorherigen, irrigen Meinung geblieben! Was wäre falsch daran? Es war in diesem Augenblick **deine** Wahrheit!

Angenommen, jemand glaubt, von Aliens entführt worden zu sein. Was soll er jetzt gegen diesen Glauben tun? Er glaubt es nun mal, ist unerschütterlich davon überzeugt. Sein Gehirn wird jetzt – vollautomatisch – nach Beweisen suchen und diese natürlich auch finden, dass er tatsächlich von Außerirdischen gekidnappt wurde! Natürlich haben diese Beweise nur für ihn selbst und für

Gleichgesinnte Gültigkeit. **Aber es ist ihre Wahrheit!** Andere Menschen, die diese Wahrheit nicht teilen, sind dann immer bestrebt, diesen Personen **ihre eigene** Überzeugung aufzudrängen zu wollen. Wenn das mit rationalen Argumenten nicht mehr zu erreichen ist, dann wird eben begonnen, dem anderen eine Geisteskrankheit zu bescheinigen. Da wird dann diagnostiziert, dass diese Person die eine oder andere psychische Störung hat, und das alles nur, weil er nicht so denkt wie die Masse.
Ignaz Semmelweis, ein ungarischer Mediziner, glaubte schon lange, bevor es zum „allgemeinen Gedankengut" wurde, daran, dass sich der Arzt vor einer Operation oder vor der Geburtshilfe die Hände desinfizieren sollte. Er wurde von seinen Kollegen daraufhin verlacht und angefeindet, schließlich – weil er keine Ruhe gab – auch bekämpft. Ignaz Semmelweis wurde im Juli des Jahres 1865 – ohne Diagnose – von drei seiner Kollegen in die staatliche Landesirrenanstalt Döbling bei Wien eingeliefert. Dort verstarb er unter ungeklärten Umständen. Er hatte klare statistische Beweise für seine Theorie, Beweise, die aus unserer heutigen Sichtweise total logisch und überzeugend sind. Man fragt sich ernsthaft, warum seine Kollegen – immerhin studierte Mediziner – diese offensichtlichen Zusammenhänge zwischen Sauberkeit und Sterblichkeitsrate nicht erkannten. Heute würde diese Kausalkette ein Zweitklässler durchschauen. Er war einfach seiner Zeit voraus!
Aber wer sagt uns jetzt eigentlich, dass das der Ufologe nicht auch ist? Wer weiß das denn schon wirklich und zu 100 %, dass es kein exterrestrisches Leben gibt? Natürlich **wissen** es einige Leute ganz genau, aber auch da ist es nur **ihre Wahrheit!** Und warum sollte jetzt ihre Wahrheit besser sein als die Wahrheit des anderen, der eben felsenfest daran glaubt, schon Kontakt mit solchen Wesen gehabt zu haben? Vielleicht wird ja in 100 Jahren an unseren Grundschulen gelehrt, dass es selbstverständlich intelligentes Leben auf anderen Planeten gibt und dass diese Wesen uns in der Vergangenheit auch schon besucht haben. Und dann werden die

Schüler sagen: *Man, waren die blöd Anfang des 21. Jahrhunderts, haben die nicht mal diese einfachen Zusammenhänge verstanden?* Natürlich hat das alles nichts mit intellektuellem Verstehen zu tun, sondern mit Paradigma! Das Paradigma der meisten Menschen in unserer Zeit schließt es aus, dass es Aliens gibt. Damals schloss das Paradigma der Mediziner es aus, das der **Arzt selbst** die Ursache war, dass die Sterblichkeit so hoch war. Obwohl der Glaube, dass wir allein im Universum sind, ja noch lange vor der Zeit von Semmelweis entstand. Das war zu einer Zeit, als man glaubte, die Welt ist eine Scheibe und wir sind der unverrückbare Mittelpunkt des Universums. Inzwischen weiß man aber, dass wir nicht privilegiert sind, sondern dass es über 100 Milliarden Galaxien gibt, und jede von ihnen hat wiederum etliche Milliarden Sonnensysteme, und wir sind nicht etwa der von Gott bestimmte Mittelpunkt, nein, wir liegen einfach irgendwo, sind ein Planet von unendlich vielen. Also sollte schon einfache Wahrscheinlichkeitsrechnung die Frage aufwerfen, warum wir bei solcher Fülle von Möglichkeiten die einzige Intelligenz sein sollten. Aber der große Teil der Menschheit ist eben noch nicht so weit, so wie zu Semmelweis' Zeit der Großteil der Mediziner noch nicht so weit war, seine Lehre zu akzeptieren und sich die Hände zu desinfizieren!

Solch ein Paradigma ist einfach nur eine sehr festgesetzte Grundsatzmeinung, die nicht durch Argumente zu entkräften ist. Das sollte man verstehen und respektieren. In dem öffentlichen Disput ist das natürlich noch nicht angekommen. So gibt es einige Politiker, die glauben, sie müssen ihre Politik nur besser erklären, damit das Volk diese gut findet. Aber das wäre so, als müsste der Ufologe nur seine Argumente besser verkaufen, und schon würde jeder an Aliens glauben. Paradigma, Ideologie – all das ist nichts anderes als verhärtete Meinung.

Guck doch mal auf diese Welt, wie viele Meinungen es da gibt, wie viele **unterschiedliche** Ansichten! Was ist daran verkehrt? Ich glaube, daran ist gar nichts verkehrt, stell dir vor, alle hätten die gleiche Meinung, solch eine Welt würde überhaupt nicht funktionieren! Deswegen ist es das Klügste, die Meinung eines anderen einfach zu respektieren, egal wie weit sie von deiner Wahrheit entfernt ist. Du musst sie ja nicht übernehmen, aber respektiere, dass der andere nun mal diese Meinung hat! Er wird schon seine Gründe haben, die er vielleicht selbst nicht so genau kennt. Das könnte irgendwann in seiner frühen Kindheit etwas gewesen sein, was er gesehen und geglaubt hat. Darauf baute sich im Laufe seines Lebens etwas auf, was er selbst für logisch und richtig hält. Du tust es vielleicht als Blödsinn oder Verschwörungstheorie ab. Aber für diese andere Person ist es eine Tatsache! Er glaubt unerschütterlich daran. Im Grunde ist dieser Mensch jetzt nicht mehr in der Lage, selbst etwas gegen seine Meinung zu tun, weil er ja daran glaubt! Würdest du etwas tun, eine deiner festgefügten Meinungen zu überdenken, an die du schon ein Leben lang glaubst, nur weil dir jemand – aus deiner Sicht – irgendwelchen Nonsens erzählt? Natürlich nicht, du würdest ihn als einen Idioten abstempeln und gut ist. Vermutlich würdest du dich sogar über seinen mangelnden Intellekt lustig machen. Aber sei doch mal ehrlich, hat eine Meinung etwas mit Intellekt zu tun? Viel eher hat sie etwas mit Vertrauen zu tun. Wenn dir eine sehr vertrauenswürdige Person etwas erzählt, bist du geneigt, es sehr schnell zu glauben. Sagt das Gleiche jemand, dem du eher nicht vertraust, wirst du das Gesagte schon mal aus Prinzip in Zweifel ziehen und nach Argumenten suchen, die das Gesagte widerlegen!

Wenn man das versteht, dass jeder eine andere Meinung hat und dass er eben auch ein Recht auf diese Anschauung hat, dann könnte man doch jegliche Art von Streit vermeiden!

Denn wenn alles nur eine Meinung ist, ist Streit völlig absurd. Da ist einer ein Fan vom FC Bayern München, der Nächste vom BVB, jeder sieht nun die Vorzüge seiner Mannschaft durch die Lupe oder gar durch das Mikroskop und die Nachteile durch ein Verkleinerungsglas. Je größer die Bewunderung für den einen oder die Abneigung gegen den anderen Menschen, Verein, Künstler usw., desto effizienter werden die mentalen Vergrößerungs- und Verkleinerungswerkzeuge. Gut beobachten kann man das bei Verliebten, wo selbst schwere Defizite einfach vollkommen ausgeblendet werden. Es gibt sie nicht, die „realistische Sicht" auf die Welt oder eine Person! Es gibt nur Meinungen darüber. Ich möchte dich dazu einladen, dem anderen seine Meinung zu lassen, so aberwitzig sie dir auch erscheinen mag. Das sollst du nicht tun, damit es dem anderen besser geht, nein, das tust du ausschließlich dafür, dass es **dir selbst** besser geht! Wenn du dir sagst: *O. k., dieser Mensch hat eine andere Sicht der Dinge, und ich werde sie ihm lassen,* dann wird es dir selbst besser gehen, jedenfalls besser, als wenn du beginnst, seine Meinung zu kritisieren oder gar zu bekämpfen. Wenn du jetzt anfängst, mit ihm zu diskutieren – was hast du davon? Was hat der andere davon? Was hat irgendwer davon? Niemand hat irgendetwas Gutes davon, es gibt keinen Nutzen, niemand ist nach dieser Diskussion glücklicher.

Und ich glaube, dass es doch das Wichtigste für dich ist, glücklich zu sein, oder? Na klar, auch das ist nur eine Meinung! Es gibt ja auch Menschen, die sehen ihren Lebenssinn darin, für eine Meinung, für eine Ideologie zu kämpfen. Einige von ihnen führen ihr Leben lang Krieg, leben im Untergrund, verzichten auf alle Annehmlichkeiten eines bürgerlichen Lebens, nur um in letzter Konsequenz für ihre Meinung zu sterben oder lebenslang hinter Gitter zu wandern. Ist das verrückt? Aus meiner Sichtweise gesehen schon! Aus ihrer eigenen? Vermutlich nicht, sonst würden sie es nicht tun. Also wenn jemand seine Ideologie über sein Glücklichsein stellt, so lass ihn. Respektiere seinen Willen.

Ich selbst bin wesentlich glücklicher, wesentlich befreiter, seitdem ich die totale Akzeptanz praktiziere und jeden einfach so sein lasse, wie er ist. Seitdem ich wirklich bewusst daran arbeite, andere

Menschen so zu lassen, wie sie sind. Das ist eigentlich ziemlich einfach. Angenommen, ich sehe einen Menschen, der etwas tut, was ich wohl nie tun würde. Früher hätte ich gedacht: *Was für ein Vollpfosten!* Heute schiebe ich diesen Gedanken (der sich immer noch versucht einzuschleichen) beherzt beiseite und sage mir: *Aus* ***seiner*** *Sicht der Dinge ist es gut, richtig oder zumindest notwendig, was er da tut, sonst* ***würde*** *er es nicht tun!* Oder: *Ich habe überhaupt gar kein Recht, über diesen Menschen zu urteilen, ich kenne sein Leben nicht, weiß nicht, warum er so geworden ist, eigentlich geht es mich auch gar nichts an, wie er sein Leben gestaltet oder seine Aufgaben bewältigt!*

Indem ich mir das selbst so sage, lege ich jetzt **keine** negativen Gefühle auf meinem Unterbewusstsein ab. Hätte ich mich darüber ereifert, was für ein Idiot er ist, dann würde ich mir damit nur selbst schaden! Denn ich würde damit sagen, dass der andere unzulänglich ist, aber das ist er nicht. Er ist genauso perfekt, wie ich es bin, er hat eben nur eine andere Sichtweise auf die Dinge. Wenn du jemanden nicht leiden kannst, liegt dieser Fehler prinzipiell bei dir selbst, weil es impliziert, dass dieser Mensch deiner Meinung nach falsch ist. Das wiederum impliziert, dass alle Menschen einer gewissen Norm (deiner Norm) entsprechen müssen. Dem ist natürlich nicht so, jeder hat ein Recht darauf, so zu sein, wie er es selbst für richtig hält! Der andere ist gut, wie er ist! Er hat nur eine andere Meinung!

Und schon stellt sich bei mir irgendwie ein Gefühl der Sympathie für den anderen ein. Dieses Gefühl wird sich in meinem Unterbewusstsein festsetzen, und im Grunde bereichert es mein Inneres. Wenn natürlich auch nur in sehr geringem – fast schon unmerklichem – Ausmaß. Aber stell dir vor, der eine Mensch denkt 20 Jahre lang auf diese Weise und legt täglich mehrere Male dieses – fast unmerkliche – Gute in seinem Unterbewusstsein ab. Ein anderer hingegen nutzt den gleichen Zeitraum, um sich täglich über andere zu echauffieren. Könntest du dir vielleicht vorstellen, dass erstgenannte Person glücklicher ist, mehr gute Freunde, Lachfältchen und eine bessere Ausstrahlung hat? Also unterm Strich glücklicher ist? Ein besseres Leben hatte?

Fange gleich heute an damit zu üben, das geht nicht nur, wenn du anderen begegnest, das geht auch, wenn du allein bist und gerade an Kollegen oder Verwandte denken musst. Glaub mir, dein Glückslevel wird sich nachhaltig steigern, wenn du es täglich umsetzt!

## 5. Die einzig wahre Macht!

In diesem Kapitel möchte ich dir eine Macht anbieten, mit der du andere Menschen dazu bringst, alles für dich zu tun! Und das, schon bevor du sie überhaupt danach fragst! Damit gemeint ist unentwegtes Denken im Positiven, im Guten, in Liebe, Güte und Verzeihen! Auch wenn es eher rüberkommt wie die Tugenden von Weicheiern, so ist es dennoch die größte Macht der Welt!
Wenn es irgendwo in einem Kollektiv oder einer Familie Reibereien gibt, und du fragst jetzt eine der beteiligten Personen, warum das so ist, wirst du zur Antwort bekommen: *Na, wenn Elke nicht immer so ...* Oder: *Ich kann ja nichts dafür, es ist ja Olaf, der immer ...*
Prinzipiell wird die Verantwortung für die schlechte Stimmung auf andere abgewälzt. Das passiert deswegen, weil jeder Mensch glaubt, dass sein eigenes Verhalten richtig ist! Und es ist ja auch tatsächlich so, dass die Handlungen jedweder Menschen – aus der eigenen Perspektive – immer gut, richtig oder zumindest notwendig sind. So weit, so gut, dadurch verbessert sich nun aber dein Umfeld nicht. Denn wenn jeder von der Richtigkeit seiner eigenen Handlungen überzeugt ist, wird er sein Verhalten nicht ändern, weil ein anderer es möchte. Nun möchte ich dich dazu animieren, diesen Teufelskreis zu durchbrechen. Das kannst du nur, indem du erkennst, dass du selbst der Klügere bist. Auch wenn es sich erst mal abgehoben anhört, aber du weißt mehr als die anderen, deswegen richte dein Verhalten danach aus. Was ist dein Ziel? Dass sich etwas bessert! Wirst du diese Besserung erreichen, wenn du weiter darauf beharrst, wie blöd Elke und Olaf sind? Natürlich nicht! Also sei clever, natürlich sind Elke und Olaf blöd, aber sie wissen es gar nicht! Nun sieh zu, was du selbst verändern kannst, um die Situation zu deinen Gunsten zu drehen! **Jetzt hast du die Macht!** Die anderen werden nichts ändern, weil sie auf der Richtigkeit ihres Handelns beharren! Sie können sich gar nicht

ändern, wollen es auch gar nicht! Sei klüger und finde eine Lösung! Die anderen sind Opfer ihres Denkens, sei du schlauer und versteige dich nicht in Richtig oder Falsch! Denn denk mal drüber nach, richtig ist, was dich zum Ziel bringt; falsch ist, was dich nicht dorthin bringt. Das ist ziemlich simpel, oder? Oftmals reicht es schon, andere zu loben und die Richtigkeit ihres Handelns zu betonen und noch ein bisschen ihre Intelligenz zu preisen, und schon machen sie fast alles, was du willst! Dieses ständige Aufeinander-Rumgehacke bringt nur Frust und böses Blut! Nimm dir vor, der netteste und zuvorkommendste Mensch der Welt zu sein, versuche, jedem ein Lächeln zu geben, zeige Verständnis für alle! Egal wem du begegnest, denke darüber nach, was du ihm geben kannst! Oftmals reicht einfach schon ein klein bisschen Interesse an seiner Person! Frag den unfreundlichen Kollegen, wie sein Wochenende war! Es wird nicht lange dauern, und die Welt um dich herum wird sich drastisch verändern! Im Grunde ist es Liebe, was du gibst, Liebe in Form von Aufmerksamkeit, Verständnis und Güte. Wer genug Liebe gibt, wird im Leben alles erlangen, was er je haben wollte! Das ist das Gesetz der Anziehung: Was du gibst, kommt zu dir zurück! Gibst du Rechthaberei und Engstirnigkeit, wirst du diese auch in deinem Leben wiederfinden!

Das Denken von einem Großteil der Menschen geht meistens so: *Ich mache alles richtig, deswegen müssen Probleme von anderen verursacht worden sein!* Das ist einfach und logisch! Aber es führt zu noch mehr Problemen! Natürlich bist du der Gute, und deine Handlungen sind auch richtig! Aber die anderen sind ebenfalls gut und richtig! Aber wenn du weiter darauf stierst, dass sie falsch handeln, dann bist du machtlos und drehst dich im Kreis! Gewinner passen ihren Kurs dem Handeln anderer Personen an! Oft höre ich: *Die Menschen sind heute alle so ...* und dann folgen Adjektive wie: *stur; beschränkt; egoistisch* usw. Kannst du „die

Menschen" ändern? Natürlich nicht, also respektiere, dass sie so sind, und richte dein Verhalten danach aus!

***„Nehmen Sie die Menschen, wie sie sind, andere gibt's nicht."***
Konrad Adenauer

*Die Menschen lesen heute ja gar keine Zeitung mehr, alle sind nur noch online ...,* beklagte sich mal jemand bei mir. Damals hat er mit Zeitungsanzeigen viel Geld verdient, jetzt war er pleite. Warum? Weil er sich über die Menschen beklagt hat, anstatt die gewandelten Ansprüche zu bedienen! Er selbst war dafür verantwortlich.
Du kannst die Erfahrungen anderer nicht wesentlich verändern, sie senden Schwingungen aus, und das Gesetz der Anziehung gibt ihnen die dazu passenden Erfahrungen zurück. Du kannst nichts daran ändern, indem du sie bekniest, endlich anders zu denken oder anders zu handeln! Aber wenn du versuchst, ihnen Verständnis und Liebe zu geben, dann ist das **deine** bessere Schwingung, die du aussendest, und genau daraufhin werden hervorragende Resultate in **dein** Leben kommen! Davon profitieren jetzt alle anderen in deinem Umfeld, denn auch sie werden von deiner guten Schwingung angesteckt. Genauso wie es dir schwerfallen könnte, in einem sehr destruktiven Umfeld stetig positiv zu bleiben, wird es ihnen jetzt schwerfallen, in deiner Gegenwart negativ zu sein! **Aber du bist die Quelle dieser guten Schwingung, du hast die Macht!** Es ist die einzig wahre Macht, die du jemals über andere Menschen haben kannst. Natürlich könntest du jemanden mit vorgehaltener Waffe zu etwas zwingen, aber willst du das wirklich? Wäre das, was der andere dann tut, echt und würde von Herzen kommen? Indem du jedem möglichst viel Liebe entgegenbringst, machst du sie süchtig nach dir! Sie werden Dinge für dich tun, bevor du sie danach fragst, das Gesetz der Anziehung wird dein Leben fluten mit Liebe, in Form von allem, was du

magst! Es ist buchstäblich so, dass deine kühnsten Träume übertroffen werden können, wenn du das konsequent umsetzt! Ich habe mit wirklich vielen Menschen in meinem Leben über das Gesetz der Anziehung gesprochen, aber ich musste erfahren, dass die allerwenigsten es **wirklich** verinnerlicht haben. Denn wenn man es **tatsächlich** verstanden hat, dann will man ums Verrecken niemanden mehr kritisieren! Wenn ich das Gesetz **wirklich** kenne, weiß ich doch: *Wenn ich diesen Menschen jetzt kritisiere, dann sende ich negative Schwingungen aus, diese müssen mir negative Resultate in* ***mein eigenes Leben*** *bringen!*
So krass es sich anhört, aber wenn mich jemand auf der Straße beschimpfen und mich anspucken würde, würde ich alles in meiner Macht Stehende tun, um diesem Menschen **nicht** zu grollen und **nicht** schlecht über ihn zu denken oder gar zu reden! Ich würde niemandem von diesem Vorfall erzählen. Vermutlich würde ich an diesem Abend eine oder zwei Stunden länger meine Vergebung praktizieren und würde mir immer wieder vor Augen halten, dass der andere eine verirrte Seele ist, der nichts dafür kann, wie er geworden ist!
Im Grunde genommen und auf gut Deutsch gesagt ist mir der andere scheißegal!
**Das würde ich ausschließlich für mich selbst tun!**
Denn ich weiß, dass ich mir **ausschließlich selbst Schaden zufüge**, wenn ich den anderen jetzt verachte und schlecht über ihn rede. Das solltest auch du in einem solchem Falle tun! Was würde denn der Durchschnittsmensch machen? Der würde jetzt allen seinen Bekannten diesen Vorfall schildern, es in schillernden Farben ausmalen! Sie würden sich nun gemeinsam darüber ereifern, was der andere für ein Penner, Idiot oder Wichser ist! Für viele wäre es wochenlang Gesprächsthema Nummer eins! **Sei klüger, erkenne, dass du nur dann ein wirklich erfülltes Leben haben kannst, wenn du alles in deiner Macht Stehende tust, Negativität zu vermeiden!** Eigentlich ist es ganz einfach, aber es

wird dir nur dann gelingen, wenn du konsequent täglich daran arbeitest! Dann hast du wahre Macht über andere, und dein Leben wird sich nachhaltig verbessern!

## 6. Die Logik-Falle

Ich möchte dir mal einen Anhaltspunkt geben, warum es vielen nicht gelingt, ihre Herzenswünsche zu manifestieren.
Wünsche, die tief in deinem Herzen verankert sind, haben einen anderen Stellenwert als andere Intentionen! Jeder Mensch hat mal kurzfristige Wünsche, von denen er denkt: *Mensch, das wäre schön zu haben!*
Ein paar Wochen später könnte er diesen Wunsch wieder verwerfen, weil er beim genaueren Durchdenken merkt, dass damit vielleicht nicht nur Vorteile verbunden sind, sondern auch Pflichten, auf die er nicht so wirklich Lust hätte. Also streicht er diesen Wunsch wieder von seiner Liste und gut ist. Aber wahre Herzenswünsche sind da anders, sie sind hartnäckig! Sie lassen uns einfach nicht in Ruhe, ja sie können uns ganz schön quälen mit brennendem Verlangen. Und ich meine damit nicht nur mal eine schlaflose Nacht, wo das Mädchen von ihrem Traumprinzen träumt, der aber leider schon vergeben ist. Herzenswünsche halten sich wirklich über Jahrzehnte oder gar das ganze Leben! Denke mal über deine wirklich großen Träume nach, viele davon hattest du sogar schon als Kind! Von den meisten Menschen werden diese Herzenswünsche dann mit „logischen“ Argumenten zugeschüttet. Irgendwann ist so viel Schutt drauf, dass nur noch selten etwas davon durchschimmert. Vielleicht wenn man einen inspirierenden Film sieht, in dem der Held der Geschichte hartnäckig gegen alle Widrigkeiten kämpft und am Ende den Preis gewinnt. Oh ja, da kann er mal wieder kurz aufflammen, der Herzenswunsch! Oder aber wenn der eine oder andere mal einen zu viel getrunken hat, somit der bewusste argumentierende Verstand weitgehend betäubt ist. Da werden dann im Suff Pläne geschmiedet: ***Morgen werde ich damit beginnen!!!*** Aber wenn er am nächsten Tag mit einem Kater erwacht, findet er die Idee von gestern Abend dann doch ziemlich blöd! Da sind sie wieder, die ach so logischen Argumente, die ja

alle sagen: *Ich habe noch nicht mal Abitur, geschweige denn eine kaufmännische Ausbildung, wie soll ich denn einen eigenen Laden führen?* Oder: *Ich bin klein, übergewichtig und nicht besonders hübsch, wie soll es mir gelingen, den Partner meiner Träume zu finden?*
Das ist die Logik-Falle, in die du da getappt bist! Das ist das, was der Mainstream redet, und alle glauben es! Es gibt schließlich viele Menschen, die Geschäfte führen, ohne wirklich etwas davon zu verstehen! Sie stellen sich einfach jemanden ein, der es kann, oder suchen sich einen Geschäftspartner, der das nötige Wissen mitbringt. In sehr vielen Firmen kannst du es beobachten, der eine hat die Idee und das Feuer, es umzusetzen, und der andere ist der Nerd, der Buchhalter, Konzessionsträger oder das technische Genie. Auch Steve Jobs konnte weder einen Computer bauen, noch konnte er programmieren! Und wer sagt eigentlich, dass die tolle Frau oder der tolle Mann unbedingt auf groß, schlank und Püppi- oder Schönlings-Gesicht steht? Ich kenne tolle Männer, die wollen gar keine Modepüppi haben, sondern eine Frau, an der sie was zum Anfassen haben und mit der man Pferde stehlen kann!
In diese Logik-Falle tappen fast alle Menschen, auch ich bin da immer wieder rein. Aber ich bin da auch wieder raus, ich denke, es war meine Beharrlichkeit oder auch Sturheit, die dann immer wieder sagte: ***Nein! So werde ich nicht auf Dauer leben!***
Wenn andere es geschafft haben, dann kannst du es auch schaffen! Nichts ist erbärmlicher als ein betagter Rentner, der frustriert auf sein vergangenes Leben zurückblickt und sagt: *Hätte ich früher man bloß ...*
Aber genau das wird passieren, wenn du deine Herzenswünsche unter diesen „logischen“ Argumenten begräbst. Die Wünsche sind ja dann nicht weg, sondern nur verschüttet. Sie sind immer noch da! Was glaubst du, warum es so viele depressive Menschen gibt? So viele mit Essstörungen, mit Drogen- oder Alkoholproblemen? Das sind alles Menschen, die damit ihre wahren Wünsche

betäuben, damit ihnen nicht jeden Abend ihr Versagen ins Gesicht springt. Wieder und wieder sagen sie sich dann selbst: *Heute, in der schlechten Zeit geht das eben nicht mehr, richtig reich zu werden!* Sie geben den anderen die Schuld, der Zeit oder der Regierung: *Ja, die Politiker hätten ja wirklich etwas tun müssen, damit meine Rente höher ist!*
Politiker interessieren sich nur für ihr eigenes Einkommen, das weiß eigentlich schon ein 14-Jähriger.
Das ist wirklich armselig, jeder weiß doch, dass die Anstrengungen der Regierung darauf ausgerichtet sind, den Machterhalt zu sichern und nicht die Rente eines Bürgers zu erhöhen. **Jeder Mensch ist selbst für sein Leben verantwortlich!** Sonst könntest du dich ja gleich entmündigen lassen und die Geschicke deines Lebens einem Betreuer übertragen! In der heutigen Zeit gibt es wesentlich mehr Möglichkeiten als jemals zuvor! Welche Chancen hatte man denn schon im Mittelalter, aus einer armen Handwerker- oder Bauernfamilie in den Adelsstand aufzusteigen? Heute hört man immer wieder davon, dass junge Menschen ohne Startkapital ein Start-up gründen, was dann ein voller Erfolg wird. Das Einzige, was man braucht, ist das Ziel! Und selbst wenn dein Ziel einfach nur darin besteht, so richtig reich zu sein! Daran ist – entgegen den Aussagen anderer – nichts Verwerfliches! Dann visualisiere, dass du reich bist, ausdauernd, hartnäckig und mit Leidenschaft! Dann wird dich die zündende Idee früher oder später erleuchten!
Genau dazu möchte ich dich animieren: deine Herzenswünsche als das Wichtigste in deinem Leben zu betrachten! Die Quintessenz dieser Wünsche, wirklich in dein Leben zu ziehen, ist es, was dich wahrhaftig glücklich werden lässt! Dafür lohnt es sich zu kämpfen! Vor allem, weil es ja noch nicht mal wirklich schwer ist! Du musst eben diesen Wunsch immer und immer wieder vor deinem inneren Auge als bereits verwirklicht betrachten! Am besten natürlich in einem Alphazustand, denn da wird diese Logik-Falle nicht auftreten, weil dein Verstand zum größten Teil ausgeschaltet ist.

Wenn du das wirklich ausdauernd, regelmäßig und mit Hingabe tust, wird diese Logik-Falle immer kleiner, und irgendwann ist sie vollständig verschwunden. Dann ist einfach aus diesem: *Völlig unmöglich!* ein: *Warum denn eigentlich nicht?* geworden! Und wenn du da bist, beginnst du voller Freude, das Gewünschte in deinem Leben anzupacken. Und das ist dann keine schwere Arbeit, das ist ein Handeln, das dich richtig beglücken wird!
Die Logik-Falle kann man aber auch zusätzlich mit Logik bekämpfen! Denn sie schnappt immer nur dann zu, wenn es darum geht, gute Gedanken von großen Wünschen herabzuwürdigen! Warum nicht andersherum? Im Negativen ist es völlig akzeptiert, dass sich Menschen gegen etwas versichern, was fast unmöglich ist, dass es sie ereilen wird. Fast alle Versicherungen, die man hat, zahlt man über Jahrzehnte, ohne dass man sie jemals braucht. Der Reichtum der Versicherungskonzerne untermauert diese Aussage eindrucksvoll! Aber die Menschen versichern sich trotzdem! Hast nicht auch du eine Versicherung, wo es relativ unwahrscheinlich ist, dass sie jemals für dich zahlen muss? Trotzdem magst du sie nicht kündigen? Weil es könnte ja sein ...? Also übertrage das Ganze auch auf deine Herzenswünsche und kehre diese Logik-Falle um: *Natürlich kann es passieren, dass mir unverhofft Großartiges widerfährt.*
Es kann dir auch passieren, dass du im Lotto gewinnst. Warum denn nicht? Ich schreibe diese Zeilen am 30.11.2016, und am letzten Wochenende haben in Deutschland nur in den großen Lotterien 6 aus 49, Spiel 77, Super 6 und Eurojackpot 19 Menschen über 100.000 Euro gewonnen! Auch da wird immer die Wahrscheinlichkeit berechnet – natürlich im Negativen. Viele sagen: *Wie soll man denn da gewinnen, wenn die Chance nur 1: blabla liegt?* Aber gleichzeitig schließen sie eine Versicherung gegen Blitzschlag ab, obwohl die Chance da auch nicht besser ist! Ich sage: ***Letztes Wochenende haben 19 Menschen über 100.000 Euro gewonnen, warum sollte mir nicht das Gleiche passieren?***

Ich spiele kein Lotto, und ich möchte dich auch nicht zu so etwas drängen, nur dazu ermuntern, einfach positiver zu denken, wenn es um Möglichkeiten geht! Im Negativen erwarten die meisten das Schlimmste und zahlen viel Geld, um die Folgen etwas abzumildern, im Positiven ziehen sie es absolut nicht in Betracht, dass es sie ereilen könnte!
Versuche andersherum zu denken, es ist schlimm, ein Leben in permanenter Angst vor negativen Veränderungen zu leben, und sehr schön, sein Dasein mit beständiger Hoffnung auf etwas Gutes anzureichern! Lass die anderen denken, wie sie wollen, sie sind deswegen noch lange nicht schlecht. Sie sind eben, wie sie sind, doch du kannst es besser! Du kannst dir ein besseres Leben erschaffen, als du es im Moment hast!

## 7. Ein gutes Wort für die Menschheit!

Es ist mir ein Bedürfnis, endlich mal ein gutes Wort für die Menschheit einzulegen. Dieser geschundenen Rasse, deren Selbstzerfleischung kaum noch zu überbieten ist. Der Mensch ist schuld am Aussterben der Tiere, am Waldsterben, an Umweltzerstörung, Atomunfällen, Klimawandel und Grausamkeiten aller Art. Und immer wieder heißt es: *Der Mensch ist schlecht!* Komisch nur, dass das Menschen sagen. Einige von denen behaupten gar, wenn die Menschen sich endlich selbst zerstört haben, dann geht es der Welt wieder besser. Diese Misanthropen sind schon seltsame Zeitgenossen.
Für solche Menschen habe ich einen guten Rat: *Geh doch einfach zum Obi, kauf dir ein gutes Seil, und häng dich auf, und schon ist wieder einer von diesen fürchterlichen Menschen weg, und die Welt kommt schneller an ihr Ziel!* Aber nein, diejenigen, die so labern, setzen selber meist noch Kinder in diese Welt. Um dieser bösartigen Rasse noch zum Wachstum zu verhelfen, bedarf es einer ganz schönen Unmenschlichkeit!
Diejenigen, die da behaupten, wie schlecht denn die Menschheit sei, verdrängen meist, dass sie ja selbst Menschen sind. Sie sagen nicht etwa: *Ich bin schlecht, weil ich mehr esse, als ich zum Leben benötige, und es im Winter warm haben will und auch Dinge besitze, die nicht zum Überleben notwendig sind!*
Sie sagen: *die Menschheit* ... und tun so, als ob es eine fremde Rasse wäre, mit der sie nichts zu tun haben wollen.
**Wir sind ein Teil der Natur**, wir stehen weder daneben noch darüber! Wenn Elefanten oder Heuschrecken ganze Landstriche kahl fressen, dann würde niemand auf die Idee kommen, dass diese Tiere die Natur zerstören! Weil sie eben ein Teil der Natur sind. Aber das sind wir ebenso.
Ich sage euch: ***Wir sind Geschöpfe Gottes, und wir sind gut. Jeder Einzelne von uns!***

Wir sind eben so, wie wir sind, und es wäre Schwachsinn, dagegen ankämpfen zu wollen. Der Schöpfer wird sich schon etwas dabei gedacht haben, als er uns ganz genau so erschaffen hat. Natürlich, jeder Mensch ist anders, und das ist auch gut so. Du bst einmalig, so einen Menschen wie dich gibt es kein zweites Mal! Sei stolz darauf, wie du bist! Lass dir nicht von anderen einreden, dass du Schwächen hast, es ist lediglich deine ganz persönliche Art. Wenn du es selbst magst, wie du bist, so ist das großartig! Wenn du es nicht besonders magst, dann versuche, dich anzunehmen, wie du bist! Wenn dir das nicht möglich ist, dann ändere dich. Du weißt ja, das schaffst du nur durch intensive und ausdauernde Imagination. Eigentlich ist es ganz leicht, du musst nur dranbleiben!

In deiner Vision vergegenwärtige dir, dass du ein Geschöpf Gottes bist und dass du natürlich die Macht hast, etwas an dir zu ändern! Wenn nun jemand daherkommt und verlangt, dass sich die Menschheit ändern muss, dann weiß er sicher nicht so wirklich, wovon er spricht! Es wird also verlangt, dass alle Menschen ein Verhalten an den Tag legen sollten, wie derjenige glaubt, dass es nötig wäre. Aber dieser Gedanke ist ziemlich dumm, weil genau das die Menschen nicht tun werden. Jeder hat eben seine ganz eigenen Intentionen! Wenn da ein Kind davon träumt, später ein großes Auto zu fahren, so ist das völlig o. k. Will man ihm diesen Traum jetzt verbieten? Würde es etwas bringen, ihm das zu untersagen? Somit auf die Zukunft zeigen und sagen: *Wenn alle ein großes Auto fahren, dann wird später unsere Umwelt ...*

Wird den Jungen das interessieren? Natürlich nicht, ist genauso, wie mir meine Mutter erzählen wollte, dass, wenn ich rauche, ich dann im Alter krank wäre. Was interessiert einen 15-Jährigen, was ist, wenn er 70 ist?

Was interessiert es einen kleinen Jungen, wie die Welt in 100 Jahren aussieht?

Es ist einfach Schwachsinn! Die Menschheit wird schon eine Lösung finden, wenn es so weit ist! Die Menschheit hat schon immer eine Lösung gefunden! Wie oft sollte denn die Welt schon untergehen? Irgendwie haben wir es doch immer geschafft! Weil wir eben so sind, wie wir sind, rechthaberisch, stur, egoistisch, gierig, aber eben auch klug, kreativ, liebevoll, witzig.
Eigentlich sind wir immer noch diese Jäger und Sammler von früher, wir kleiden uns bloß anders! Im Grunde ist jeder Mensch ein Mörder! Oder hast du noch nie eine Mücke erschlagen, wenn sie sich auf deinen Arm setzte? Bist du deswegen verachtenswert? Die gesamte Natur und auch die Menschen sind eben so! Es gibt ihn nicht, den Menschen, der durch und durch gut ist, rundherum von Liebe und Güte erfüllt! Aber auch nicht den, der rundherum schlecht ist, gnadenlos von Hass erfüllt. So könnte ein Massenmörder ja seinen Hund lieben oder seine Mutter. Und der Heilige, der könnte durchaus sich selbst hassen!
Ich denke, diese Menschen, die ständig auf der Menschheit rumhacken, können sich bloß selbst nicht besonders leiden. Deswegen projizieren sie ihre vermeintlichen Mängel auf alle Menschen. Ich würde ihnen raten, sich mal mit der Liebe, der Güte, der Aufopferungsbereitschaft der Menschen zu befassen, damit ihr Inneres genesen kann. Denn wer voller Hass auf die eigene Rasse ist, kann in meinen Augen kein besonders glücklicher Mensch sein.
Man muss sich nur auf das Gute im Menschen ausrichten, selbst an den grausamsten Orten geht das noch. So kannst du ein KZ besichtigen und dir zum Beispiel vor Augen halten, dass auch dort unter vielen Insassen Freundschaft und Aufopferungsbereitschaft geherrscht haben. Es sind Geschichten überliefert von Menschen, die dort ihr letztes Stück Brot teilten!
Auch gibt es Legenden, wo in grausamen Kriegen einige Soldaten an der Front die Waffen niederlegten und sich mit ihren Feinden

verbrüderten, weil sie erkannt haben, dass die anderen genauso wie sie Ehemänner und Väter waren.
Es liegt also nur wieder einmal daran, worauf du deinen Fokus richtest! Die Qualität deines Lebens hängt davon ab, ob du glaubst, dass die Menschen gut oder schlecht sind. Wie willst du ein wirklich glückliches Leben führen in dem Bewusstsein, dass die Menschheit schlecht und grausam ist, sich selbst und die Welt zerstört? Ist es nicht viel angenehmer, an Liebe und Güte zu glauben? Natürlich kannst du nicht auf Bestellung deinen Glauben ändern, aber wenn du täglich Nachrichten konsumierst und dich da hineinsteigerst, wird dein Glaube an das Schlechte im Menschen wachsen. Wenn du aber deine Aufmerksamkeit eher Geschichten über Liebe und Aufopferungsbereitschaft widmest, dann wird dein Glaube daran gestärkt, dass die Menschen sehr liebevoll sind und es durchaus mit den Problemen der Welt aufnehmen können.
Entscheide selbst, welche von beiden Möglichkeiten in dir ein höheres Wohlgefühl erzeugen.

## 8. Wer ist der Gute?

Immer wieder kannst du heute in den Medien davon hören oder lesen, dass unbedingt gegen den Hass vorgegangen werden muss. Besonders soziale Netzwerke wie Facebook werden dann von den Regierenden aufgefordert, etwas gegen Hass auf ihrer Seite zu tun. Ich bin da eigentlich immer ein wenig verwirrt, was dann immer alles als Hass interpretiert wird. Angenommen, da ist ein Mensch, der hier in Deutschland geboren wurde, und dieser ist nun, angesichts der Flüchtlingspolitik der Bundesregierung, ein bisschen besorgt um seine Heimat. Wenn er das nun zum Ausdruck bringt, dann wird das sofort als Hass interpretiert. Auch wenn Angela Merkel eine ostdeutsche Ortschaft besucht und sie von Bürgern empfangen wird, die Plakate mit der Aufschrift „Merkel muss weg!“ hochhalten, dann kann ich am nächsten Tag in der Zeitung lesen, dass ihr Hass entgegengeschlagen ist. Aber ist das wirklich Hass, wenn jemand friedlich seine Meinung äußert? Da stellt sich mir immer die Frage, ob man so nicht nur alle Menschen, die eine andere Meinung als die Regierenden hegen, zum Schweigen bringen will. Weiterhin stelle ich mir die Frage, wie es sich denn nun mit dem Gesetz der Anziehung in solchen Situationen verhält, wer ist aus dieser Sichtweise der Gute und wer ist der Böse?
Nun, eigentlich ist es ziemlich einfach, jedenfalls aus meinem Verständnis heraus. Bevor ich dich dazu einlade, meine Sichtweise kennenzulernen, möchte ich erst mal anmerken, dass aus seiner eigenen Sicht der Dinge natürlich jeder der Gute ist! Jeder Mensch wird in dem Augenblick, wo er es tut, seine eigene Handlung als gut, richtig oder zumindest notwendig betrachten, sonst würde er es ja nicht tun! Das klingt ziemlich logisch, gell? Auch bei sehr krassen Fällen kann man das beobachten. Wenn z. B. eine Mutter ihr Kind schlägt, empfindet sie es in **diesem Augenblick als gerechtfertigt!** Auch wenn es ihr schon fünf Minuten später

wieder leidtut, aber in dem Moment, als sie es tat, fand sie es gerechtfertigt. Das Gleiche gilt dann natürlich auch bei häuslicher Gewalt bei Erwachsenen, sogar bei Terroranschlägen gilt, dass derjenige, der ihn verübt, es als gerechtfertigt ansieht.
Aber nehmen wir mal etwas weniger krasse Fälle, da fällt es dir ja vielleicht leichter, mir zuzustimmen.
Nehmen wir doch mal an, da streiten sich zwei Leute, dann ist es ja ziemlich einleuchtend, dass sich beide im Recht fühlen, sonst würden sie sich ja nicht streiten, oder?
Stellen wir uns jetzt einfach mal eine Talkshow vor, da wird ja immer gerne gestritten. Dort sitzen jetzt der konservative Mitbürger auf der einen und der linke Idealist auf der anderen Seite. Der Konservative kritisiert heftig die illegalen Einwanderer, der Linke kritisiert daraufhin genauso intensiv den Konservativen. Was unterscheidet nun eigentlich die beiden voneinander? Im Grund sind sie Brüder im Herzen, beide haben Hass in sich, den sie auf andere projizieren, weil diese sich nicht so verhalten, wie sie es sich wünschen würden. Der eine ist doch jetzt nicht etwa der bessere Mensch, weil er **etwas anderes** hasst! Darüber solltest du mal wirklich nachdenken! **Niemals ist jemand der Gute, weil er etwas anderes hasst als sein Mitmensch!**
Der Gute bist du dann, wenn man wenig oder besser gar keinen Hass in deinem Inneren findet! In dieser Talkshow glaubt nun der eine, dass er dem anderen moralisch überlegen ist, aber eigentlich sind beide gleich, eigentlich könnten sie sich verbrüdern und sich umarmen, weil sie beide genauso viel Hass mit sich rumtragen und diesen nach außen projizieren und glauben, deswegen die Guten zu sein. Wie kann ich gut sein, wenn ich Hass als berechtigt empfinde und versuche, diesen zu kultivieren? Vielleicht ist es ja nicht immer glühender Hass, aber auch Verachtung, Antipathie und Groll sind eigentlich nur Hass light! Es ist das gleiche Gefühl nur in geringerer Intensität! Jeder weiß, dass Hass die niederste Emotion ist, wozu ein Mensch fähig ist. Und Liebe die höchste und

schönste. Also könnte man doch die Menschen ganz einfach in gute und weniger gute aufteilen, indem man danach geht, wer den meisten bzw. den wenigsten Hass empfindet. Also derjenige, der voller Hass und Groll ist, das ist der Böse und der, der voller Liebe und Güte ist, das ist der Gute! Also wie kommt jetzt jemand darauf, dass er selbst der bessere Mensch ist, obwohl er andere Leute hasst, diese kritisiert und bekämpft? Da glauben dann kurioserweise Personen, die randvoll sind mit Wut, Neid, Eifersucht und Groll, dass sie die Guten sind, und sie verurteilen einen anderen wegen seiner Vorlieben oder seiner Meinung und stellen ihn als schlechten Menschen dar, obwohl dieser vielleicht in vollkommener Harmonie und Liebe zu der Natur und all seinen Zeitgenossen lebt.

**Ich sage, ein guter Mensch bist du dann, wenn du keinen Hass empfindest, wenn du niemanden kritisierst und keinen anderen bekämpfst!**

Ich behaupte sogar:

Jemand, der andere Menschen mag, tut das nicht, weil diese so toll sind, sondern weil **er selbst** so toll ist. Mutter Theresa z. B. ist nicht durch Kalkuttas Slums gezogen und hat den Menschen da geholfen, weil dort nur so gute und liebenswerte Menschen wohnen. Sie hat es getan, **weil sie selbst so gut und liebenswert war!**

Jemand grollt anderen Menschen nicht, weil diese so scheiße sind, sondern weil **er selbst** diesen Hass in sich trägt!

**Sein** Hass dominiert **seinen** Blick auf die Welt!

Wenn in deinem Herzen die Liebe vorherrscht, dann wirst du das Gute im Menschen sehen; herrschen die Wut und der Groll vor, wirst du im anderen Schlechtes sehen!

Ein sehr weiser Mann sagte einmal: ***„Die Welt, die du siehst, ist die Welt, die du bist!“***

Wenn du in deinem Herzen voller Liebe bist, wirst du da draußen in der Welt viel Gutes sehen, also auch keinen Drang verspüren,

andere Menschen zu bekämpfen, zu gängeln oder ihnen deine Meinung aufzudrücken.
Betrachten wir das jetzt mal weniger aus der ideologischen Sichtweise als vielmehr aus der praktischen. Was ist dein Ziel? Lass mich raten: Du möchtest ein Leben in absoluter Glückseligkeit führen? Na klar willst du das, **jeder** will das! Aber: Beachtung bringt Verstärkung! **Das ist ein eiserner Grundsatz des Lebens!**
Was wirst du also bekommen, wenn du dich darauf ausrichtest, dass der andere ein Schurke ist, weil er den armen illegalen Einwanderer nicht mag? Oder dass das eine schlechte Frau ist, weil sie nicht so züchtig lebt wie du? Oder derjenige ist weniger Wert, weil er nicht so gebildet ist wie du oder sich sonst wie von dir unterscheidet! Also, was wirst du bekommen, wenn du dich auf vermeintliche Unzulänglichkeiten anderer fokussierst?
Erkenne diese einfache Logik! Du musst dich auf das für **dich** Gute ausrichten, dann wirst du der Gute sein und das – aus deiner Sicht – Gute bekommen; eigentlich ist es doch ganz einfach, oder? Laut dem Gesetz der Anziehung ist auch **nicht** derjenige der Gute, der „es gut meint", und derjenige der Böse, der viel für sich selbst tut und den man für gewöhnlich als Egoist betitelt. Nach meinem Verständnis des Gesetzes der Anziehung ist der Gute jemand, der positive Gedanken und Gefühle ausstrahlt, weil er genau das wieder ernten und damit auch in der Welt vermehren wird. Also ist der Rüstungsindustrielle, der mit seiner Freundin glücklich auf seiner 100-Millionen-Dollar-Jacht entspannt, eben besser als der „Aktivist", der gerade mit wutverzerrtem Gesicht gegen seine Waffen protestiert. Genau genommen wird derjenige, der sich über Kriege aufregt, gegen diese protestiert, derjenige sein, der sie mental erschafft. Natürlich haben das unsere Politiker wie auch die Medien noch nicht begriffen, denn dort wird es ja meistens genau umgekehrt dargestellt.

Man kann es ganz einfach an jeglicher Form von Comics sehen. Der Böse wird immer ziemlich hässlich mit wutverzerrtem Gesicht dargestellt. Der Gute ist der mit dem freundlichen Lächeln. Auch wenn dieses Weltbild ziemlich schlicht ist, hat es dennoch eine tiefe Wahrheit. Derjenige, der verbissen gegen etwas kämpft, ist selten der mit dem Lächeln im Gesicht.
Also, der Gute ist der, der am wenigsten Hass und am meisten Liebe in sich trägt, und derjenige strahlt dieses Gute unentwegt aus, und die kosmischen Gesetze werden das Gute zu ihm zurückbringen! Also versuch, der Gute zu sein, nicht indem du den vermeintlich Bösen verurteilst, sondern indem du nur Gutes denkst und deswegen nur gut redest, daraufhin wirst du dich gut fühlen, und das Gute wird in dein Leben strömen!

## 9. Nobody is perfect?

Also was ich mal unbedingt loswerden wollte: *Ich, Andreas Boskugel, bin der perfekte Mann! Ich habe keinerlei Fehler, und das meine ich ernst!*

Wenn ich das in Gesprächen mit anderen erwähne, wird erst mal gelacht, weil sie glauben, ich hätte einen Witz gerissen. Wenn sie merken, dass ich es ernst meine, dann entgleiten ihnen erst mal die Gesichtszüge, und dann höre ich Sprüche wie: *Jeder hat doch Fehler!*

Oder: *Nobody is perfect!*

Das erzählen sie mir dann mit einem Gesichtsausdruck, als würden sie mir ein fundamentales Naturgesetz erklären!

Aber denkt doch mal bitte wirklich darüber nach! Nicht einfach nur nachplappern, was dir andere schon dein Leben lang vorgekaut haben, sondern **wirklich denken!**

Wie sieht denn der perfekte Mensch aus, was hat er für Eigenschaften?

Gibt es dafür eine DIN-Norm?

Nein, natürlich nicht, es gibt einfach nur irgendwelche idealisierten Bilder, die uns von Religionsgemeinschaften, politischen Parteien oder den Medien eingetrichtert werden.

Aber diese Bilder sind nicht einheitlich, die Kirche hat andere Helden als die Politik. Frauen sehen das aus einem anderen Blickwinkel als Männer, Kinder anders als Erwachsene.

Auch geografisch ist dieses Bild nicht einheitlich, natürlich gibt es hier in Mitteleuropa ein ganz anderes Bild vom idealen Mann, als es in Saudi-Arabien der Fall ist. Auch haben sie in China andere Bilder eines perfekten Menschen als in Südamerika!

Aber nicht nur „andere Länder, andere Sitten", jeder Mensch hat ein anderes Bild vom „perfekten Menschen" in seinem Kopf. Wo die Ehefrau vielleicht sagt, dass ihr Mann so stur ist, lobt ihn

vielleicht sein Chef für seine Hartnäckigkeit beim Umsetzen eines Projektes!
Oder wo vielleicht ein Rektor einen Lehrer wegen mangelnder Durchsetzungsfähigkeit tadelt, liebt ihn seine Frau für seine Sanftmut.
Es ist also immer bedarfsbezogen – so könnte man sagen, dass der Lehrer nicht den perfekten Job für sich gewählt hat, und die Ehefrau, die ihren „sturen" Ehemann kritisiert, hätte sich eben besser einen weniger Zielstrebigen aussuchen sollen.
**Aber diese „Sturheit" ist doch kein Fehler!** Es ist einfach nur Teil seines Charakters, den er auch **nicht** auf Bestellung ändern kann! Ja, selbst wenn er wollte, könnte er morgen nicht ein anderer sein. Es ist einfach nur eine Meinung oder eine Interpretation, ob er stur, zielstrebig oder willensstark ist!
Wenn du 100 verschiedene Menschen fragst, hast du 100 verschiedene Meinungen dazu.
Ja, wie ist er denn nun, der ideale Mensch? Am einfachsten kann man das erkennen, wenn man mal das gleiche Thema auf ein anderes Lebewesen projiziert. Nehmen wir einfach mal ein Huhn. Da ist jetzt ein Huhn, das hat zwei Beine, ein Paar Flügel, einen Kopf, Schnabel, Federn, und dieses Huhn ist selbstverständlich perfekt! Vielleicht gackert es ja etwas anders, wenn es ein Ei gelegt hat, als die anderen, oder beim Scharren bewegt es sich anders als ein anderes Huhn. **Aber trotzdem ist doch dieses Huhn perfekt!** Warum sollte es das denn nicht sein? Natürlich kann es sein, wenn ich nur braune Hühner mag und dieses ist weiß, dass mir das so nicht gefällt. Aber das ist doch lediglich **meine** Sichtweise, nichts anders! Also wenn ich das weiße Huhn nicht mag, dann liegt das in keinem Falle an diesem Federvieh, sondern es liegt an mir selbst!
**Das Huhn ist perfekt!** Wenn das bei einem Huhn so ist, dann ist es natürlich auch bei einem Menschen so! Wenn dich jemand nicht mag, dann liegt das ebenso wenig an dir! Es liegt an dem anderen. Was wäre denn, wenn du dich für jeden veränderst, der das von dir

erwartet? Es wäre völlig grotesk anzusehen, wie du ständig versuchen würdest, dich in die eine oder andere Richtung zu verbiegen. Wie ein Blatt im Winde würdest du ohne eigenen Willen von der einen in die andere Richtung getrieben werden!

**Menschen haben keine Fehler!**

Man kann diesen Faden auch noch weiterspinnen. Natürlich, wenn man ein Huhn mit einem Adler vergleicht, könnte man auch wieder sagen, dass der Adler viel besser fliegen kann und ein schärferes Auge besitzt. Aber man kann eben nicht einen Adler mit einem Huhn vergleichen, das wäre völlig schwachsinnig!

Menschen sind viel komplexer als Hühner oder Adler, jeder Mensch hat eben einen individuellen Charakter und völlig eigene Wünsche und Sehnsüchte, niemals kann man also Person A mit Person B vergleichen. So, wie du bist, bist du gut, sogar ganz hervorragend!

**Du bist der perfekte Mensch!**

Lass dir von niemandem einreden, dass du Fehler hast, nur weil du nicht dem entsprichst, wie andere dich gerne hätten.

Du bist der beste Mensch der Welt! Aus deiner Perspektive bist du das tatsächlich!

Du bist der Einzige, der dich selbst wirklich zu 100 % verstehen kann, du selbst bist dein bester Freund! Nur du, **niemand anderer** weiß ganz genau, wie es in deinem Herzen aussieht, nur du selbst weißt, warum du etwas getan oder auch unterlassen hast. Nur du selbst weißt ganz genau, wie du dich tief in deinem Herzen fühlst!

Also lass dir von niemandem einreden, dass du nicht perfekt bist, nur weil **ihm** das nicht gefällt, wie du bist. Meist wollen andere nur, dass du anders bist, weil es ihnen dann selbst besser geht. Weil sie wollen, dass du ihren Egoismus bedienst!

Lass dir nicht einreden, dass du Fehler hast, nur weil du Vorlieben hast, die nicht jeder teilt – sei du selbst! **Du bist der perfekte Mensch!**

Sei du selbst, aber lass auch andere sie selbst sein. Du kannst **niemals** aus einem Huhn einen Adler machen, aber auch nicht aus einem sanftmütigen Menschen einen mit hoher Durchsetzungskraft oder aus einem „sturen“ einen sehr kompromissbereiten. Auch nicht aus dem Grobian einen zärtlichen Mann. Umso mehr du andere sein lässt, wie sie sind, umso mehr werden dich auch die anderen so respektieren, wie du bist!

## 10. Toleranz ist gut für andere, nicht für dich!

Das, was du aussendest, kehrt immer zu dir zurück, das besagt das Gesetz der Anziehung!
Du solltest auch dann jeden sein lassen, wie er ist, wenn er versucht, dich zu manipulieren! Er ist eben so und kann auch nicht anders sein! Wenn es dir nicht gefällt, wie er ist, dann versuche, seine Nähe zu meiden. Aber lasse in so, wie er ist! Das tust du **nicht** für den anderen, das tust du für dich selbst! Wenn du glaubst, dass der andere unvollkommen ist, du ihn verändern musst, dann impliziert das, dass auch du selbst unvollkommen sein kannst! Erst wenn du anerkennst, dass jeder Mensch seine Handlungen aus seiner eigenen Perspektive als gut, richtig oder zumindest notwendig erachtet, kannst du erkennen, dass er frei von Fehlern ist, ja, dass er perfekt ist und lediglich eine andere Meinung besitzt als du! Nur wenn du das geschnallt, so richtig tief verinnerlicht hast, dann bist du bereit zu erkennen, dass auch du selbst absolut perfekt bist. Wenn dich einer wegen deiner Handlungen verurteilt oder kritisiert, dann erkennst du, dass er nur eine andere Meinung hat, und du wirst es ihm nicht übel nehmen. Das tust du auch dann nicht, wenn er es dir krummnimmt, wie du bist. Der Unterschied ist jetzt, dass der andere negative Gefühle in seinem Unterbewusstsein ablegt und du das eben **nicht tust!** Denke 20 Jahre weiter, wie viel Müll wird der andere in seinem Inneren angesammelt haben? Und bei dir? Wenn du das umsetzt, wird dein Unterbewusstsein rein sein, und dementsprechend wundervoll wird dein Leben verlaufen!
Toleranz bedeutet, die Meinung des anderen zu ertragen, totale Akzeptanz bedeutet, sie völlig wertfrei zu akzeptieren.
Wenn deine Nachbarin einen viel zu kurzen Rock trägt? Viel zu kurz nach wessen Meinung? **Deiner** Meinung nach? Sie soll einen Rock auswählen, der **deiner Meinung** nach gut ist? Warum wählst nicht du ein Kleidungsstück, das du selber potthässlich findest, aber deiner Nachbarin gefällt? Entweder erfreue dich an dem

Anblick dessen, was der Rock nicht verhüllen kann, oder guck nicht hin, es geht dich nichts an! Genau genommen geht es dich nichts an, was andere tun; selbst wenn der Nachbar es mit seinem Haustier treibt, so geht dich das nichts an!
Im Grunde ist die totale Akzeptanz eine Steigerungsform von Toleranz. Toleranz ist nicht genug, wenn du etwas zähneknirschend tolerierst, ist es vielleicht für den anderen besser, als würdest du ihn lautstark kritisieren. Aber für dich selbst ist es dasselbe. Weil du ja den anderen innerlich kritisierst. Du findest ja seine Handlung oder Meinung dennoch falsch, wenn du es mit einem negativen Gefühl tolerierst. Die totale Akzeptanz lässt dich frei sein von diesen negativen Gefühlen und ja, es kann zum Anfang schwerfallen. Aber man kann es durchaus lernen!
Totale Akzeptanz ist das **bedingungslose** Annehmen des anderen! Guck dir einen beliebigen Menschen an, er kann dumm wie Bohnenstroh sein, er glaubt trotzdem, dass er klug ist! Er glaubt, dass er gut und richtig handelt, selbst wenn er ein Psycho aus dem Lehrbuch ist!
Der **einzige** wahre Weg zum Glück ist der, andere so sein zu lassen, wie sie sind, weil jeder denkt, er ist der Gute! Jeder denkt: *Wenn alle so wären wie ich, dann wäre das eine gute Welt.* Das denkt auch der Taliban. Aber ich sage euch, die Welt wäre für alle angenehmer, wenn wir jeden so sein lassen würden, wie er ist!
Wenn ich sage, man kann totale Akzeptanz lernen, meine ich das auch so. Du solltest das immer aus der eigenen Perspektive betrachten. Also gucke auf dich selbst. Letzte Woche, als du mal etwas unfreundlich zu einem anderen warst. Konntest du es anders machen? Viele würden jetzt sagen: *Ja, ich hätte einfach lächeln können ...* **Warum hast du es dann nicht getan?** Ich kann es dir sagen, weil dir in diesem Augenblick nicht zum Lächeln zumute war! **Deswegen konntest du es nicht anders tun!** Und ganz genau so ist es immer! Du hast es getan, weil es dir in **diesem Augenblick** und **dieser Situation** nicht möglich war, anders zu

handeln. So ist es auch, wenn dir mal ein böses Wort rausrutscht oder du eben unfreundlich oder grantig bist. **Du kannst in dieser Situation nicht anders handeln!** Du kannst nur im Nachhinein erkennen, wenn du deine Handlung reflektierst oder wenn du siehst, wie der andere reagiert, dass da etwas falsch gelaufen ist. Aber in dem Moment selbst kannst du es nicht! Und wenn du dir das immer und immer wieder vor Augen hältst, wirst du erkennen, dass es dem anderen genauso geht. Dass also der, der da gerade zu dir unfreundlich war, es ebenso in dieser Situation nicht anders machen konnte! **Niemand kann das!** Wenn man immer wieder darüber nachdenkt, kommt die totale Akzeptanz von ganz allein. Man muss natürlich auch ein bisschen guten Willen an den Tag legen. Oft kommen mir Argumente wie: *Na klar, ich bin ja auch kein Engel, aber* ***so was, was der Hans gemacht hat,*** *würde ich ja nie tun ...*

Es spielt keine Rolle. Auch du hast sicherlich schon fragwürdige Dinge in deinem Leben getan, von denen andere behaupten würden, so etwas nie zu tun. Und selbst wenn nicht, selbst dann, wenn du ein wirklicher Bilderbuch-Mensch bist, der fast immer alles „richtig" macht, so eine Art Knigge-Fetischist, solltest du dennoch die totale Akzeptanz dem anderen gegenüber praktizieren! **Denn der wichtigste Aspekt von allen ist der, dass du es nicht für den anderen tust, sondern für dich selbst!** Wenn du es also für dich selbst tust, ist natürlich auch die „Schwere" der Tat von Hans völlig irrelevant! **Denn du tust es aus dem einzigen Grunde, dass du dein eigenes Herz nicht vergiftest!** Totale Akzeptanz ist der beste Selbstschutz, den es geben kann! Das beste Mittel, sein eigenes Leben zu einem vollen Erfolg werden zu lassen!

Deswegen ist es auch erst mal egal, was andere denken, **für dich ist wichtig, was du denkst.**

Es sind deine eigenen Gedanken, die Auswirkungen auf dein eigenes Leben haben! Deswegen lass andere, wie sie sind,

praktiziere die totale Akzeptanz, und dein Leben wird von Tag zu Tag besser.
Ich weiß, die Menschen sind nun mal so, dass sie auf irgendeiner undefinierbaren Ebene wollen, dass alle gleich sind. Guck dir Fußballfans an, die können es oft nicht ertragen, dass da jemand eine andere Mannschaft mag als sie selbst, auch in der Politik kannst du sehen, dass jeder angefeindet wird, der nicht dem politischen Mainstream angehört.
**Aber du kannst anders sein, du kannst es lernen!**
Auch mir fiel es anfangs schwer, andere einfach so sein zu lassen, wie sie sind. Das ist in unserer aller Prägung sehr tief und fest verankert, dass andere „falsch“ sind, nur weil sie anders sind als wir selbst.
Damals sah ich im Frühling öfter einen jungen Mann, der bei recht warmen Temperaturen noch eine Wollmütze trug.
Zuerst dachte ich immer: *Was für ein Idiot, es sind fast 20 Grad und der trägt eine Mütze.* Als ich später die totale Akzeptanz entdeckte, sagte ich mir: *Ich bin damals bei 10 Grad unter null* ***ohne*** *Mütze rumgelaufen, hatte kalte Ohren, aber ich kam mit cool vor, und ganz genauso hat der jetzt eine Mütze auf, schwitzt, aber kommt sich eben auch cool vor.* Und schon fand ich es irgendwie sogar sympathisch, was er tat, denn er war genauso wie ich früher. Der eine trägt eine Mütze, um cool zu sein, der andere trägt keine, um ebenfalls cool zu sein!
Totale Akzeptanz ist Freiheit von Negativität, Toleranz nicht! Wenn du schlecht über andere redest, dann bist du es selbst, der einen schlechten Eindruck hinterlässt! Wenn mir jedenfalls jemand mit Kritik an anderen kommt, dann ist es eigentlich der Kritiker selbst, der mit unsympathisch rüberkommt. Ich denke mir: *Wie ist der denn drauf? Warum redet der so schlecht über andere?* Im Grunde offenbart er durch diese Kritik an einer anderen Person nicht deren Defizite, sondern vielmehr seine eigenen!

Die totale Akzeptanz ist wirklich der einzige Weg, dauerhaft frei von negativen Gefühlen zu sein!
Noch mal: **Der Kritiker offenbart seine eigenen Defizite, nicht die des anderen!**
Die totale Akzeptanz könnte man, wenn man wollte, auch als Gleichgültigkeit bezeichnen.
Stufe 1: Ich bekämpfe den anderen.
Stufe 2: Ich toleriere zähneknirschend, was der andere tut.
Stufe 3: Es interessiert mich nicht mehr, was er macht. Ich kümmere mich um mein Eigenes!
Ich muss ja keine guten Gefühle haben, wenn ich sehe, dass andere „falsch" handeln, es reicht, wenn ich gar keine Emotionen dabei habe, mich abwende und meinen Fokus auf etwas lenke, wobei ich mich gut fühlen kann! Das ist doch schon viel eher der Sinn des Lebens, oder? Es kann ja nicht wirklich dein Ziel sein, jeden, der anders denkt oder handelt als du, nun zur Umkehr zu bewegen und ihn zu missionieren. Wie willst du da noch Zeit für ein glückliches Leben haben? Wirst du dieses Ziel, dass alle so handeln wie du selbst, jemals erreichen? Nein? Warum fängst du dann überhaupt damit an?

## 11. Gesunde Gleichgültigkeit

Ich finde es durchaus sinnvoll, eine gesunde Gleichgültigkeit an den Tag zu legen. Auch wenn uns früher immer erzählt wurde, dass Gleichgültigkeit etwas ganz Schlimmes ist. Ich bin wirklich der Meinung, dass es gesund für dein Inneres ist, wenn du einigen schlimmen Dingen etwas uninteressierter gegenübertrittst. Angenommen, dir begegnet eine Nachricht von ein paar Toten bei einem Verkehrsunfall. Natürlich kannst du dich jetzt da „hineindenken", kannst versuchen, nachzuempfinden, wie es sich anfühlt, wenn dein Kind dabei gestorben wäre. Wenn du es tust, wird es dir Schmerzen bereiten! Du wirst wahres Mitgefühl empfinden. Aber weißt du, was du da gerade tust? Du visualisierst dir förmlich, dass dein Kind stirbt! Das ist eigentlich abartig! Warum in Gottes Namen möchtest du diesen Schmerz empfinden? Versuche, solche Nachrichten zu vermeiden; wenn sie dich trotzdem erreichen, versuche, das Ganze mit einem Achselzucken zu ignorieren! Ich hatte es in DENKE! ANDERS schon mal dargelegt, dass jedes Jahr weltweit ca. 100 Millionen Menschen sterben. Das ist eine einfache Rechnung, ca. sieben Milliarden Menschen sind wir, und die Lebenserwartung liegt im Durchschnitt irgendwo bei 70 Jahren. Willst du jetzt um jeden trauern? Was hat der Verstorbene davon? Was hast du davon? Was hat irgendwer davon?

Das Einzige, was dadurch entsteht, sind schlechte Gefühle, die du in deinem Unterbewusstsein ablegst. Ein Gedanke und auch ein Gefühl sind messbare Energie! Diese Energie verbreitet sich. Wenn du schon mal einer Trauerfeier beigewohnt hast oder gerade zu einer Familie kommst, die kurz vorher heftig gestritten hat, dann weißt du, was ich meine. Das verpufft nicht einfach, im Grunde strahlst du mit deiner Trauer negative Energie in die Welt! Kehre das um! Sei gleichgültig gegenüber fremdem Leid.

Du kannst sowieso nichts daran ändern, wenn irgendwo dir völlig fremde Menschen gestorben sind. Also ignoriere es und befasse dich mit etwas Gutem, etwas Schönem, davon hat dann die ganze Welt etwas Gutes und Schönes!
Damit ist natürlich nicht gemeint, dass du deine Hilfe verweigern sollst, wenn sie gerade jemand braucht! Gib positiven Zuspruch, gib Liebe und Güte, damit kommt der andere schnell aus seinen negativen Denkmustern heraus!
Kümmere dich um die Dinge, die dir gefallen, die du magst! Dazu muss man sich schon manchmal ein dickes Fell zulegen, weil ja ständig andere an dich herantreten, die versuchen, deine Aufmerksamkeit auf etwas Negatives zu lenken!
Ein Freund erzählte mir mal, wie er von seiner gesamten Familie verurteilt wurde, weil er nicht zu der Beerdigung seines Bruders gegangen ist.
Er sagte mir: *Andreas, es war mir egal, dass er gestorben ist, wir hatten kein gutes oder schlechtes Verhältnis zueinander, wir hatten gar keines! Er war für mich wie ein Fremder, was soll ich denn jetzt machen?*
Ja, er hatte recht, da kann man gar nichts machen, klar hätte er hingehen können und Trauer heucheln, aber das fand er einfach zu widerlich.
Warum kann ihn die eigene Familie nicht sein lassen, wie er ist, und akzeptieren, dass die beiden sich nicht nahestanden? Da kamen Sprüche wie: *Er war doch aber dein Bruder!* Und diese ziemlich dumme Aussage wird dann tatsächlich als Argument gehandelt.
Was sind Brüder? Es sind zwei Menschen, die nun mal ohne eigenes Zutun dieselben Eltern haben, weiter erst mal nichts.
Zu seiner Beerdigung zu gehen, nur weil er die gleichen Eltern hatte, wäre genauso, als wenn ich zur Beerdigung meines besten Freundes **nicht** hingehe, weil er andere Eltern hatte als ich.
Natürlich hätte er es um des lieben Friedens willen tun können, aber er hat sich mit seiner Entscheidung eben wohler gefühlt.

Leg auch du dir ein dickes Fell zu, lass dir nicht laufend irgendwas aufhalsen, was du nicht wirklich möchtest! Gib einfach acht auf dich, dass es dir richtig gut geht! Wenn es dir selbst so richtig gut geht, dann strahlst du das nach außen, das Gesetz der Anziehung muss dir jetzt noch mehr Gutes in dein Leben bringen. Auch deine Mitmenschen werden davon profitieren, wenn du dich gut fühlst! Auch hier gilt wieder, tu es für dich selbst und versuche nicht, andere zu missionieren!

## 12. Kritik

Hast du schon mal gesehen, dass ein wirklich erfolgreicher Mensch andere kritisiert? Bill Gates andere Reiche? Der Weltmeister einen, der es nicht geschafft hat? Paul McCartney andere, erfolglose Musiker? Nein, es sind immer nur die Loser, die kritisieren! Die arme Sau kritisiert den Reichen, der erfolglose Sportler den Weltmeister mit dem Grundtenor: *Der hat doch nur ...* oder: *Er hätte* ***noch*** *besser sein können, wenn er ....*

Das erinnert mich immer an einen rauchenden, saufenden, völlig unsportlichen Fußballfan, der da mit seiner Bierwanne vor der Glotze sitzt und dann lautstark kritisiert, dass der Idiot dort auf dem Fußballplatz das Tor nicht getroffen hat.

Oder der alte Säufer in der Kneipe, der seinen Kumpels erzählt: *Also wenn ich Bundeskanzler wäre, dann würde ich aber ...*

Der eine kann nicht im Ansatz nachempfinden, wie es ist, in einer Stresssituation vor Millionen Zuschauern auf dem Fußballplatz zu stehen, der andere weiß noch nicht mal, wie es sich anfühlen würde, ehrenamtlicher Ortsbürgermeister von Niederpierscheid zu sein!

**Trotzdem glauben sie daran, was sie sagen! Jeder hält seine eigene Prägung für richtig!** Selbst Massenmörder tun das.

Die totale Akzeptanz ist die gelebte Form des Satzes: *Leben und leben lassen!*

Wenn zwei sich streiten, hat nicht einer recht und der andere unrecht, beide haben nur unterschiedliche Ideen gespeichert, weiter nichts. Sie haben in ihrer Kindheit, so wie auch du, viele Informationen bekommen, immer und immer wieder! Diese wurden zu Glaubenssätzen, die sie selbst für die Wahrheit halten. So wie auch du!

Die Welt, wie sie heute ist, ist die logische Folge der Gedanken von ca. sieben Mrd. Menschen. Sie ist nicht etwa besser oder schlechter, sondern genau so. Wenn man darüber mal fünf Minuten nachdenkt, wird man die Logik erkennen. Du kannst die Welt nicht verbessern, indem du versuchst, andere Menschen von deinen Gedanken zu überzeugen, egal für wie ehrenvoll du sie hältst. Dadurch ist die Welt ja erst so geworden, wie sie ist, dass jeder dem anderen seine Meinung aufdrücken will. Wenn du glaubst, die Welt besser machen zu müssen, denke du an Frieden, Harmonie und Liebe, und lass jeden anderen so sein, wie er ist. Das ist die einzige Möglichkeit überhaupt, die Welt zu einem besseren Ort zu machen. **Und Kritik an anderen ist demzufolge eine Möglichkeit, die Welt zu einem schlechteren Ort zu machen. Weil du dann statt Liebe eben Missgunst und Besserwisserei verbreitest.**

Ich möchte hier einfach mal behaupten, dass Menschen nichts dafür können, wie sie sind! Ich weiß, das ist starker Tobak. Aber stellen wir uns doch mal so ein richtiges Arschloch vor! Da ist jetzt ein Mann, so ein richtiger Widerling, er ist unsympathisch, behandelt andere Menschen schlecht, macht alle nur runter. Er ist beleidigend zu Frauen, quält gerne Tiere, erfreut sich im Allgemeinen an dem Leid anderer. Warum ist er so? Er ist so, weil er irgendwie so geprägt wurde! Und so, wie er geworden ist, war sein persönlicher Weg, um mit seiner schlechten Erziehung fertigzuwerden. Vielleicht hat ihn sein Vater misshandelt, und er fühlte sich absolut machtlos, etwas dagegen zu tun. In dem Augenblick, wo er anderen Menschen oder Tieren Leid zufügte, fühlte er sich augenblicklich machtvoller, und **es fühlte sich gut an!** Er folgte nun einfach irgendwie seinem Wohlgefühl. Nun, 30 Jahre später, arbeitet er im Schlachthof, hat eine Freundin, die es hinnimmt, wenn er sie schlägt, und er hat Freunde, die ähnlich sind wie er selbst. Wenn er mit ihnen säuft und redet, fühlen sie sich gut. Sie selbst sehen sich nicht als Widerlinge! **Sie glauben, dass sie richtig handeln! Sie glauben, dass sie die Guten sind:** *Die doofen Viecher haben es nicht besser verdient, die blöden Weiber schon gar nicht, man muss sie so behandeln!* Er hat sich eben

einfach so entwickelt, eine Entscheidung führte zur nächsten, und irgendwann war er eben so, wie er heute ist.
Genauso ist es bei jedem Menschen, wir werden geboren, erzogen und dann treffen wir schon als Kind Entscheidungen auf Basis dieser Erziehung! Dagegen kann man kaum etwas tun! Man denkt ja über diese Entscheidungen nicht wirklich nach! Hast du schon mal einen Mitschüler geschlagen? Einen Partner betrogen? Dem Lehrer eine blöde Antwort gegeben? Hast du vorher darüber nachgedacht, ob das richtig oder falsch ist? Vermutlich nicht! Du hast es einfach so getan, und vielleicht fühlte sich das sogar gut an! Hast du **nun** darüber nachgedacht? Bist du **nun** zu der Erkenntnis gekommen, dass du ein schlechter Mensch bist? Natürlich nicht! Wenn es sich gut angefühlt, hat deinen Partner zu betrügen, wirst du es vermutlich öfter tun, hat es sich schlecht angefühlt, wirst du es in Zukunft lassen. Wenn es sich gut angefühlt hat, wirst du Argumente erfinden, die dich trotzdem als Guten dastehen lassen! Hast du das wirklich in der Hand, ob es sich gut oder schlecht anfühlt? Nein hast du nicht, das sind einfach Reaktionen deiner Prägung. Mann nennt es auch Gewissen. Aber dieses Gewissen ist eben einfach nur Erziehungssache. Dass ein radikaler Islamist bei anderen Sachen ein schlechtes Gewissen hat als ein Mensch aus Mitteleuropa, ist doch auch völlig logisch, oder? Der Islamist hat vielleicht Gewissensbisse, wenn er das Morgengebet hat ausfallen lassen. Dass er am Abend zuvor bei der Hinrichtung eines Schwulen dabei war und den Henker angefeuert hat, findet er moralisch absolut richtig! Der normale Europäer fühlt sich vielleicht schuldig, weil er, nach ein paar Bier, seinen homosexuellen Nachbarn als „schwule Sau“ bezeichnet hat, dass er schon lange nicht in der Kirche war, belastet ihn nicht im Geringsten. Wenn sich jetzt beide gegenüberstehen würden, würden sie sich gegenseitig verachten! Aber jeder für sich denkt, er sei der Gute! Erkenne das! Alle Menschen sind die Guten und aber auch alle die Bösen! Egal wer du bist, es gibt immer jemanden auf

der Welt, der dein Verhalten falsch, aber auch jemanden, der dein Verhalten richtig findet! Egal was du tust! Auch Mutter Theresa hat ihre Kritiker! Auch Massenmörder haben ihre Fans!
Das sage ich nicht, damit du eine Ausrede hast, dich gehen zu lassen! Du hast jetzt dieses Buch in der Hand, also hast du keine Ausreden! Deine Prägung hat dich hierher gebracht, und du erkennst, dass du sie verändern kannst! **Ich sage das, damit du andere Menschen verstehst, dass sie sind, wie sie sind und nicht anders sein können!** Ich sage das, damit du ihnen vergeben kannst, dadurch wird **dein** Herz reiner, und dadurch wird **dein** Leben besser! Es ist wesentlich besser für dich selbst, **allen Menschen** Verständnis entgegenzubringen und ihre Taten zu entschuldigen, als ihnen zu grollen und eine harte Bestrafung zu fordern!
Jeder Mensch ist der Gute, auch wenn die Masse das anders sieht! Wenn einer einfach nur reich sein will und alles andere ist ihm egal, so ist das o. k., es ist seine Sache, was er am wichtigsten im Leben findet. Andere, z. B. Künstler, leben ausschließlich für ihre Musik, manche Spitzensportler interessieren sich nicht für Familie oder Gesundheit, sie wollen einfach nur den Titel. Aber das ist voll o. k.; den Sportler jetzt zu belehren, ist Schwachsinn! Möchtest du belehrt werden, dass das, was du unbedingt willst, das Falsche ist? Warum tust du denn gewisse Dinge? Warum isst du dieses und jenes nicht? Warum hast du sexuelle Vorlieben, warum glaubst du, dass du richtig handelst? Das ist alles nur deine Prägung, weiter nichts. Aber auch der andere hat seine Prägung und nur, weil sich diese von der deinen unterscheidet, ist sie noch lange nicht falsch!

***„Darum, o Mensch, kannst du dich nicht entschuldigen, wer du auch bist, der da richtet. Denn worin du einen andern richtest, verdammst du dich selbst; sintemal du eben dasselbe tust, was du richtest.“***
Römer 2:1

Wenn jemand gegen „das Unrecht“ auf dieser Welt ankämpft, heißt das nichts anderes, als dass er sich in fremde Angelegenheit einmischt und möchte, dass **alle** dieselbe Meinung vertreten wie er selbst. Dem liegt zugrunde, dass er denkt, dass **seine** Meinung die einzig Richtige ist.
Ich möchte dir das an einem ziemlich unappetitlichen Beispiel verdeutlichen: Wir nehmen jetzt mal einen pädophilen und einen homosexuellen Mann.
Hier in Europa kann der Homosexuelle seinen Drang vollständig ausleben.
Der Pädophile kann in streng muslimischen Staaten seine Neigung ausleben, er kann nach dem Scharia-Gesetz im Jemen oder in Afghanistan eine 10-Jährige heiraten, er kann auch zwei oder drei 10-Jährige heiraten, wenn er das Geld dazu hat. Der Schwule kann in Frankreich oder neuerdings auch in Deutschland einen Mann heiraten. Nimmst du jetzt die beiden und vertauschst sie, und beide leben weiterhin ihre Neigungen aus und werden dabei erwischt, werden sie beide bestraft. Der Schwule würde wohl aufgeknüpft werden, und der Pädophile würde lange Zeit ins Gefängnis wandern, wo es Männer mit solchen Neigungen nicht leicht haben sollen.
Du kannst dich jetzt natürlich hinstellen und sagen, dass man das nicht vergleichen kann, und du hättest auch deine Argumente, die aus **deiner** Sicht der Dinge absolut logisch klingen. Aber ich kann dir versichern, wärest du in einem Dorf im Jemen aufgewachsen, dann würdest du den pädophilen nicht verachten. Du würdest vermutlich das Wort pädophil gar nicht kennen. Du würdest es als völlig normal empfinden, wenn ein 40-Jähriger eine 12-Jährige eiratet, schließlich hat sich ja auch der Prophet Mohammed mit einer 6-Jährigen verlobt.
Aber den Schwulen würdest du verabscheuen! Du würdest es als gerecht empfinden, wenn er getötet wird, vielleicht würdest du

danebenstehen und applaudieren. Natürlich kannst du jetzt erwidern, dass du das nicht tun würdest, aber deine Prägung wäre eine völlig andere und damit auch dein Gerechtigkeitsbewusstsein!
**Es gibt kein angeborenes Gerechtigkeitsbewusstsein, es ist immer anerzogen!**
Jemand, der sagt, dass er noch in den Spiegel gucken kann, sagt damit nur, dass er ein reines Gewissen hat. Aber was ist das eigentlich, ein Gewissen?
Das, was die Menschen ihr Gewissen nennen, ist nur ein Spiegelbild ihrer Prägung.
Wenn du in einer „rechtschaffenen" Familie aufwächst, wirst du ein schlechtes Gewissen haben, wenn du im Supermarkt etwas mitgehen lässt. Wärest du in einem Verbrecherclan aufgewachsen, wärst du stolz auf deinen ersten Diebstahl.
Ein reines Gewissen zu haben, heißt nur, dass du nicht gegen **deine eigenen** Überzeugungen verstoßen hast. Das heißt aber auch, dass Hitler oder Bin Laden auch noch in den Spiegel blicken konnten, denn aus ihrer **eigenen** Überzeugung heraus haben sie richtig gehandelt!
Die Akzeptanz machst du nicht für den anderen, sondern ausschließlich für dich selbst. Du selbst bist der Nutznießer, wenn du frei von Hass und Groll bist!
Ich habe diese totale Akzeptanz natürlich nicht erfunden, nein, schon Jesus redete über sie.

***„Als sie nun anhielten, ihn zu fragen, richtete er sich auf und sprach zu ihnen: Wer unter euch ohne Sünde ist, der werfe den ersten Stein auf sie."***
*Johannes 8:7*

Aber auch Jesus hat es nicht erfunden, denn wir finden es auch schon im Alten Testament in der Geschichte vom Sündenfall. Adam und Eva wurden aus dem Paradies vertrieben, weil sie

begannen zu urteilen! Hätten sie die totale Akzeptanz praktiziert, wäre das nicht geschehen. Sei klüger als die beiden, versuche zu erkennen, dass du selbst ein supergeiles Leben haben kannst, wenn du **endlich die anderen sein lässt, wie sie sind!**
Wenn du täglich daran arbeitest, wirst du feststellen, dass du völlig frei von Kritik wirst. Das ist wirklich eine tolle Erfahrung. Mir würde es im Traum nicht einfallen, jemanden zu kritisieren! Angenommen, ich esse im Lokal und das Essen war nicht besonders, so würde ich mich niemals darüber bei der Kellnerin beschweren. Erstens kann sie dafür nichts, und zweitens hat der Koch eben nur nicht **meinen** Geschmack getroffen, andere werden sein Essen lieben. Wenn mich die Bedienung danach fragt, wie es geschmeckt hat, sage ich, dass es hervorragend war, und gebe ein großzügiges Trinkgeld. Natürlich werde ich das nächste Mal ein anderes Lokal wählen. Aber was hätte ich davon, wenn ich der Kellnerin sagen würde, dass das Essen ziemlich mies war? **Was hätte ich davon?** Was hätte die Bedienung davon? Nichts! Außer ein paar schlechten Gefühlen auf beiden Seiten hätte niemand etwas gewonnen! Und so kann man Kritik vollständig aus seinem Leben verbannen. Dem zugrunde liegt wirklich die Feststellung, dass solche Kritik niemandem nutzt.

Stell dir einen Menschen vor, der etwas tut, von dem niemand einen Nutzen hat, aber er selbst sich schlecht dabei fühlt. Wie würdest du einen solchen Menschen bezeichnen?
Niemand hat etwas davon, also versuche auch du, niemandem mehr ein negatives Feedback zu geben. Auch das tust du wieder nur für dich selbst! Obwohl der andere natürlich auch davon profitiert. Aber den größten Nutzen hast immer du selbst, weil du nun keine negativen Gefühle mehr in dein Unterbewusstsein ablegst! Gib den Menschen, die etwas tun, was du magst, ein positives Feedback! Lobe sie! Wenn du das eine Weile tust, wirst du einfach so viel glücklicher werden. Es kann fast zu einer Sucht

werden, anderen Menschen positive Feedbacks zu geben, sie zu loben! Damit verbreitest du Freude in der Welt!

## 13. Lebenskunst

Lebenskunst ist, zu erkennen, dass man sich mit einigen Dingen abfinden muss. Man kann einfach nichts dagegen tun. Nun hast du die Wahl zwischen Ärger und Kampf oder Ignoranz! Die Ignoranz ist besser für dich! Zum Beispiel der NSA-Skandal. Natürlich hören die jeden ab, natürlich wird jede deiner E-Mails gescannt. Aber was soll's? Wenn du damit nicht leben kannst, wähle eine Partei, die das ändern will oder schreibe wieder Briefe. Im Grunde kann man aber auch erkennen, dass man dadurch keinen persönlichen Schaden davonträgt, und es einfach gut sein lassen. Schaden hat man doch erst, wenn man ständig darüber Ärger empfindet. Ein weiser Mann sagte mal:

***„Gott, gib mir die Gelassenheit, Dinge hinzunehmen, die ich nicht ändern kann, den Mut, Dinge zu ändern, die ich ändern kann, und die Weisheit, das eine vom anderen zu unterscheiden."***
Reinhold Niebuhr

Die NSA kannst du nicht ändern. Wenn du versuchst, es zu verstehen, ist es einfacher. Sie tun es, weil sie es tun können. Wer sollte es ihnen verbieten?
Wenn du Chef dieser Organisation wärest, würdest du vermutlich genauso handeln! Wenn du Amerikaner wärst, würdest du es gutheißen.
Diese Gelassenheit ist eine Lebenskunst, die nur wenige beherrschen. Die meisten ereifern sich jeden Tag über Dinge, die sie eigentlich gar nicht betreffen. Das tun sie aus purer Gewohnheit! Sei klüger! Sieh dir den Sketch von Otto an, wo er das Mittel „Egal" anpreist! Für hartnäckige Fälle „Scheißegal" mit dem Rutsch-mir-doch-Faktor und dem Leck-mich-Effekt aus dem Hause: Du mich auch!

Es ist nur ein Sketch auf YouTube, aber im Grunde enthält er eine grandiose Lebensweisheit: Es geht dir selbst **wesentlich besser**, wenn du nicht alles so genau nimmst, wenn du einfach bei vielen Dingen sagst: *Das ist mir scheißegal!* Auch wenn deine Eltern das gar nicht gerne hörten. Kümmere dich um dein Eigenes, verbessere die Inhalte deines Unterbewusstseins, und dein Leben wird ein voller Erfolg!

## 14. Umwelt

Lothar Frenz schreibt in seinem Buch „Lonesome George oder das Verschwinden der Arten“, dass es der Natur egal ist, ob da eine Art ausstirbt, Landschaften verschwinden oder ganze Ökosysteme umkippen. Und da muss ich ihm recht geben. Auch ich verstehe diesen Aufschrei immer nicht wirklich, wenn dann jemand erzählt, dass es passieren könnte, dass der Eisbär bald ausstirbt. Dann wird fürchterlich diskutiert, Schuldige werden gesucht und natürlich gefunden, am Ende ist natürlich „der Mensch“ schuld, die “Profitgier“ usw. Aber wo ganz genau und präzise ist denn nun wirklich der Vorteil, für uns und die Welt und den Eisbären, ob es nun Eisbären gibt oder nicht? Noch nicht einmal die Eisbären selbst interessiert das; wenn da einer stirbt, macht er sich sicherlich keine Gedanken darüber, ob denn seine Art nun weiterexistiert oder nicht. Es gibt keinen Vorteil! Der Eisbär ist das gefährlichste Raubtier der Welt! Wenn es keine Eisbären mehr gibt, dann haben alle Tiere unterhalb, in seiner Nahrungskette, ihren Vorteil davon. Die Robben werden es uns danken und die Polarfüchse und Schneehasen auch!

Es ist auch nicht die Profitsucht daran schuld, wenn Lebensräume zerstört werden. Im Grunde ist die Bequemlichkeit jedes einzelnen Menschen daran schuld. Gehen wir doch mal logisch ran:

Warum werden Lebensräume zerstört? Weil der Mensch Platz braucht für Weiden und Ackerland und Wohnraum. Warum braucht er den? Weil jeder Mensch in der Zivilisation zu jeder Jahreszeit Essen im Überfluss haben will sowie seine eigenen vier Wände. Der Landwirt und der Bauunternehmer befriedigen lediglich den Bedarf dieser Menschen. Wie würde jemand gucken, wenn er im Winter in den Supermarkt geht und dort würde es nichts zu essen geben? Ich meine das wörtlich: **nichts!** Auf sein *Warum?* bekommt er die Antwort, dass es nicht genug Anbauflächen gibt, um genug Getreide zu produzieren, nicht genügend Weideflächen, um genug Tiere zu züchten, und dass es auch in Zukunft davon nicht mehr geben wird, weil man ja sonst Natur dafür zerstören müsste. Dann würde er lautstark nach dem Staat rufen, damit dieser etwas ändert, damit seine Familie zu essen hat. Aber er braucht nicht zu rufen, der Staat hat das schon getan, bevor er gerufen hat. Und da für ihn essen selbstverständlich ist, stellt er nun diese bösen profitgierigen Unternehmer an den Pranger, weil sie natürlichen Lebensraum von irgendwelchen Tieren zerstören, um daraus Weideflächen oder Bauland zu machen. Aber diese tun das nur, um **seinen Bedarf** zu decken. Leider reicht der Horizont vieler Menschen nicht, um diese Kausalkette zu verstehen.

Genau genommen passiert das aber alles nur, weil wir immer mehr Menschen werden. Würde die Bevölkerungszahl der Erde seit 1980 bei unter fünf Milliarden verharren, müsste natürlich heute Nahrung für zwei Milliarden Menschen weniger produziert werden. Aber diese zwei Milliarden Menschen essen ja nicht nur, sie kleiden sich auch, ihre Lebensmittel werden verpackt und transportiert, sie heizen oder kühlen, haben Haushaltsgeräte, produzieren $CO_2$ usw. Hast du schon mal gehört, dass einer aus einer Ökopartei oder von Greenpeace dafür plädiert, das Bevölkerungswachstum radikal zu stoppen? Ich nicht – wenn sie Zeit haben, dann kritisieren sie sogar das ehemalige Ein-Kind-Modell der chinesischen Regierung. Obwohl genau dieses Ein-Kind-Modell unserem Planeten guttun würde, würde man es weltweit durchsetzen.

Daran kann man deutlich ablesen, dass sich diese Öko-Gutmenschen keine wahrhaftigen Gedanken machen. Da wird kritisiert, dass die Meere leergefischt werden, natürlich von bösen Unternehmern, die aus Profitgier handeln. Dass Regenwälder gerodet werden, um neue Weideflächen entstehen zu lassen. Natürlich wiederum von bösen Kapitalisten aus reiner Geldgier. Massentierhaltung wird ebenso an den Pranger gestellt wie

genmanipuliertes Getreide. Mir drängt sich da immer die Frage auf: *Was genau sollen denn nun diese sieben Milliarden Menschen essen?*
Nur mit Bio-Landwirtschaft auf den jetzt schon vorhandenen Ackerflächen ist das eben nicht möglich, das weiß eigentlich auch jeder, der fließend bis 3 zählen kann!
Vielleicht könnte man ja immer mehr Menschen dazu erziehen, immer weniger zu verbrauchen?
Was würde denn passieren, wenn die Leute auf einmal extrem viel sparen würden? Zum Beispiel Wasser:
In öffentlichen Verkehrsmitteln würde es noch übler riechen, als es jetzt schon der Fall ist, dadurch würden noch mehr aufs Auto umsteigen. Gärten und Felder würden im Sommer vertrocknen, dadurch gibt es weniger Pflanzen, also auch weniger Sauerstoff. Da Pflanzen $CO_2$ binden, dafür mehr davon. Damit würde auch der Lebensraum von Tieren zerstört werden. Das Wasserwerk müsste Massenentlassungen vornehmen, es würde überall schmutziger sein, Keime würden sich verbreiten, Krankheiten würden sich durch schlechtere Hygiene viel schneller übertragen usw. Man sollte erkennen, dass Wasser einem Kreislauf unterliegt, der schon seit Millionen von Jahren funktioniert, dass man Wasser nicht „verbrauchen“ kann in dem Sinne, dass es weg ist!
Strom: Die Leute würden mehr im Dunkeln sitzen, dadurch steigen Gemütskrankheiten wie Depression sprunghaft an. An der Hygiene würde noch einmal gespart werden, weil die Wassererwärmung viel Strom kostet, viele würden lieber gar nicht duschen als im Winter eiskalt. Energiekonzerne würden ebenfalls Massenentlassungen vornehmen müssen, dadurch gehen Steuergelder verloren. Kühlschränke werden runtergedreht, genauso wie
Heizungen, die Folge: mehr Salmonellen und Lebensmittelvergiftungen, mehr

Krankheiten wie Rheuma. Fazit: Radikales Sparen würde nach hinten losgehen!
Aber die eben gemachten Gedanken sind sinnlos, weil es die Menschen einfach nicht tun! Würdest du etwa im Winter dick angezogen in deinem 10-Quadratmeter-Wohncontainer bei 10 Grad Celsius bei spärlicher Beleuchtung ohne Fernseher sitzen? Nur das essen, was zum Überleben notwendig ist, nur weil ein paar Hippies erzählen, dass man das so tun muss, um den Planeten zu retten? Natürlich nicht! Ich übrigens auch nicht. Ich werde weiterhin im Winter im Warmen sitzen und im Sommer meine Klimaanlage einschalten. Auch werde ich weiterhin mehr essen, als ich zum Überleben brauche! Und nein, ich fühle mich deswegen nicht schuldig! Wenn niemand mehr Lebensqualität hat, wozu sollte man den Planeten denn überhaupt retten? Wer will schon cin Leben am Minimum?
Wenn das mit dem menschengemachten Klimawandel stimmen sollte, dann wäre aber immer noch nicht derjenige der Hauptverursacher, der ein großes Auto fährt und Fernreisen mit dem Flieger tätigt, sondern eigentlich eher die Leute, die sich vermehren wie die Karnickel. Es gibt Teile der Welt, zum Beispiel im Niger, da hat eine Frau im Durchschnitt 7,6 Kinder (Quelle: DSW – Deutsche Stiftung Weltbevölkerung). Wenn man sich das mal auf ein paar Generationen hochrechnet, bekommt man das Grausen. Ich möchte diese Menschen nicht verurteilen, sie sind so geprägt und finden es wahrscheinlich völlig normal, so viele Kinder zu haben. Aber dennoch ist ja logisch, dass eine solche Mutter auf lange Sicht im Grunde für mehr $CO_2$ verantwortlich ist als die deutsche Frau, die ein großes Auto fährt und nur zwei Kinder hat.
Dieser ganze „Umweltschutz" gleicht inzwischen einer hysterischen Religion! Im Grunde wollen diese militanten Umweltschützer jeden neuen Menschen auf dieser Welt willkommen heißen, aber gleichzeitig alle Menschen dazu

zwingen, nach ihren Regeln zu leben. **Es funktioniert einfach nicht! Es können hier nicht 20 Milliarden Menschen leben und weniger $CO_2$ produzieren als die 7 Milliarden jetzt, bei gleichzeitiger Erholung der Fischbestände, Aufforstung des Regenwaldes und weltweitem Verbot von genmanipulierten Nahrungsmitteln.** Das ist keine Utopie, was die wollen, das ist einfach Blödsinn, und jeder halbwegs intelligente Mensch weiß das auch!

Wenn ich schon immer höre: *Die Menschheit muss lernen ...* Es gibt sie nicht, „die Menschheit", so als Gruppe, dass sie alle an einem Strang ziehen. Jeder ist sich irgendwo selbst der Nächste! Kannst du dir vorstellen, dass hier in Deutschland ein Kind auf sein Spielzeug verzichten will, weil bei der Herstellung $CO_2$ entsteht? Weil ja dadurch dann ein anderes Kind am anderen Ende der Welt durch den Anstieg des Meeresspiegels sein Zuhause verlieren könnte? Nein, das Kind in Deutschland will auf nichts verzichten, was es gerne hat. Die Erwachsenen natürlich auch nicht! Und man kann die Menschen auch nicht dazu erziehen! Vielleicht spendet der ein oder andere 20 Euro an Greenpeace, um sein Gewissen zu beruhigen, mehr aber nicht. Jeder ist sich selbst der Nächste, und das ist auch gut so! Stell dir vor, du würdest dir und deiner Familie jetzt jegliche Lebensqualität nehmen, nur weil da ein paar Mainstreamwissenschaftler was von Klimawandel erzählen. Ihr esst nur noch das Nötigste, habt nur die minimalste Kleidung, sitzt zu Weihnachten im kühlen Halbdunkel ohne Geschenke, ohne leckeres Essen, ohne Gemütlichkeit, weil ihr denkt, so die Welt zu retten. Wenn das alle tun würden, wäre die Welt hoffnungslos verloren! In diesem Augenblick würde die Freude sterben, das Lachen, und damit auch die Hoffnung und die Liebe!

Natürlich ist es richtig, dass du deinen Müll nicht einfach in den Wald kippst! Natürlich sollte man darauf achten, Strom nicht einfach sinnlos zu vergeuden!

Aber was uns da irgendwelche Ökofreaks immer erzählen wollen, geht in die völlig falsche Richtung. Und es sind nicht nur radikale Umweltschützer, es sind auch Politiker, die bewusst lügen und übertreiben, um sich somit Wählerstimmen zu sichern, es sind auch Wissenschaftler, die in die Lügen mit einstimmen, um so staatliche Fördergelder zu bekommen.

***„Man muß das Wahre immer wiederholen, weil auch der Irrtum um uns her immer wieder gepredigt wird, und zwar nicht von einzelnen, sondern von der Masse. In Zeitungen und Enzyklopädien, auf Schulen und Universitäten, überall ist der Irrtum oben auf, und es ist ihm wohl und behaglich, im Gefühl der Majorität, die auf seiner Seite ist."***
Johann Wolfgang von Goethe

Mit dem Umweltschutz verhält es sich wie mit allen anderen Dingen auch.
**Beachtung bringt Verstärkung!**
**Wir erschaffen durch Gedanken, nicht durch Handlungen.**
Und so sehr jetzt auch viele dagegen protestieren werden, dennoch gilt unumstößlich:
Derjenige, der ein großes Auto fährt und seinen Müll nicht trennt, weil er denkt, dass die Welt nicht in Gefahr ist, erschafft auf mentaler Ebene für unsere Umwelt wesentlich besser als der mülltrennende, fahrradfahrende Ökofreak, der immer darüber redet, dass die Welt den Bach runtergeht. Der Erste denkt gute Gedanken über die Welt, also gibt er damit unserer Erde etwas Gutes. Der andere denkt schlechte Gedanken über die Welt, also erschafft er Schlechtes. Die Erde ist ein wunderbares, selbstregenerierendes Biotop. Die Natur ist etwas, was man nicht bezwingen kann. Wie oft sollte die Welt schon untergehen? Kannst du dich noch an die Debatte über das Waldsterben erinnern? Da wurden in den 1980er-Jahren im öffentlich-rechtlichen Fernsehen

Computersimulationen gezeigt, in denen Deutschland 2010 zu sehen war. Man sah ein weitgehend waldfreies Land. Das waren Horrorszenarien, denen die Grünen ihre ersten Wahlerfolge zu verdanken hatten. Und jetzt, 2017? **Jetzt gibt es noch mehr gesunden Wald**, als es 1985 der Fall gewesen ist! Und warum? Weil die meisten Menschen sich nicht der grünen Hysterie anschließen, sondern durch Beobachten erschaffen. Sie erschaffen sozusagen unbewusst durch das, was sie sehen. Sie denken über das nach, was ist, und dadurch erschaffen sie es neu. Und was sieht man, wenn man durch Deutschland fährt? Egal ob mit Bahn oder Auto: endlose Wälder und Felder. Grün, wo man nur hinschaut. Kann man am besten bei einem Inlandflug beobachten.
Wenn du etwas für die Umwelt tun möchtest, dann fahre raus in die Natur und bringe dem Grün, das du siehst, deine Wertschätzung entgegen. Liebe die Natur und denke und rede darüber, wie schön und perfekt sie ist.
**Das ist der größte Dienst, den du ihr erweisen kannst!**

***„Je mehr wir über die dringende Notwendigkeit sprechen, den Ausstoß von Treibhausgasen zu kontrollieren, desto schneller steigt er an.“***
John Reilly, Vizepräsident des Massachusetts Institute of Technology (MIT)

Im „Spiegel“ vom 17.12.2016 gibt Anders Levermann, Professor für die Dynamik des Klimasystems vom Potsdam Institute for Climate Impact Research, ein Interview. Dieses Interview ist ein perfektes Beispiel dafür, wie man die Glaubwürdigkeit der Klimaforschung beschädigt und „Klima-Skepsis“ bestätigt. Weiterhin ist es ein Beleg dafür, dass die eigene Moral dieser Menschen einer wirklichen, echten ergebnisoffenen Forschung im Wege steht. Der Schlussabsatz lautet:
Anders Levermann:
*„Man kann auf der richtigen oder der falschen Seite der*

*Geschichte stehen. Wir kennen das von der Abschaffung der Sklaverei oder der Gleichberechtigung der Frauen. Auch der Umstieg auf erneuerbare Energien geht gegen mächtige Interessen und wird als utopisch verdammt. Doch sie retten das Klima und schaffen damit am Ende mehr Gerechtigkeit für die Menschen. In diesem Sinne kann sich jeder entscheiden, ob er einer mit Rückgrat sein will oder nicht.“*

Hier wird die wissenschaftliche Frage, in welchem Ausmaß die Klimaänderungen durch den Menschen beeinflusst werden, in eine moralische Frage der richtigen Haltung umgedeutet. Wer nicht glaubt, dass der Mensch das Klima beeinflusst, steht moralisch auf einer Stufe mit dem Sklavenhalter. Wenn ich das lese, denke ich doch sofort: Herr Levermann kann niemals objektiv forschen. Denn jedes Ergebnis, das die ursprüngliche These infrage stellt, bringt ihn moralisch näher an einen Sklavenhalter, also wird er nur Ergebnisse in seine Forschungsarbeit mit einfließen lassen, die seinem moralischem Standpunkt genehm sind. Die Ergebnisse, die nicht dazu passen, wird er irgendwie ignorieren oder umdeuten oder eben verschwinden lassen.

Von vielen Wissenschaftlern und auch Politikern wird der Klimawandel schon behandelt wie eine Religion. Auch dort haben logische Argumente keine Chance gegen verordnete Ideologie!

Aus solchen Gründen gibt es z. B. bei der Verbrechensbekämpfung und Rechtsprechung das Wort „Befangenheit“. Wenn ein Kriminalermittler oder Richter zu emotional mit dem Fall verbunden ist, wird er abgezogen und durch einen anderen ersetzt. Denn nur mit emotionalem wie auch ideologischem Abstand kann man neutral ermitteln oder urteilen! Im Sport ist es dasselbe, der Schieds- oder Kampfrichter darf sich auch nicht der einen oder anderen Seite zu sehr verbunden fühlen, um objektiv zu sein.

Ich bin der Meinung, so sollte man auch in der Forschung verfahren. Schon das Wort „Klimaleugner“, das durchaus als Kraftausdruck gebraucht wird, soll uns ja suggerieren, dass jeder

mit einer anderen Sicht der Dinge eine Tatsache leugnet. Nun ist es aber keine Tatsache, dass der Mensch für den Klimawandel verantwortlich ist, sondern bis jetzt lediglich eine unbewiesene Theorie.
**Es sind die Gedanken und die daraus resultierenden Gefühle der Menschheit, welche die Geschicke unseres Planeten lenken!**
Das kannst du überall tun, wo du bist, dazu musst du nicht erst in ein Naturschutzgebiet fahren. Überall, wo du bist, siehst du Bäume, die auch an vielbefahrenen Hauptstraßen prächtig gedeihen! Du siehst Pflanzen, die in Betonritzen wachsen, Vögel, die im größten Großstadtlärm ihr Liedchen trällern. Gib ihnen deine Wertschätzung!
Also denke darüber nach, wie stark die Natur ist, wie unbezwingbar, und nicht über Horrorszenarien wie Waldsterben, Ozonloch, Rinderwahn, Klimawandel und anderen Blödsinn, den Leute verbreiten, die sonst kein wichtiges Thema zu besetzen haben.

## 15. Gott 2.0

Ist dir schon mal aufgefallen, dass viele westliche Politiker bei ihrer Vereidigung von Gott reden? *So wahr mir Gott helfe* wird in Deutschland gesagt. Auch der amerikanische Präsident schwört bei seiner Vereidigung auf die Bibel. Manche sogar auf zwei oder drei Bibeln. Aber das war's dann schon mit Gott. Hast du mal irgendeinen deutschen Politiker über Gott reden hören? So in der Art: *Gott wird uns schon helfen, dieses Problem zu lösen.* Oder: *Gott wird mich in dieser Sache leiten?* Nein, das Wort Gott hörst du nur einmal von einem Politiker in einer Legislaturperiode. Das liegt daran, dass die westliche Welt, wenn auch traditionell christlich geprägt, eigentlich gar nicht mehr christlich ist. Im Grunde hat sich ein Großteil der Gesellschaft, allen voran das Establishment, von Gott abgewandt, es zählen nur noch Technik, Wissenschaft und das, was man anfassen und sehen kann. Wenn ein Politiker sagen würde, dass er auf eine Eingebung Gottes wartet, um eine Entscheidung zu treffen, dann könnte er vermutlich gleich seinen Rücktritt einreichen, die Medien würden ihn gnadenlos ans Kreuz nageln!

Das kommt daher, weil wir immer mehr wissenschaftshörig werden, und die Wissenschaftler sind nun mal diejenigen, die Gott leugnen. Man sagt, es ist bis heute noch nicht gelungen zu beweisen, dass ein Gott existiert! Aber ich sage, dass das absoluter Blödsinn ist! Natürlich ist bewiesen, dass eine Intelligenz existiert, die größer ist als wir selbst.

Anscheinend verstehen Wissenschaftler unter Gottesbeweis, dass sie durch ein Teleskop in irgendeiner Galaxie einen alten Mann auf einer Wolke erblicken.

Ich denke, dass uns die Natur eindeutig den Beweis erbringt, dass eine Intelligenz, die uns haushoch überragt, am Werke gewesen sein muss und es immer noch ist!

Prof. Dr. Christian Drosten leitete seit 2007 das Institut für

Virologie am Universitätsklinikum Bonn. Im März 2017 hat er die Leitung des Instituts für Virologie der Charité in Berlin übernommen.
Prof. Drosten: „Ja. Viren haben wichtige regulative Funktionen in Ökosystemen wie in tierischen Ökosystemen oder im Meer. Raubtiere werden beispielsweise häufig von Viren befallen, wenn die Population ihrer Beute eine Pause braucht. Die Raubtiere werden durch die Viren träge, die Beute kann sich erholen."
Wer wird wohl der Erfinder dieser genialen Methode sein? Die Viren? Die Beutetiere? Wenn man einfach mal versucht, klar und logisch zu denken, und irgendwelche Ideologien einfach beiseiteschiebt, dann kann man glasklar und überdeutlich und ohne jeden Zweifel erkennen, dass da eine übergeordnete Intelligenz am Werk ist! Diese Intelligenz hat erkannt, dass die Beutetiere eine Pause brauchen, und handelt dementsprechend. Ein Politiker würde jetzt sagen: *Das hat die Natur so eingerichtet!* Ohne natürlich zu wissen, wovon er da redet. Ob du nun Natur sagst oder Gott, ist völlig irrelevant. Jeder Mensch, der nicht vollkommen verblendet von irgendeiner Ideologie ist, muss erkennen, dass die Wörter Natur oder Gott einfach austauschbar sind! Es handelt sich in beiden Fällen um eine höhere Macht, die das Leben selbst erschaffen hat sowie dem Zusammenspiel der einzelnen Arten einen Sinn gibt. Wo kommt denn dieses Virus plötzlich her, das die Raubtiere träge macht? So ein Virus entsteht ja nun nicht einfach per Zufall genau dann, wenn die Beutetiere eine Pause brauchen. **Natürlich ist es kein Zufall!** Solche perfekten Methoden der Natur gibt es zu Tausenden, wenn verschiedene Arten von Leben interagieren, ohne zu wissen, dass sie es tun! Das einfachste Beispiel ist die Biene und die Blüte, die beide nicht ohne einander können! Das ist doch kein Zufall, und das ist auch nicht bewusst von der Biene oder der Blüte so forciert! Es ist absolut logisch, dass es da eine höhere Macht geben muss, und diese darfst du getrost Gott nennen, auch wenn dieser Name von der Kirche schon

recht verhunzt wurde.
Auch der Instinkt von Tieren ist ein Beweis dafür, dass da eine höhere Intelligenz am Werke ist. Besonders eindrucksvoll finde ich das bei staatenbildenden Insekten. Man könnte glauben, das Ganze sei computergesteuert. Da gibt es Ameisen, die Pilze züchten, Ameisen, die Läuse als Melkvieh halten, usw. Wikipedia: *Manche Ameisen suchen gezielt nach Blattsaugern und versetzen sie auf von den Pflanzensaugern bevorzugte Pflanzen. Wird eine Herde zu groß, so treiben oder tragen die Ameisen die Läuse oder deren Eier zu einer neuen Pflanze. Es wurden Kriege zwischen verschiedenen Ameisenstaaten beobachtet, in denen um die Vorherrschaft über Läuseherden gekämpft wurde.*
Ameisen sind auch Sklavenhalter, die Amazonenameisen z. B. fallen mit einer Armee von bis zu 1500 Ameisen in einen anderen Ameisenhaufen ein und klauen dort die Larven der fremden Ameisen, um sie dann in ihren eigenen Bau zu bringen. Dort werden die fremden Larven dann aufgezogen und müssen als Sklaven für die Amazonenameisen arbeiten. Hört sich schon fast menschlich an, oder?
Glaubt wirklich jemand, dass die Intelligenz einer Ameise ausreicht, um so was zu bewerkstelligen? Noch nicht mal ein Neandertaler war intelligent genug, sich Vieh zu halten.
Ein wissenschaftlicher Bericht, den ich auf n-tv las, bestätigt das, da geht es um Schmetterlinge, deren Raupen Ameisenhaut imitieren um sich von Ameisen durchfüttern zu lassen: „Die Wissenschaftler hatten in Dänemark verschiedene Populationen des Bläulings untersucht, der seine Eier zunächst auf dem Lungenenzian ablegt. Nach dem Schlüpfen werden die Raupen von Arbeitern der Roten Gartenameise (Myrmica rubra) und der Knotenameise (Myrmica ruginodis) ins eigene Nest geschleppt. Dort füttern die Ameisen die Raupen zulasten des eigenen Nachwuchses aktiv durch. Die chemische Imitation der Ameisenhaut ist dabei so detailliert, dass sie sich von einem

Standort zum anderen unterscheidet." (n-tv.de 03. Januar 2008) Was natürlich ein klarer Beweis ist, dass die Ameise **nicht** intelligent ist. Sonst könnte sie wohl eine Ameise von einer Schmetterlingsraupe unterscheiden, auch wenn diese die Ameisenhaut chemisch imitiert. Du siehst es auch bei Vögeln, wenn der junge Kuckuck deutlich größer wird als seine Pflegeeltern, die diesen dennoch durchfüttern. Sie haben nicht die Intelligenz zu erkennen, dass das nicht ihr eigener Nachwuchs sein kann.

Bei allen Tieren ist es einfach nur Instinkt, und dieser kann nur von einer übergeordneten Intelligenz kommen. Ich finde das so was von logisch!

Ich glaube, der Hauptgrund, dass Gott auf allen Ebenen verleugnet wird, ist der, dass die Mehrheit glaubt, dass Gott das Gute ist. Dann sehen sie etwas Schlechtes und sagen: *Wie konnte Gott das zulassen?* Das heißt, die meisten verbinden Gott mit einer Ideologie, weil die Kirche das so gelehrt hat!

Aber der Fehler dabei ist die Annahme, dass Gott uns belobigt oder bestraft oder irgendetwas unterbindet, was jemand tun möchte! Warum sollte er uns die Möglichkeiten geben, frei zu entscheiden, wenn er dann eingreift, wenn wir frei entscheiden wollen?

Der Schöpfer ist allmächtig, und was hier auf diesem Planeten geschieht, das ist genau sein Plan: dass die Menschheit in völliger Freiheit das erschafft, was sie will. Dass sie dabei viele Dinge erschafft, die nicht erwünscht sind, das wird der Schöpfer mit einkalkuliert haben, sonst hätte er uns anders erschaffen.

Ein Hase würde niemals beginnen, anders zu handeln als ein Hase, und eine Maus niemals anders als eine Maus und ein Mensch niemals anders als ein Mensch!

Deswegen ist auch das Wort „unmenschlich" völlig schwachsinnig, da es sich meist auf Taten bezieht, die ein Mensch verübt hat. Das, was der Hase tut, ist unmenschlich, das, was der Hund tut, ebenfalls, aber ein Mensch kann immer nur handeln wie ein

Mensch!
Gott ist es egal, was wir tun! Gott hat die physikalischen Gesetze geschaffen sowie das Gesetz der Anziehung, und Gott gibt das Leben. Nun laufen die Menschen ohne Leine oder Käfig frei rum und können innerhalb dieser Gesetze tun und lassen, was auch immer sie wollen. Ja, du darfst ruhig einen anderen töten. Wenn du diesen Wunsch hegst, wird dich das Gesetz der Anziehung mit deinem Opfer zusammenführen. Warum sollte Gott etwas dagegen haben? Tiere töten doch auch, warum sollte der Mensch das nicht dürfen? Natürlich darfst du dich nicht erwischen lassen, sonst wirst du mit den Strafgesetzen deines Landes konfrontiert. Ich finde immer Diskussionen sehr witzig, ob es denn das perfekte Verbrechen gibt. **Natürlich gibt es das!** Die Aufklärungsrate bei Mord lag 2016 in Deutschland bei 93,2 % (statista.com). Das heißt natürlich, dass 6,8 % aller Morde in diesem Jahr perfekte Morde waren! Darüber hinaus gibt es natürlich eine gravierende Dunkelziffer, viele Mordopfer werden als solche gar nicht erkannt und werden noch nicht mal obduziert, andere Menschen bleiben einfach für immer verschwunden.
Wenn du nun selbst kein schlechtes Gewissen wegen deiner Tat hast, wird dich auch der Schöpfer nicht verurteilen!
Dieses Betrachten von Gut und Böse stiftet ja sowieso nur Verwirrung. Jeder denkt nun mal, dass er der Gute ist. Und viele berufen sich dabei auf ihren Gott.
Sie schlachten sich gegenseitig ab und reden von Gott. Aber ich denke, Gott hat tatsächlich nichts dagegen, schließlich führen ja auch Tiere Krieg und schlachten sich ab.
Gott ist einfach die ultimative Macht im Universum, eine Macht ohne Ideologie, ohne Religion. Ideologien haben nur die Menschen nachträglich hineininterpretiert! Unsere Gesellschaften geben uns vor, was richtig oder falsch ist. Sie berufen sich auf Jesus oder Mohammed, aber weder der eine noch der andere ist Gott! Es handelt sich um Menschen, die auch nur etwas interpretiert haben!

Ich denke, es ist das Beste, wenn man sich von solchen Ideologien befreit! Die meisten Menschen können nicht wirklich glücklich werden, wenn sie nur das tun, was die Gesellschaft, der Mainstream oder ihre Religion als gut befindet. Wenn deine Wünsche anders aussehen als das, was die Masse als Glück bezeichnet, musst du deren Regeln brechen! Natürlich kann es dir passieren, dass du angefeindet wirst. Aber vielleicht auch nicht. Guck dir Hugh Hefner an oder Ozzy Osburne, die haben immer das getan, was sie selbst wollten, ohne darauf zu gucken, was andere davon halten könnten. Heute sind beide Kult, und sie haben Millionen Bewunderer!

Manche Menschen denken auch, es ist ihr Geburtsrecht, dass sie alles haben können, was sie sich wünschen! Viele meiner Kollegen bestärken sie in dieser Einstellung! Dann setzen sie sich vor die Glotze und glauben, Gott wird ihnen all ihre Wünsche erfüllen, weil es ja ihr Recht ist. Das ist natürlich Blödsinn! Du hast es schon, das Recht, aber du musst es einfordern! Natürlich nicht, indem du mit einer Pistole in die Bank gehst, um dir zu holen, was dir zusteht! Wenn du etwas willst, dann musst du dir das über das schöpferische Gesetz erschaffen, und dieses reagiert ununterbrochen auf die Inhalte deines Unterbewusstseins. **Du musst es in deinem Inneren einfordern, bzw. erschaffen!**

Erst wenn du es in deinem Inneren hast, kann es im Außen zu dir kommen, und du kommst zu deinem Geburtsrecht!

Das ist logisch, denn wenn es das Geburtsrecht eines jeden Menschen wäre, reich zu sein, ohne etwas dafür zu tun, dann würde es keine Armut geben, wäre es das Geburtsrecht, gesund zu sein, ohne etwas dafür zu tun, würde es keine Kranken geben. Natürlich hast du das Recht, aber du musst es einfordern!

Gott ist es egal, was du aus deinem Leben machst, es ist schlicht und ergreifend deine Sache, er mischt sich da nicht ein, und das ist gut so, so ist die größtmögliche Freiheit eines jeden Menschen garantiert! So ist es auch ziemlich unsinnig, Gott um irgendwas anzuflehen. Am besten auf Knien im Staube rutschend. Warum sollte dir Gott jetzt das Ersehnte geben? Weil du dich erniedrigst? Er hat dir das Gesetz der Anziehung gegeben, damit kannst du dir alles erschaffen, was dein Herz begehrt! Indem du dich erniedrigst, wirst du es erst recht nicht bekommen! Denn warum rutschst du im Staube vor ihm? Doch nur, weil du dich zu machtlos und unwürdig fühlst, um das Erwünschte zu bekommen! Genau dadurch wirst du es natürlich nicht bekommen! Würdest du dich selbst als mächtigen Schöpfer betrachten, der selbstverständlich das Erwünschte verdient hat, wärest du der Erfüllung schon wesentlich näher!

Warum sollte Gott das Gesetz der Anziehung beugen, weil du dich vor ihm erniedrigst? Das würde vielleicht ein Mensch tun, ein unterbelichteter Diktator oder Chef vielleicht, der sich jetzt geschmeichelt fühlt und deswegen seine eigenen Gesetze bricht. Aber der Schöpfer des Universums? Ehrlich jetzt?

## 16. Das logische Gebet

***„Indem man regelmäßig über die Gegenwart Gottes in sich selbst meditiert, sein Leben in Einklang mit dieser Tatsache bringt, wird man gegen jede Art von Gefahr immun.“***
Emmet Fox

Ich habe vor Jahren darüber gelesen, über das wissenschaftliche Gebet.
Dr. Joseph Murphy und Emmet Fox verwendeten beide diesen Begriff. Natürlich ist es nicht wissenschaftlich, weil die Wissenschaft im Allgemeinen das Gebet als unbewiesen ablehnt. Aber ich denke, man sollte es einfach ausprobieren, ohne ideologische Vorurteile, und dann allein nach den Ergebnissen urteilen.
Dieses Gebet ist sehr einfach und wortlos. Die beiden Größen und Wegbereiter des positiven Denkens und Verfechter des Gesetzes der Anziehung definierten es so: **„Wissenschaftliches Gebet ist die Hinwendung zum Unendlichen und das Verweilen in der göttlichen Gegenwart. Das Praktizieren der Gegenwart Gottes!“**
Im Grunde ist es genauso einfach, wie es sich anhört. Schließe deine Augen und höre in dich hinein, wenn störende Gedanken kommen, lass sie ziehen und versuche, dich zu entspannen, und philosophiere über Gott, darüber, was er ist: unendliche Liebe, grenzenloser Reichtum, 100%ige Gerechtigkeit, unfassbare Macht. Du kannst daran denken, dass diese Macht in dir drin ist! Du bist ein Teil dieser Macht! Ist es etwa unmöglich, deine Probleme zu lösen, wenn du Gott in deinem Inneren hast? **Natürlich nicht!**
Frage dich: *Wenn die Macht Gottes in mir drin ist und ich das erkannt habe und daran glaube und mich mit dieser Macht verbinde, kann mir dann etwas wirklich Schlimmes widerfahren?*
**Natürlich nicht!** Du könntest fragen, warum dann nicht alle

Menschen reich und glücklich sind, da doch jeder diese Macht in seinem Inneren hat. Natürlich hat jeder diese Macht, aber Gott drängt sich nicht auf! Niemals! Das ist so, als wenn du einen riesigen Diamanten von unschätzbarem Wert zu Hause hast. Du weißt aber nicht, dass es ein Diamant ist. Du glaubst, es ist ein Stück Glas oder Kristall. Du findest es vielleicht sogar schön, legst es als Deko in eine Vitrine, denkst aber, dass es nur ein wertloses Stück Tinnef ist. Dann hat er für dich tatsächlich keinen Wert! Du hast vielleicht Schulden und lebst im Mangel, obwohl du eigentlich steinreich bist! Erst wenn du erkennst, was da wirklich in deiner Vitrine liegt, kannst du von diesem Reichtum profitieren! Der Diamant wird sich dir nicht aufdrängen, selbst wenn du ihn beim nächsten Hausputz in den Müll wirfst, hat er nichts dagegen. Genauso ist es mit Gott, erst wenn du diese Macht in dir drin erkennst, kannst du sie nutzen! Das ist völlig simpel: Du musst einfach an diese Macht denken, dir vorstellen, wie sie dich durchsättigt, weiter nichts. Damit verbindest du dich mit ihr, wie wenn du einen Stecker in die Steckdose steckst! Da musst du ja auch nicht fromm sein, damit Strom fließt, oder etwa vor dieser Dose auf Knien rutschen. Der Strom liegt an und egal wer auch immer diesen Stecker steckt, kann darüber verfügen und damit anfangen, was immer er will. Die Dose macht dir auch keine Vorschriften und sagt dir, wenn du mit diesem Strom etwas Böses tun möchtest, dass sie dir dann die Lieferung verweigert. Es ist einfach nur eine Energie, ohne Moral oder Ideologie.

Ich finde es ziemlich logisch, dass man beim Beten an Gott denkt und nicht in der Art: *Bitte befreie mich von diesem Problem, oh Herr!* Dann denkst du nämlich an dein Problem und nicht an den Schöpfer.

Im Grunde hat dieses logische Gebet enge Parallelen zum Buddhismus, zur klassischen Meditation.

Es mag nicht jedermanns Sache sein, aber meine Erfahrung mit dieser Technik ist ausnahmslos gut. Gerade in schweren Zeiten hat

es mir immer die Furcht genommen und diese in Hoffnung gewandelt. Irgendwie haben sich dann die Dinge wieder zu meinen Gunsten gewendet. **Immer! Ohne weiteres Zutun!** Die Probleme lösten sich einfach irgendwie in Luft auf! Natürlich nicht von heute auf morgen! Wie mit allen anderen Techniken: **Du musst es einfach tun, ausdauernd und kontinuierlich!**
Mit ein bisschen Übung kannst du das logische Gebet gut mit deiner Vision kombinieren. Auch hier gilt wieder, tu es für dich selbst und versuche nicht, andere zu missionieren!
Wenn Gott nicht so dein Ding ist, dann lass es einfach. Wenn du dieses Buch ein oder zwei Jahre später noch einmal liest, merkst du ja vielleicht, dass du das jetzt interessant findest. Manche Entwicklungen brauchen eben ihre Zeit. Auch ich konnte früher mit dem Begriff Gott nicht viel anfangen.

***„Lehre ich die immerwährende Präsenz der göttlichen Gegenwart im menschlichen Geist, eine Gegenwart, aus der jeder Einzelne unerschöpfliche Kraft holen kann.“***
R. W. Emerson

## 17. Evolution

Hier in der westlichen Welt, wo deutsche Bundeskanzler bei der Vereidigung sprechen: *So wahr mir Gott helfe!*, wo wir viele religiöse Feiertage feiern, an denen es um den Sohn Gottes geht, wo der Präsident der Vereinigten Staaten bei seiner Vereidigung auf die Bibel schwört, genau da wird vehement bestritten, dass irgendeine höhere Intelligenz an der Erschaffung des Lebens mitgewirkt haben könnte!

Immer wieder werden Leute, die die Evolutionstheorie auch nur hinterfragen wollen, als ganz böse und vor allem ganz dumme Menschen dargestellt! Warum ist das so? Das ist so, weil die Evolutionstheorie in der Schule gelehrt wird! Deshalb ist es in der Prägung der meisten Menschen felsenfest verankert, dass wir vom Affen abstammen und sich alles Leben aus einer Amöbe entwickelt hat. Das ist für viele unverrückbar, obwohl sie noch nie wirklich darüber nachgedacht haben. Genau genommen ist es so sehr unverrückbar, dass sie überhaupt nicht auf die Idee kommen, darüber nachzudenken! Nein, sie wagen es noch nicht mal, darüber nachzudenken! Hättest du zu Zeiten der Inquisition die Evolutionstheorie verbreitet, hätten sie dich auf dem Scheiterhaufen verbrannt oder dich ans Kreuz genagelt! Würde heute ein bekannter Mensch die gleiche Theorie infrage stellen, wären es die Medien und das gesamte Establishment, die diese Person zu mindestens medial ans Kreuz nageln würden. Ja, auch in unserer vielgelobten Demokratie gibt es da durchaus Denk- und Sprechverbote. Diese werden nicht durch Polizei und Justiz überwacht und geahndet, sondern durch die politikgesteuerten Medien. Die Karriere eines Menschen, der diese Denk- und Sprechverbote nicht respektiert, ist dann schon mal ganz schnell vorbei.

Durch das ständige Wiederholen dieser unbewiesenen Evolutionstheorie wurde sie zu einem Paradigma, das sich kaum

verändern lässt. Ich habe schon immer in Zweifel gezogen, was die Masse denkt und sagt, fühlte mich schon immer wohl, gegen den Mainstream zu schwimmen, deshalb habe ich mir darüber Gedanken gemacht. Ich bin der Meinung, dass die Evolutionstheorie ziemlich unlogisch ist! Ich meine, wie soll das gehen, dass aus einem Kriechtier ein Vogel wird? Angenommen diese Echse findet jetzt keine Nahrung mehr, dann wachsen ihr im Laufe von Tausenden Generationen Flügel? **Diese Echse hat die DNA einer Echse!** Jedes Mal, wenn sie sich vermehrt, müssen es Echsen werden! Bei Bakterien können wir beobachten, dass in einer Stunde drei neue Generationen entstehen, also ca. 20.000 Generationen pro Jahr. Da nun schon seit vielen Jahrzehnten mit Bakterien experimentiert wird, konnten die Wissenschaftler buchstäblich schon Millionen Generationen von Bakterien beobachten und kamen zu dem Schluss, **dass keinerlei Höherentwicklung stattfindet.** Das ist ein nachgewiesener und dokumentierter Fakt!
Wenn aus den Vorderläufen eines Vierbeiners nun langsam Flügel werden, ist es ziemlich logisch, dass die Funktion der Vorderbeine beeinträchtigt wird. Wenn nun eine Echse zwei verkrüppelte Vorderbeine hat, kann sie logischerweise nicht mehr so schnell von ihren Feinden fliehen und würde aussterben! Ich meine, wenn sie keine Nahrung mehr findet, würde sie eh verhungern! Lange bevor ihr im Laufe der Jahrtausende Flügel wachsen könnten.
Genauso ist eine „Umformung“ von Schuppen in Federn einfach nicht möglich! Ihr müssten zuerst die Schuppen abhandenkommen, sie wäre nackt und ungeschützt.
Die Evolutionstheorie macht logisch gesehen keinen Sinn. Wenn da am Anfang nur die Amöbe war und sich dann immer nur ihrer Umwelt angepasst hat, warum gibt es dann diese ungeheure Artenvielfalt? Warum ist sie nicht einfach eine Amöbe geblieben? Oder wenn sie sich schon verändern möchte, dann hätten doch beispielsweise alle Amöben zu Kaninchen werden können, Gras

gibt es selbst unter widrigsten Umständen fast überall. Wozu das Ganze, wenn es nur ein Anpassungs- und Überlebensmechanismus war? Warum wird Amöbe A im Laufe von Millionen Generationen zu einem Elefanten, und Amöbe B schafft es lediglich zur Stubenfliege? Warum gibt es heute überhaupt noch Einzeller, warum haben die sich nicht alle weiterentwickelt? Warum wird dann das eine Tier zum Futter für das andere?

Das widerspricht doch dem Überlebensanpassungsmuster, demnach würde doch jedes Tier stark werden, ohne natürliche Feinde, also sich buchstäblich so evolutionieren, dass natürliche Feinde nicht möglich sind.

Wenn man sich die Artenvielfalt aber betrachtet, kann man feststellen, dass genau das Gegenteil der Fall ist, jede Art und Gattung von Pflanzen und Tieren greift ineinander, sie brauchen einander. Aber es gibt überhaupt kein Tier, was nicht auch natürliche Feinde hätte, nicht eines! Letzten Endes haben alle den Menschen zum Feind, und dieser wiederum hat sich selbst zum Feind.

Die Entstehung des Lebens selbst lässt sich natürlich auch nicht mit Darwin erklären und auch nicht mit Zufall. Wissenschaftler sagen, dass sich zufällig bestimmte Aminosäuren zu einem Protein verbunden haben und dass daraus das Leben entstand. **Es geht aber absolut gar nichts ohne eine genetische Information in der DNA**, Aminosäuren haben ohne diese Information nicht die Fähigkeit, sich sinnvoll aneinanderzureihen, damit ein Protein entstehen kann. **Also, woher kommt diese Information?** Diese ist so kompliziert, dass die Wissenschaft immer noch nicht fertig damit ist, diese überhaupt zu entschlüsseln. **So etwas Kompliziertes kann niemals durch Zufall entstehen!**

Natürlich weiß auch ich nicht, wie das Leben entstanden ist. Aber ich weiß, dass es kein Zufall gewesen sein kann.

Ich möchte behaupten, dass das so ist, wie es ist, weil es genau so sein soll. Es soll so sein, dass jedes Lebewesen auch natürliche

Feinde hat, dadurch überlebt nur der Starke; wenn es nur Kaninchen gäbe und unbegrenzten Nahrungsvorrat, dann würden auch die Schwachen überleben, und auf Dauer würde die Art krank werden und immer mehr verweichlichen, das würde irgendwann zum Aussterben führen. So überleben nur die Starken, die es schaffen, dem Fuchs davonzulaufen, diese werden sich fortpflanzen und ihre starken Gene weiterreichen. Natürlich erst nachdem die Männchen um das Weibchen gekämpft haben, damit es der Stärkere der Starken ist, der sich fortpflanzt. Kann Zufall so clever sein?
Man sagt auch, Pflanzen seien niedriger als Tiere, dennoch nutzen viele Pflanzen die Tiere dazu, um sich zu vermehren und auszubreiten. Vögel essen Beeren mit unverdaulichem Samen, den sie andernorts wieder ausscheiden, damit dort diese Beerenstaude wachsen kann, Insekten befruchten die Blüten, die Teufelskralle verhakt ihre Samen im Fell von Tieren, um zu anderen Orten getragen zu werden und dann dort neue Stauden wachsen zu lassen.
Es wurden niemals Funde von versteinerten Skeletten gefunden, die die Arten verbinden. Zum Beispiel die Entstehung der Giraffe, die muss ja irgendwann nur einen halb so langen Hals gehabt haben, wenn sie sich dahin, wo sie jetzt ist, evolutioniert hätte. Aber es wurde niemals ein Skelett von einer „kleinen Giraffe" gefunden. Es erscheint unlogisch, dass bei absolut perfekten Dingen, wie der gesamten Natur, die größte Komponente immer der Zufall sein soll. Wenn du nach Hause kommst und die Wohnung ist unordentlich, fragst du deine Kinder, was da los war, und diese entgegnen dir, dass sie damit nichts zu tun hatten, es war der Zufall, der das Chaos angerichtet hat. In diesem Falle weißt du ganz genau, dass das Unfug ist, was sie da reden. Genauso umgekehrt, wenn die Wohnung aufgeräumt wurde. Ohne Ursache keine Wirkung!

Wenn man sich die Natur als Ganzes betrachtet und sieht, wie sie ineinandergreift, dann merkt man, dass da alles zusammenpasst, das interagiert miteinander wie ein Schweizer Uhrwerk. Aber wer hat dann bestimmt, wie jedes einzelne Zahnrad geschaffen sein muss, damit es perfekt mit den anderen interagieren kann? Und wer hat das Ganze dann zusammengefügt, damit es eine funktionierende Schweizer Uhr wird? Da kann sich unmöglich jedes Zahnrad für sich allein dorthin entwickelt haben, die Wahrscheinlichkeit, dass das dann mit den anderen passen würde, wäre gegen null.

In meinen Augen ist es nicht möglich, dass sich etwas langsam zu einem komplizierten Organismus entwickelt.

Da gibt es eine nicht zu reduzierende Komplexität. Da müssen alle Teile gleichzeitig da sein, sonst macht es keinen Sinn. Wie soll beispielsweise der Blutkreislauf mit seinen vielen langen Rohrleitungen der Pumpe usw. langsam entstanden sein? Oder ein Bewegungsapparat mit seinem Knochengerüst, Muskeln, Sehen und Gelenken? Auch eine Schweizer Uhr ist nicht langsam entstanden. Wenn du ein beliebiges Zahnrad oder die Unruh entfernst, dann funktioniert da gar nichts mehr, dann ist es ein sinnloses Stück Metall, das weder Sinn noch Funktion hat!

Selbst bei völlig simplen Gegenständen wie z. B. einer Schere müssen alle Teile gleichzeitig vorhanden sein, damit das Gerät überhaupt Funktion und Sinn hat. Entfernst du ein Teil, kannst du den Rest auch wegwerfen! Also ist eine Schere auch auf einmal entstanden, nachdem ein Mensch mit Intelligenz seinen Gedanken in die Tat umgesetzt hat! Sie kann nicht in kleinen Schritten entstehen, weil das keinen Sinn machen würde.

Und bei Lebewesen soll das anders sein? So ein Blutkreislauf kann nicht Schritt für Schritt entstehen. So, dass in der ersten Generation schon ein Teil des Herzens ausgebildet wird, 100 Generationen später kommen schon ein paar Kapillargefäße hinzu, und über die

Jahrtausende gibt es dann irgendwann das erste Wesen mit komplettem Blutkreislauf.
Du kannst es bei der Entstehung eines Kindes beobachten, das da zuerst der Fötus ist, der noch keinen Blutkreislauf hat, er muss sich zuerst komplett ausbilden, bevor das Kind lebensfähig wird.

***„Wenn gezeigt werden könnte, dass ein komplexes Organ existiert, das sich in keiner Weise mittels mehrerer, aufeinanderfolgender, geringfügiger Veränderungen gebildet haben kann, so würde meine Theorie mit Sicherheit zusammenbrechen.“***
Charles Darwin

Da sagt er es selbst, dass seine Theorie nicht funktionieren kann, und keinem scheint das aufzufallen!
Die meisten Wissenschaftler sind einfach ideologisch verblendet. Wenn sie Fördergelder für ihre Forschung haben wollen, müssen sie natürlich auch so forschen, wie es dem Geber dieser Gelder behagt!

***„Wessen Brot ich ess, des Lied ich sing.“***
Alte internationale Weisheit

Wissenschaftler: *Ja, so könnte es gewesen sein, da ist dann zufällig das passiert, dann kam zufällig dieser Umstand dazu, und so könnte es theoretisch möglich sein, dieses Resultat zu erzielen.*
Und so erdenkt er sich eine Geschichte, die in sein Weltbild passt. Er denkt sie von hinten an, vom Resultat sozusagen gemischt mit seiner Ideologie, wie es denn entstanden sein darf. Und da muss dann immer Mister Zufall herhalten, in meinen Augen ist das nicht wirklich Wissenschaft!

Die Wissenschaft sollte eine Suche nach Wahrheit sein! Da sollte nicht vorschnell geurteilt werden, weil einem die eine Möglichkeit nicht gefällt, weil sie nicht konform mit einer Ideologie geht!
Man sollte bedenken, dass der Wissenschaftler etwas vorfindet, was er dann versucht zu entschlüsseln. **Er findet es vor! Es ist schon da! Also erfunden hat es eine andere Intelligenz!** Das ist so, wie wenn ein Kleinkind die Grundfunktionen der Fernbedienung für den Fernseher herausbekommt und dann leugnet, dass jemand mit etwas mehr Grips diese erfunden haben muss!
So finden die Wissenschaftler perfekte Dinge vor, wie das Universum, den Menschen usw. Sie können es oftmals noch nicht mal richtig benennen, was sie da entdeckt haben, hochkomplexe Gebiete wie die Quantenphysik, die diese klugen Menschen noch nicht im Ansatz verstehen. Hochkomplexe Organismen, die einfach so funktionieren, völlig wartungsfrei ohne Zutun von außen. Es ist unmöglich, dass etwas durch Zufall entsteht, das so komplex ist, dass es die klügsten Menschen der Welt nicht verstehen!
Weiterhin passt es einfach nicht ins Bild der Evolutionstheorie, dass Tiere aussterben, weil wir ihnen den Lebensraum nehmen. Laut Evolutionstheorie hat sich doch alles so angepasst, gibt es doch nur deshalb so viele Arten, **weil eben ihre Lebensräume vernichtet wurden** und sie sich nun neuen Umständen anpassen mussten. Also müsste sich doch beispielsweise der Pandabär weiterentwickeln, wenn sein Lebensraum schwindet. Macht er aber nicht! Wir wissen auch, aus der Erfahrung von zoologischen Gärten, dass unter sehr ungünstigen Lebensumständen Tiere einfach keine Junge mehr zur Welt bringen, auch das spricht gegen die Weiterentwicklung aufgrund von Veränderungen.
Ich weiß, es hat etwas fürchterlich Ketzerisches an sich, die Evolutionstheorie in Zweifel zu ziehen, aber sie ist eben einfach unlogisch. Ich glaube, die meisten Menschen wollen gar nicht

darüber nachdenken, denn wenn das eine nicht stimmen kann, dann müsste ich mir ja über Alternativen Gedanken machen. Und genau das lehnt die Masse ab, obwohl jeder tief in seinem Herzen auch an einen Gott glaubt, vielleicht so tief, dass er es selbst leugnen würde, aber in lebensbedrohlichen Situationen können auch Atheisten beginnen zu beten. Meine Mutter erzählte mir, dass sie Ende des Zweiten Weltkrieges während eines Bombenangriffes im Keller saß, als überall in unmittelbarer Nähe Bombeneinschläge zu hören waren, da haben mit ihr eingefleischte Kommunisten im Keller gesessen, und diese haben in ihrer Angst zu Gott gebetet, den sie sonst immer verleugneten, ja sogar verachteten. Er hat ihre Gebete erhört, sonst könnte ich ja jetzt diese Zeilen nicht schreiben.

Fragen über Fragen, die mit der Evolutionstheorie nicht beantwortet werden können, aber in Ermangelung besseren Wissens und der Bereitschaft, einen Paradigmenwechsel vorzunehmen, werden unseren Kindern weiterhin völlig unlogische Theorien aufgetischt.

Nun habe ich dieses Kapitel geschrieben, da fällt mir ein, dass es natürlich überhaupt nicht wirklich wichtig für dein Leben ist, ob du nun an die Darwin'sche Lehre glaubst oder nicht. Eigentlich ist es egal, wie die Welt funktioniert! Wenn du das ganz genau wüsstest, hättest du auch keinen Vorteil davon.

Das Einzige, was du wirklich wissen musst, ist, wie **deine** Welt funktioniert und wie du diese verbessern kannst! Wenn andere an Evolutionstheorie glauben? Wenn andere sich selbst belügen? Wenn andere an den Weihnachtsmann glauben? An den Zufall? Das alles ist für dich nicht wichtig, lass sie einfach. Du hast es nicht nötig, sie eines Besseren zu belehren!

Nutze das Gesetz der Anziehung, nutze die Macht Gottes, um dein eigenes Leben zu einem vollen Erfolg zu machen!

## 18. Unbewusste Prägung

Die meisten Menschen glauben, dass es sehr wichtig ist, ihre Kinder gut zu erziehen. Viele lesen Bücher darüber, wie man es am besten anstellt, seinen Nachwuchs in die richtige Richtung zu lenken. Aber ich glaube, dass Erziehung deutlich überbewertet ist! Am meisten werden wir durch Vorleben von Bezugspersonen geprägt! So ist das stetige Gerede der Mutter, dass der Teenager nicht rauchen soll, ziemlich sinnlos, wenn die Mutter selber raucht oder geraucht hat, als das Kind klein war! So war es bei mir selbst. Was hat uns unsere Mutter bekniet, bloß nicht damit anzufangen. Aber sie rauchte selbst. Auch ein: *Macht es besser als ich!* ist da ziemlich sinnlos! Der kleine Junge kann gerade mal laufen und denkt noch gar keine eigenen Gedanken, aber er beobachtet, dass die Mutter sich oft am Tag eine Zigarette ansteckt.
Die Mutter ist für den kleinen Jungen die mächtigste Frau der Welt! Sie sichert sein Überleben, ernährt ihn, gibt ihm Sicherheit und Liebe. Wenn diese Frau also eine Zigarette raucht, **kann** das nur richtig und gut sein! Genau das beobachtet nun der Kleine über Jahre hinweg, und es erscheint ihm völlig normal! Wenn er dann 12 ist, beginnen die Eltern plötzlich, ihm jeden Tag die Gefahren des Rauchens aufzuzählen! Erstens ist das unglaubwürdig, wenn sie es selber tun. Zum Zweiten ist es völlig sinnlos, denn die Prägung der ersten Jahre kann kein Außenstehender mehr umkehren!
Das ist wie mit einem Dialekt: Wenn ein Junge im tiefsten Bayern oder Sachsen aufwächst, so wird dieses Kind diesen Dialekt von den Eltern übernehmen. Wenn dann die Eltern später sagen, dass er bitte hochdeutsch sprechen soll, dann ist es zu spät! In unserer Zeit kann man beobachten, dass die jüngeren Menschen weniger Dialekt sprechen als die Alten. Das liegt daran, dass die jüngere Generation immer mehr mit Medien aufwächst. Hatte das kleine Kind 1950 fast ausschließlich die Eltern und Verwandten als

„sprachliche Richtlinie", sind es heute immer mehr die Medien. Es wird immer mehr TV geschaut, YouTube-Videos, DVDs usw. In fast allen Medien wird aber hochdeutsch gesprochen, Filme werden auf Hochdeutsch synchronisiert usw. Also wird der Dialekt der Eltern vermischt mit dem Hochdeutsch der Medien, was den Dialekt abschwächt.

Diese unbewusste Prägung ist stärker als jede Erziehung! Im Prinzip glaube ich, dass die Erziehung als solche irrelevant ist! **Das Vorleben ist die eigentliche wahre Erziehung!** Wenn die Eltern vom Sozialamt leben, so ist die Wahrscheinlichkeit, dass die Kinder es später ebenfalls tun, ziemlich hoch! Sind die Eltern Arbeiter, werden die Kinder auch dazu neigen, einen körperlichen Beruf zu erlernen. Sind die Eltern Hochschulabsolventen, ist die Wahrscheinlichkeit hoch, dass auch die Kinder studieren.

So was kann man sogar bei Staaten beobachten! Immer wieder, wenn in den USA ein Amoklauf war, wird sofort von allen Seiten darauf aufmerksam gemacht, dass dafür die liberalen Waffengesetze verantwortlich sind. Aber vergleichen wir das Ganze mit der Schweiz, dann können wir sehen, dass es dort pro Haushalt fast genauso viele Waffen gibt wie in den USA, aber kaum Waffengewalt gegen andere! Den Suizid möchte ich da mal gerne rausrechnen. Es ist ziemlich logisch, dass jemand, der Suizid begehen möchte und eine Schusswaffe besitzt, ihn damit ausführen wird und nicht erst irgendwohin geht, um sich vor einen Zug zu werfen. Übrigens war die Selbstmordrate in der waffenstarrenden Schweiz 2013 mit 11,2 Selbsttötungen pro 100.000 Einwohner geringer als in Deutschland (12,5 pro 100.000 Einwohner) (Quelle: Wikipedia).

Die Mordrate ist in der Schweiz aber mit 0,6 Tötungen pro 100.000 Einwohner **deutlich** geringer als in den USA, die mit 4,7 Morden pro Jahr auf 100.000 Einwohner fast den achtfachen Wert erreicht (Quelle: Wikipedia)! Nun kann man unterschiedlicher Meinung sein, woran das liegt, dass in einem Land mit fast genauso vielen

Waffen die Mordrate um so vieles höher liegt. Ich bin der Meinung, dass auch das etwas mit Vorleben des Staates zu tun hat. Während die Schweiz neutral ist und ihre Armee ausschließlich zur eigenen Verteidigung unterhält, kann man bei den USA beobachten, dass sie eben mal gerne einen Flugzeugträger losschicken, wenn ein Staat sich nicht so verhält, wie sie es sich wünschen. Auch direkte Kriegshandlungen gab es ja in der Vergangenheit genug. Also der eine Staat lebt vor, wir sind friedlich, wir sind diplomatisch, selbst wenn andere sich streiten und bekämpfen, dann halten wir uns raus oder versuchen, in Genf zu schlichten. Der andere Staat hält seinen Bürgern eine gewisse Wildwestmanier, ein Gesetz des Stärkeren vor Augen.

Ich erkenne da einen klaren Zusammenhang zum Verhalten der Bürger der jeweiligen Länder!

Wenn du Kinder hast, erkenne, dass du es nicht schaffen wirst, ihnen etwas zu verbieten, was du selbst jahrelang getan hast. Sie werden es dir gleichtun, völlig unbewusst. Sie tun es nicht aus böser Absicht, auch nicht weil sie es so gerne wollen, sie tun es, weil **sie es tun müssen!** Weil die Prägung ihres Unterbewusstseins nun mal so ist! **Weil du sie so geprägt hast!**

Und so hast auch du Prägungen, die dir völlig unbewusst eingetrichtert wurden, und später tust du es oder bist so und weißt gar nicht, warum! Ich wusste nicht, warum ich rauche und saufe, ich habe das niemals hinterfragt!

Es war eben so, ich hielt es für richtig. Ich erfand Argumente wie: *Diese Welt kann man nüchtern gar nicht ertragen!* Obwohl ich im Grunde gar nichts gegen die Welt hatte. Erst als ich mich mit dem Gesetz der Anziehung auseinandersetzte, erkannte ich die Zusammenhänge, wusste ich, warum ich trank!

Egal was es bei dir ist, Sucht, Übergewicht, Streitlust, notorische Untreue – du kannst es überwinden, dazu musst du nur dein Unterbewusstsein von den alten Prägungen befreien. Dazu solltest du einfach den Personen vergeben, die dir diese Prägungen

eingetrichtert haben. Und natürlich dir selbst, dass du so lange dieses Verhalten an den Tag gelegt hast. Eine genaue Schritt-für-Schritt-Anleitung findest du im DENKE! ANDERS Arbeitsbuch. Du kannst in deinem Leben alles haben, was du willst, dazu musst du nur **kontinuierlich und beharrlich** die Inhalte deines Unterbewusstseins verändern!
Damit kannst du die ganzen alten Prägungen neutralisieren, die sich heute in Form von Mangel, Krankheit, Eifersucht und komplizierten Beziehungen in deinem Leben bemerkbar machen!
Ich hatte mal einen Mann beim Coaching sitzen, nennen wir ihn hier einfach mal Ralf, er war in dem, was er tat, wirklich herausragend gut. Er stellte Lebensmittel her und die waren so gut, dass er dafür viele Preise abräumte. Er war in seiner Region sehr bekannt und hatte die besten Kritiken. Auch in den Medien war er sehr präsent, es gab in wirklich großen, überregionalen Zeitungen Artikel über ihn, die allesamt positiv waren. Und nicht nur unter „ferner liefen", sondern richtig groß, auch auf Titelseiten. Aber das alles brachte ihm nicht den ersehnten finanziellen Erfolg. Ja, es ging ihm gut, er hatte schon Geld, aber er wollte mehr, viel mehr! Rein von der Logik des weltlichen Menschen hätte er dies auch haben müssen. Ich meine, wenn er und seine Produkte auf der Titelseite einer großen Zeitung, die eine Auflage von weit über 100.000 Exemplaren hat, in den höchsten Tönen gelobt werden, würde doch jeder erwarten, dass er in dieser Woche einen entscheidenden Mehrumsatz tätigt. Aber das war nicht der Fall, er hatte gerade mal 5 kleine Bestellungen über dem Durchschnitt. Aber genau das bestätigt wieder meine Theorie, dass du immer das bekommst, was der dominierende Inhalt in deinem Unterbewusstsein ist. Im Laufe des Gespräches stellte sich dann heraus, dass es bei seinen Eltern ähnlich war. Auch diese waren gut, hatten aber nie den finanziellen Durchbruch. Der Ralf, als er noch ein sehr kleiner Junge war, beobachtete genau das! Die beiden für ihn mächtigsten Menschen der Welt waren gut in dem,

was sie taten, aber sie wurden nie reich damit. Nun denkt der kleine Junge –natürlich völlig unbewusst –, dass das genau so richtig ist! Und völlig unbewusst wird er das später in seinem eigenen Leben so handhaben! Er weiß noch nicht einmal, wie genau er es denn nun tut, aber **er selbst tut es!** Er folgt einfach blind den Inhalten seines Unterbewusstseins, und dieses gibt ihm logische Argumente für sein Handeln, aber eigentlich lebt er gar nicht sein eigenes Leben, sondern eher das Leben seiner Eltern! Im weiteren Gespräch stellte sich heraus, dass er sich sehr gesund ernährte, aber trotzdem rauchte, was ja irgendwie einen gewissen Widerspruch darstellt. Aber natürlich war das bei seinem Vater genauso, auch er hatte dieses etwas widersprüchliche Verhalten. Und so geht es vielen Menschen, sie wissen einfach nicht, was sie falsch machen, warum es ihnen einfach nicht gelingt, an ihr gewünschtes Ziel zu gelangen. Sie handeln einfach nach den Inhalten ihres Unterbewusstseins! **Das kann man nicht mit seinem Verstand ändern!** Diese Inhalte kennen sie selbst nicht so wirklich! Das Einzige, was man dagegen tun kann, ist, immer und immer wieder in die Entspannung zu gehen und sich das Leben seiner Träume vorzustellen! Und natürlich die Vergebung nicht vergessen, oftmals schlummert in den tiefsten Tiefen unseres Inneren immer noch latenter Groll gegen unsere Eltern, diesen solltest du unbedingt dort auflösen. Es ist nicht immer einfach, das Leben seiner Träume zu manifestieren, aber es ist durchaus möglich, wenn man hartnäckig und ausdauernd an seinen Zielen festhält!

Also wenn du irgendein Problem hast, was dir unüberwindbar scheint, wisse, dass das nicht so ist! Es erscheint dir nur so, weil du versuchst, die Lösung mit deinem Gehirn zu finden! So ging es auch Ralf, er versuchte mit noch mehr Werbung, mit weiterem Feilen an seinen Rezepturen mit neuen Verkaufsstrategien, seinen Gewinn zu steigern, aber genau das war vergeblich.

**Du kannst diese Blockaden nicht mit deinem Verstand**

**überwinden!**
Nur durch die Veränderung deines Inneren wirst du bessere Resultate erzielen! Das ist logisch, denke darüber nach. Ein gutes Beispiel sind Raucher und Übergewichtige. Wenn Raucher mit dem Rauchen aufhören möchten, warum schaffen es die wenigsten? Selbst wenn es eine Sucht wäre, müsste es doch jeder spielend mit einem Nikotinpflaster schaffen. Warum schaffen es nur wenige? Weil es eben nicht der Wunsch ist, nicht die Entscheidung, sondern dein Unterbewusstsein! Dort ist diese Gewohnheit eben fest verankert, und es ist nicht so einfach, diese dort zu verändern. Bei dem Dicken ist es dasselbe, auch er kann einfach nicht anders essen, selbst wenn er es will.
Wenn du damit beginnst, die Inhalte deines Unterbewusstseins zu verbessern, dann wird der Tag kommen, wo deine Probleme sich einfach auflösen. Du wirst auf der Ebene deines Gehirns, der weltlichen Logik keinen Anhaltspunkt finden, warum es sich verbessert hat! Außenstehende werden von Zufall reden, dass du Glück hattest. Aber wenn du das Gesetz der Anziehung wirklich fest verinnerlicht hast, wirst du die Logik erkennen, dass du einfach gewisse Blockaden aus deinem Unterbewusstsein entfernt hast! Und genauso, wie du dich vorher vollautomatisch blockiert hast, vollautomatisch irgendetwas getan hast, um deine Gewinne kleinzuhalten, wirst du jetzt vollautomatisch etwas tun, dass deine Gewinne geradezu explodieren!

## 19. Sind Vorurteile schlecht?

Wenn man sich manchmal so eine Debatte anschaut, aus einer beliebigen Talkshow, könnte man zu dem Eindruck gelangen, dass es etwas ganz Schlimmes ist, Vorurteile zu haben. Hast du Vorurteile gegen andere, bist du erst mal schon ein schlechter Mensch! Zumindest behaupten das diejenigen, die Vorurteile gegen Menschen mit Vorurteilen haben, und merken noch nicht mal, dass sie damit jegliche Diskussion darüber ad absurdum führen!

Vorurteile? Na klar, **jeder** hat welche, das ist vollkommen normal! Es ist nicht im Geringsten verwerflich, es ist ein einfacher Mechanismus der Natur, den du auch nicht einfach auf Bestellung ausschalten kannst!

Angenommen, du hattest in der Schule einen Dicken mit Brille, der dich ständig gehänselt und rumgeschubst hat, dann kann es durchaus passieren, dass du für den Rest deines Lebens Vorurteile gegen dicke Männer mit Brille hast. Das hast du dir nun nicht selbst ausgesucht, nein, dein Unterbewusstsein versucht jetzt lediglich, dich durch dieses Vorurteil zu schützen. Nun wirst du solche Personen meiden und dadurch weniger der Gefahr ausgesetzt, dass du gemobbt und rumgeschubst wirst. Auch wenn dir deine Eltern Vorurteile vorgelebt haben, wirst du diese erst mal ungefragt übernehmen!

Das ist nicht verwerflich! Du kannst es auch nicht einfach auf Bestellung abstellen, weil andere dir sagen, dass man keine Vorurteile haben darf! Es ist normal, welche zu haben, jeder hat welche! Vorurteile müssen ja nicht immer ablehnender Natur sein, es geht ja auch andersherum, dass du durch bestimmte Äußerlichkeiten von Menschen sofort auf ihren guten Charakter schließt. Nichts anderes ist der Geschmack bei der Partnersuche, auch diese gründet sich oft auf Erlebnissen aus der Kindheit.

Die meisten Diskussionen über Vorurteile sind meist auch völlig ideologisch aufgeladen und überzogen. Da wird dann nur derjenige, der z. B. Vorurteile gegen Menschen aus einem anderen Kulturkreis hat, angegriffen. Derjenige, der Vorurteile gegen eine konservative Weltanschauung hat, bekommt den Applaus. Aber im Grunde sind sie beide genauso. Wenn ich hier in Deutschland aufgewachsen bin und laufe auf der Straße im ländlichen Gebiet und höre hinter mir leichtes Hufgetrappel, dann denke ich an ein Pony oder einen Esel. Mir würde es jetzt nicht in den Sinn kommen, wenn ich mich umdrehe, ein Zebra zu erwarten. Wenn ich in der Zeitung lese, dass da eine Messerstecherei vor einem Lokal stattfand, ja dann denke ich sofort an Männer aus einem anderen Kulturkreis. Weil es in meiner Kindheit schon so war, Deutsche haben sich geprügelt, Südländer haben das Messer gezückt. Da ist es normal, dass man so denkt! So haben ja auch die Leute, die so gerne gegen Vorurteile vorgehen wollen, welche, wenn sie einen weißen Mann mit Glatze, Bomberjacke und Springerstiefeln erblicken. Da kommt jetzt auch keiner auf die Idee, in Erwägung zu ziehen, dass es sich um einen krebskranken Sozialhilfeempfänger handelt, für den zufällig keine andere Kleidung in seiner Größe in der Kleiderkammer vorhanden war. Lauf doch mal mit Glatze, Springerstiefeln und Bomberjacke durch ein linkes Viertel von Berlin. Dir würde aufgrund dieser Kleidungsstücke sofort gnadenloser Hass entgegengebracht werden.

Also es ist völlig normal, Vorurteile zu haben, niemand kann wirklich was dagegen tun. Also gucke dir solche Diskussionsrunden gar nicht erst an und führe sie auch nicht. Diese Diskussion über Vorurteile ist völlig absurd, weil es eigentlich wieder nur um Ideologie geht, und es geht darum, wer denn die richtigen und wer die falschen Vorurteile hat. Diese Gutmenschen – das sind die mit den richtigen Vorurteilen – unterscheiden sich von ihrem Wesen her nicht im Mindesten von anderen radikalen Gruppierungen wie religiösen Eiferern, Ultrarechten oder

Ultralinken, auch sie glauben, sie seien besser als andere, weil sie eine bestimmte Ideologie verfolgen.
Natürlich kannst du etwas gegen Vorurteile unternehmen, wenn du es denn möchtest. Wenn du zum Beispiel merkst, dass es eher hinderlich ist, dass du dicke Männer mit Brille nicht magst. Vielleicht hast du ja einen netten Kollegen, der so aussieht, und du bist oft abweisend zu ihm, obwohl er dir nichts getan hat. Vorurteile kannst du nur mit Vergebung auflösen. Vergebe diesem Mitschüler, der dich rumgeschubst hat, wieder und wieder. Das geht natürlich nicht von heute auf morgen, aber deine Ausdauer wird Früchte tragen! Wenn du nach einer gewissen Zeit diesem Dicken mit Brille aus deiner damaligen Schulklasse vergeben hast, wirst du automatisch deinen Kollegen, der ähnlich aussieht, auf einmal mehr mögen.
Manchmal fehlt diese Bezugsperson, weil du dich nicht mehr daran erinnern kannst, was in deiner frühen Kindheit geschah. Angenommen du hast eine Aversion gegen bestimmte Menschen. Nehmen wir doch wieder der Einfachheit halber den dicken Mann mit Brille. Du magst sie einfach nicht, weißt aber nicht, woher das kommt. Dann ist es auch völlig o. k., wenn du einfach denjenigen (Dicken mit Brille) vergibst, die jetzt in deinem Leben sind. Auch dadurch wird das Vorurteil mit allen seinen Verknüpfungen aufgelöst. Auf einmal magst du den dicken Kollegen und fragst dich, was du die ganze Zeit gegen ihn hattest! So geht wahrer Erfolg! Denn dass diese Antipathie jetzt aus deinem Leben verschwunden ist, wird dein Leben einfach bereichern. Es wird ja nicht nur dadurch besser, wenn etwas Positives in dein Leben tritt, sondern auch dann, wenn etwas Negatives es verlässt. Und so verbessert sich dein Arbeitsklima, dein Wohlfühllevel, und besagter Kollege könnte ein wirklich guter Freund werden.

## 20. Das Gesetz der Anziehung interagiert

Auch wenn jeder Mensch, gemäß des Gesetzes der Anziehung, immer nur für sich selbst erschaffen kann, interagiert das Gesetz der Anziehung dennoch. Dein Glaube gibt dir immer recht!
Wenn eine hübsche Frau denkt, sie sei hässlich und niemand will sie, dann wird sie bestätigt werden! Umgekehrt genauso, wenn da ein Mann ist, der recht bescheiden aussieht, der aber von sich selbst glaubt, er ist ein Held, der immer eine tolle Frau bekommt, dann wird es so sein! Das heißt natürlich, dass andere Menschen von dem, was du glaubst, beeinflusst werden. Denn die Frau, die jetzt den bescheiden aussehenden Mann als ihren Partner erwählt, hätte das nicht getan, wäre er nicht von sich selbst überzeugt! Hätte er Minderwertigkeitskomplexe und wäre schüchtern, hätte sie ihn nie beachtet.
Also werden andere Menschen davon beeinflusst, wie du denkst! Irgendwie interagieren die Menschen da auf einer unsichtbaren Ebene miteinander.
Wenn man diesen Gedanken zu Ende denkt, passiert das Gleiche mit dem Mörder oder Schläger und dessen Opfern. So sagt man z. B., dass ein Hund die Angst des Menschen riecht. Ob der das nun wirklich riecht, sei dahingestellt, aber der Hund spürt es auf einer anderen Ebene und wird jetzt beeinflusst, denjenigen zu bedrohen oder zu attackieren, der die Angst davor hat. Warum sonst sollte der Hund ausgerechnet den beißen, der Angst hat? Warum nicht denjenigen, der keine hat? Macht ja eigentlich keinen Sinn, denn derjenige, der keine Angst hat, wäre das leichtere Opfer, weil er keinen Angriff erwartet.
Jegliche Angst vor körperlichen oder seelischen Schmerzen wird das Ereignis in deinem Leben wahrscheinlicher machen, dass du diese Schmerzen erhalten kannst. Diese Angst beeinflusst andere Menschen, aber auch dich selbst!
Du wirst also unbewusst dazu getrieben, so zu handeln, damit du

die Schmerzen erhalten wirst.
Ich kenne das von einem Bekannten aus meiner Schulzeit, der hatte einen gewalttätigen Vater, der fast jeden Abend seinen Sohn verdrosch. Aber der Sohn selbst lieferte jeden Tag die Steilvorlage dazu. Er baute täglich so richtig Scheiße! Wirklich so richtig blöden, unnützen Scheiß, der überhaupt keinen Sinn machte! Damals dachte ich, dass er einfach nur besonders doof ist, heute weiß ich, dass die Angst vor den Schlägen des Vaters ihn so blöd handeln ließ, damit er die Schläge bekam, vor denen er sich fürchtete!
So bist auch du beeinflusst, **jeder** ist es. Du hast vielleicht auch nur deshalb deinen Partner genommen, weil er felsenfest davon überzeugt war, dass du ihn nehmen würdest. Hätte er Zweifel gehabt, hättest du dich vielleicht für einen anderen entschieden. Am meisten bekommen natürlich Menschen diese Beeinflussung zu spüren, die recht labil sind. Also wenn da jemand ist, der nicht wirklich einen Plan hat, wird er natürlich stärker unbewusst von anderen beeinflusst als jemand, der ganz genau weiß, was er im Leben will.
Wenn du täglich in die Stille gehst und das Leben deiner Träume vor dir siehst, so wirst du mit der Zeit immer mehr wissen, was du denn wirklich willst. Zum Anfang ist es vielleicht noch vage und du denkst, dass es zu schön wäre, um wahr werden zu können. Aber wenn du hartnäckig dranbleibst, wird sich dieses Bild in deinem Inneren verfestigen. Irgendwann weißt du genau, dass du nur das für dein Leben akzeptieren wirst und dich nicht mehr mit Dingen oder Personen zufriedengeben wirst, die nicht wirklich deinem Ideal entsprechen. Jetzt weißt du genau, was du willst, und bist nicht mehr so leicht zu beeinflussen. Das merken auch die Menschen in deinem Umfeld, sie wissen jetzt instinktiv, dass du jemand bist, der weiß, was er will. Und es wird sich gut anfühlen!

## 21. Worte oder Taten?

Wenn man sich heute in den Medien informiert oder sich einfach nur in der Welt umschaut, dann könnte man schon manchmal ziemlich verwirrt sein. Man gewinnt zunehmend den Eindruck, dass Taten irgendwie immer weniger relevant werden und dass die Menschheit immer mehr auf große Worte hört. Also, was du tust, ist so ziemlich egal, solange du laut genug herausposaunst, dass du ohne Zweifel der Gute bist! Wenn du das mit einer gewissen Empathie rüberbringst, wirst du überall gefeiert! Das ist nicht nur bei uns so, sondern scheint ein weltweites Phänomen zu sein. So wurde Barak Obama im ersten Jahr seiner ersten Amtszeit mit dem Friedensnobelpreis ausgezeichnet. Was hatte er dafür getan? Nicht wirklich was anderes als große Worte. Er hatte beim Amtsantritt versprochen, die mehr als elf Millionen illegalen Einwanderer „aus dem Schatten“ zu holen. Aber es wurden in seiner Amtszeit mehr illegale Einwanderer abgeschoben als **jemals zuvor** von einem Präsidenten der Vereinigten Staaten. Seine Kritiker nannten ihn scherzhaft gar „Deporter-in-Chief“.

In seiner Zeit als Präsident wurden weiterhin über 2700 Menschen durch Drohnenangriffe – außerhalb von Kriegsgebieten – getötet. **Mehr als jemals zuvor!** Wie jeder weiß, sind das Morde ohne richterlichen Beschluss, wobei es auch viele unschuldige Opfer – sogenannte Kollateralschäden – gibt. Würde man der allgemeingültigen Praxis in demokratischen Ländern folgen, demnach ein Mensch erst dann schuldig ist, wenn ihn die Schuld zweifelsfrei nachgewiesen wurde und ihn ein ordentliches Gericht verurteilt hat, sind natürlich **alle** Getöteten unschuldig. Diese ca. 2700 sind natürlich nur die offiziellen Zahlen.

Nobelpreiskomitee: *„für seine außergewöhnlichen Bemühungen, die internationale Diplomatie und die Zusammenarbeit zwischen Völkern zu stärken“*

Aber auch das Verhältnis zu Russland hat sich unter seiner

Amtszeit **dramatisch verschlechtert**.
Des Weiteren war es gerade Barak Obama, der immer – natürlich nur verbal – für eine atomwaffenfreie Welt eingetreten ist. Auch der Friedensnobelpreis wurde damit begründet: *Das Komitee merkte an, dass Obamas Vision für eine Welt ohne Atomwaffen bei der Preisentscheidung eine besondere Rolle gespielt habe.*
Nun wurde aber gerade unter Obama die Modernisierung der amerikanischen Atomwaffen beschlossen, ein Programm, das mehrere hundert Milliarden Dollar kosten dürfte und von Kritikern als **die größte atomare Aufrüstung aller Zeiten gesehen wird**.
Auch sein Wahlversprechen, die horrenden Staatsschulden der USA zu bekämpfen, wandelte sich ins Gegenteil. In seiner Präsidentschaft wurden so viele neue Schulden aufgenommen wie noch niemals zuvor. Die US-Staatsverschuldung hat 20 Billionen Dollar erreicht! Bei Obamas Amtsantritt betrug die US-Staatsschuld noch 10,6 Billionen Dollar. Die mehr als 9 Billionen neuen Schulden in einer einzigen Präsidentschaft sind ein **historischer Rekord.** Obama hat damit so viele Schulden angehäuft wie alle anderen US-Regierungen von George Washington bis Bill Clinton zusammengenommen. Ja, er hat die USA in wenigen Jahren so stark verschuldet wie nie ein Staat zuvor in der Geschichte der Menschheit.
Auch die Infrastruktur wollte Barak Obama entscheidend aufpeppen „Ich möchte, dass Amerika die beste Infrastruktur in der Welt hat“, getan wurde aber nicht viel. Unter Barack Obama wurde so wenig in die Infrastruktur investiert wie zuletzt unter Präsident Harry S. Truman im Jahr 1947. Und das trotz der gigantischen Neuverschuldung.
Ex-Präsident Obama ist natürlich nur ein Beispiel von vielen, aber ein sehr bezeichnendes. Er stellt sich hin und sagt: *Ich bin der Gute, ich werde die Welt verbessern, abrüsten, Staatsschulden abbauen, illegale Einwanderer „aus dem Schatten holen“ und die Diplomatie stärken!* Nun wird er als der neue Messias gehandelt

und alle applaudieren ihm. Im Grunde macht er in seinen beiden Amtszeiten das Gegenteil von dem, was er versprochen hat, aber der Applaus will einfach nicht abebben! Barack Obama bleibt für den offiziellen Mainstream der Gute, völlig losgelöst davon, wie seine Handlungen aussehen.
Irgendwie dominiert ein völlig unlogisches „Gefühls-Verhalten" unsere Epoche. Alles wird nur noch emotionalisiert. Es kommt einem fast wie ein Abgleiten in das Mittelalter vor, auch da ging es nicht um Logik oder Recht und Gesetz, sondern da wurde eben eine Frau als Hexe verrufen, und Hexen sind böse, also grölte der Mob, wenn eine verbrannt wurde, kaum jemand hinterfragte das. Irgendwie hab ich ein solches Bild im Kopf, wenn ich die heutige Berichterstattung unserer Medien betrachte.
Na klar, Barak Obama ist ein cooler Typ, vermutlich der sympathischste, coolste und humorvollste Präsident aller Zeiten! Aber das sind ja eher Attribute, die ein guter Showmaster mitbringen sollte.
Daran kann man erkennen, wie stark Menschen dem verfallen, was ein anderer sagt, und wie wenig sie darauf schauen, was ein anderer tut. Um ein weiteres Beispiel zu nennen, möchte ich an die ständigen Beteuerungen von linken Politikern und auch deren Wählern erinnern, wie tolerant sie doch seien. Für ein Beispiel gehen wir mal wieder in die USA. So hat im Wahlkampf 2016 die Sängerin Adele in einem Konzert in Miami Werbung für Hillary Clinton gemacht und dafür Applaus erhalten. Der Rapper Kanye West sagte dagegen in einem Konzert in San Jose, dass er Trump mag, und wurde daraufhin ausgebuht, um nur 2 Beispiele von vielen zu nennen, wo Hass gegen Trump Applaus bekommt und Wohlwollen für Trump Hass erntet. Nun könnte man ja im Nachhinein sagen, dass ca. die Hälfte der Amerikaner Clinton gewählt haben und die andere Hälfte Trump. Um 2–3 % wollen wir jetzt hier nicht feilschen. Also kann man davon ausgehen, dass auch in diesen Konzerten die Besucher in ihrer politischen Ansicht

ca. Hälfte/Hälfte vertreten waren. Warum bekommt nun die eine Applaus, während der andere ausgebuht wird? Auf ein Konzert gehen ja eigentlich auch nur Menschen, die ein Fan von dem Interpreten auf der Bühne sind, ein anderer würde ja nicht viel Geld für ein Ticket ausgeben. Wie kommt nun ein Fan dazu, sein Idol auszubuhen, nur weil er eine andere politische Ansicht äußert? Die Antwort ist einfach: weil es meist genau die sind, die sich die Toleranz ganz groß auf die Fahne schreiben, die dann letzten Endes völlig intolerant sind, wenn jemand anderer Meinung ist als sie selbst. Meinungsvielfalt ist nicht gerade die Stärke der Parteien, die sich weltweit gerne die Vielfalt auf die Fahne schreiben und sich als Verfechter der Demokratie feiern.

Die „ach so intoleranten" Trump-Wähler haben Adele nicht für ihre andere politische Ansicht ausgebuht, die „ach so toleranten" Clinton-Wähler aber Kanye West.

Aber im Grunde – und ich finde das völlig absurd – scheint es für die anderen nicht von Interesse zu sein, ob du nun wirklich tolerant bist oder nicht!

**Wichtig ist den Menschen offenbar, dass du nach außen kommunizierst, dass du es bist.**

Diese Scheinheiligkeit, die Diskrepanz zwischen dem, was man sagt, und dem, was man tut, gibt es auf allen Ebenen des Mainstreams.

Mag sein, dass das in der Welt so ist, aber bei dem Gesetz der Anziehung verhält es sich genau andersherum! Da ist es völlig egal, was die anderen von dir halten, wichtig ist einzig und allein, wie du in deinem Inneren bist. Dein Inneres verbessern geht nur über **Taten**, nicht über leere Worte. Schon Jesus sagte uns:

***„Und wenn ihr betet, sollt ihr nicht sein wie die Heuchler, die gern in den Synagogen und an den Straßenecken stehen und beten, damit sie von den Leuten gesehen werden. Wahrlich, ich sage euch: Sie haben ihren Lohn schon gehabt. Wenn du aber betest, so geh in dein Kämmerlein und schließ die Tür zu und***

***bete zu deinem Vater, der im Verborgenen ist; und dein Vater, der in das Verborgene sieht, wird dir's vergelten. Und wenn ihr betet, sollt ihr nicht viel plappern wie die Heiden; denn sie meinen, sie werden erhört, wenn sie viele Worte machen. Darum sollt ihr ihnen nicht gleichen.“***
Matthäus 6,5-8

Also wende dich lieber ein Stück ab von der Welt, mach nicht viele Worte, erzähle nicht den anderen, wie gut du bist. Das hast du gar nicht nötig, gehe jeden Tag in dein Inneres, vergebe, meditiere, visualisiere, und dein Leben wird sich drastisch verbessern! Ich weiß aus Erfahrung, dass es nicht immer leicht ist, die Welt da draußen ist ziemlich laut und sie fordert von dir ihre Aufmerksamkeit. Durch Erziehung und Prägung bin auch ich immer wieder dem Drang erlegen, etwas mit meinen Händen zu tun, um meine Situation zu verbessern. Aber ich habe gelernt, dass das so nicht funktioniert. Oft bin ich damit gescheitert, dachte, wenn ich das jetzt mache, dann wird daraus ein richtiger Gewinn erwachsen. So war es, als ich mein erstes Einzelhandelsgeschäft hatte. Ich habe ziemlich viel Geld verdient, wollte aber mehr. Also eröffnete ich einen zweiten Laden, in der Annahme, dass sich jetzt meine Gewinne verdoppeln müssen. Aber – und das verwunderte mich sehr – ich hatte unterm Strich genauso viel Gewinn wie vorher! Aus heutiger Sicht ist mir das logisch, man hat immer nur das, was den Inhalten seines Unterbewusstseins entspricht, egal was du im Außen tust! Also begann ich, meinen Fokus mehr auf meine geistige Arbeit zu lenken, und mit den Gewinnen ging es steil nach oben. Das wirklich Wichtige ist immer dein Unterbewusstsein, verbessere deren Inhalte täglich, lass die anderen reden, so viel sie wollen, lass sie prahlen, wie gut sie denn seien, wie tolerant oder sonst was. Beteilige dich nicht daran, geh in dein stilles Kämmerlein und erschaffe dort das Leben deiner Träume. Irgendwann werden auch die Maulhelden sehen, dass du die bessere Partnerschaft lebst, mehr Geld verdienst, gesünder, glücklicher und mächtiger bist als sie. Guck dir Bill Gates an, ich habe noch niemals bemerkt, dass der große Töne spuckt. Irgendwie sieht er immer bescheiden, schon fast schüchtern aus. Aber seine Resultate sind überwältigend!

## 22. Überwindung?

Wenn dir jemand erzählt, dass du deine Bequemlichkeitszone verlassen musst, um den Erfolg zu haben, den du dir wünschst, so höre nicht auf ihn!
Denn dabei kann es sich nur um jemanden handeln, der das Gesetz der Anziehung nicht in seinem vollen Umfang verstanden hat und nun von dir erwartet, dass du deine Handlungen änderst, bevor du deine Gedanken geändert hast.
Wenn du ein Ziel hast, dann ist es deine Aufgabe, dein Unterbewusstsein neu zu beschreiben, das tust du durch Vergebung und Visualisieren des Zieles, nun ändert sich der Inhalt deines Unterbewusstseins in Richtung des Erwünschten. Nun wird sich deine Bequemlichkeitszone verlagern, es werden neue Ideen in dein Leben kommen, die du gerne umsetzen möchtest. Du hast Lust darauf! Du kannst nicht mit einem Weg, der sich schlecht anfühlt, zu einem Ziel gelangen, das sich gut anfühlt! Das ist nicht möglich, der Königsweg heißt inspiriertes Handeln, freudiges Erschaffen. Glaubst du, Elton John muss seine Bequemlichkeitszone verlassen, wenn er einen neuen Song schreibt? Oder ein Profisportler, wenn er zu Training geht? Auch ein Bill Gates musste das nicht tun und auch nicht Tiger Woods, **sie lieben, was sie tun!** Die Komfortzone verlassen muss nur jemand, der in seinem inneren nichts geändert hat, der glaubt, durch unliebsame Handlungen an ein liebenswertes Ziel zu gelangen. Aber der springende Punkt ist, dass derjenige, der nicht sein inneres Bild verändert hat, gar nicht in der Lage ist, seine Bequemlichkeitszone zu verlassen. Das kann man höchstens mal für ein paar Tage, wenn man vielleicht durch ein Seminar motiviert ist oder wenn einem jemand Druck macht, aber auf Dauer ist eine Veränderung nur von innen nach außen möglich! Natürlich hat ein Millionär eine andere Bequemlichkeitszone als ein normaler Angestellter. Das heißt aber noch lange nicht, dass sie kleiner ist,

sie ist anders. Aber diese Bequemlichkeitszone ändert sich mit deinem Denken, du kannst sie nicht „bekämpfen“, wie es dir manche Trainer einreden wollen. Das gilt natürlich für jeden Bereich des Lebens. Angenommen, jemand möchte 10 Kilo abnehmen, da könnte er diesen Spruch zu hören bekommen, dass er seine Bequemlichkeitszone verlassen muss. Aber nimmt er wirklich ab, wenn er nun 2x die Woche widerwillig zum Sport geht? Ich weiß aus Erfahrung, dass das nur in den seltensten Fällen geschieht. Als Erstes solltest du dich mit dem Gesetz befassen, lernen, dass jegliche Handlung, jegliche Materie zum Erschaffen den positiven Gedanken braucht. Dann solltest du deine Vision von dir selbst haben, einen kurzen Spot, in dem du z. B. auf die Waage steigst, und dein Idealgewicht wird angezeigt, Freunde und Kollegen oder auch dein Arzt gratulieren dir zu deinen tollen Erfolgen. Wenn du das täglich 2x für 10 Minuten intensiv vor deinem inneren Auge ablaufen lässt, dann änderst du dich selbst! Und ganz automatisch wird sich deine Komfortzone verschieben, du wirst Lust auf andere Nahrungsmittel haben, du wirst Lust auf mehr Bewegung haben. Du wirst es selbst nicht mehr so recht verstehen können, wie du immer nur vor dem Fernseher gesessen hast. Wie du vorher warst und was du in dich hineingestopft hast, das wird dich vielleicht sogar anwidern. So ging es zumindest mir selbst, als ich durch ein neues Bild von mir selbst das Trinken und Rauchen aufgegeben habe. Ich konnte das später – bis heute – nicht nachvollziehen, wie ich mit ständig wachsender Begeisterung gesoffen und kettengeraucht habe und irgendwie sogar stolz darauf war, „Mr. Ungesund“ zu sein. Ich hatte einfach mit meinen stetigen Gedankenbildern einen neuen Andreas Boskugel gesehen, und dieser entwickelte sich dann auf der Bühne des Lebens in kürzester Zeit.

Ich muss dazu betonen, dass es mir **niemals** schwergefallen ist, nicht mehr zu trinken, nicht ein einziges mal hatte ich danach das Verlangen zu trinken, im Gegenteil, es widerte mich an. Schon den

Geruch von Alkohol fand ich auf einmal abstoßend. Ich musste nicht **einmal** meine Bequemlichkeitszone verlassen oder irgendetwas machen, was mir Unbehagen bereitet hätte. Da das Gesetz der Anziehung auf alle Lebensbereiche gleichermaßen einwirkt, kann dieses Vorgehen auf alle Wünsche angewandt werden. Egal was du haben, tun oder sein willst, schaffe dir ein geistiges Bild davon, visualisiere es täglich – ohne Ausnahme – und streiche Wörter wie „Bequemlichkeitszone" oder „harte Arbeit" aus deinem Leben.
Es ist mir bis heute unbegreiflich, wie viel Geld da bei Psychologen und Therapeuten gelassen wird, um Alkoholismus zu bekämpfen, trotz der extrem hohen Rückfallquote während und nach diesen Behandlungen. Viele gehen jahrelang regelmäßig zu den Anonymen Alkoholikern, nur um mindestens einmal im Jahr einen „Rückfall" zu haben. Jeder, der das mal unter die Lupe nimmt, erkennt, dass der Rückfall nicht etwa die Ausnahme darstellt, sondern eher die Regel!
Das Gleiche gilt für alle anderen sogenannten Therapien, egal ob Raucherentwöhnung, Eheberatung oder Therapie gegen was weiß der Geier! Es ist immer die falsche Kausalkette, der Therapeut versucht, den zu Therapierenden zu einem Verhalten zu bewegen, was derjenige in seinem Inneren einfach nicht hat! Jeder, der so was schon mal mitgemacht hat, bestätigt mir, dass das nicht wirklich funktioniert, aber auch Menschen, die weniger essen wollen, weniger rauchen, weniger Alkohol trinken usw., wissen, dass es eine große Anstrengung bedeutet, aber die Erfolgsaussichten eher bescheiden sind!
Das Ganze geht völlig gratis und ohne nennenswerte Anstrengung, ich jedenfalls empfinde, entspannt in der Badewanne zu liegen und die Bilder meines Traumlebens zu sehen, nicht im Mindesten als Anstrengung. Ganz im Gegenteil, es ist sehr erhebend, die strahlend gute Laune danach hält mindestens einen halben Tag an.

Wenn du also 3-mal täglich visualisierst, bist du nebenbei auch noch dauerhaft auf einem höheren Wohlfühllevel.
Jetzt verändern sich die Inhalte deines Unterbewusstseins, und wenn du ausdauernd dabeibleibst, wirst du völlig automatisch und anstrengungslos in die gewünschte Richtung gehen und großartige Erfolge haben!

## 23. Prägung vs. Integration

In Deutschland ist das Thema Integration wieder mal in vollem Gange. Jeder hat neue und bessere Vorschläge, wie man die hierher strömenden Menschen am besten integrieren kann. Oder was wir ihnen geben können oder ihnen androhen sollten, damit sie sich schneller hier anpassen. Das ist natürlich völliger Unsinn und lässt erkennen, dass unsere Politiker nicht fürs Denken bezahlt werden! Jeder Mensch, der mal ernsthaft darüber nachdenkt oder versucht, sich selbst in die Haut des anderen zu versetzen, kann es erkennen. Integration kann gar nicht funktionieren, weil sie fordert, dass jemand seine eigenen Werte ablegt und fremde Werte annimmt! Warum sollte das jemand tun? Deine Werte sind eine 100 % festgefügte Meinung, vermutlich wurden sie dir schon als Kleinkind vermittelt. Das kannst du nicht einfach ablegen, weil es einem anderen nicht gefällt. Das kann man noch nicht mal ablegen, wenn es einem selbst nicht gefällt. Siehe schlechte Angewohnheiten, „falsche“ Vorlieben beim Essen oder ein Laster usw. Viele übergewichtige Menschen würden liebend gerne ihren Geschmack ändern hin zu fett- und zuckerarmer Kost. **Aber sie können es nicht!** Das Innere ist immer stärker als dein Wille! Und dieses Innere wird absolut unbezwingbar, wenn man es **nicht selbst** ändern möchte, sondern ein anderer möchte, dass man es ändert! Stell dir vor, du hast eine Lieblingsspeise, und nun kommt jemand daher und möchte, dass du das nicht mehr isst. Er gibt dir dazu Argumente an die Hand, die du nicht nachvollziehen kannst. Was würdest du tun? Natürlich würdest du weiter deinem Genuss frönen, und das ist auch dein gutes Recht. Genauso ist das mit Integration! Wenn du einen guten Job in Saudi-Arabien annehmen würdest, dann könntest du sicherlich nicht verstehen, warum du dazu auf die Scharia schwören solltest. Du würdest es als undemokratisch und weltfremd zurückweisen. Selbst wenn die anderen genügend Potenzial zum Erpressen hätten, dann würdest

du eben ein Lippenbekenntnis ablegen und denken: *Ihr könnt mich mal!*
Weiterhin hat es damit zu tun: Wie viele Deutsche sind schon in Saudi-Arabien? Wären es nur einige wenige, dann wäre deine Bereitschaft, dich zu integrieren, wesentlich höher, weil du sonst nicht in der Lage bist, ein gesellschaftliches Leben zu führen! Wenn schon Zigtausende da sind, wird sich schon eine Parallelgesellschaft gebildet haben. In dieser kannst du nun ein hervorragendes gesellschaftliches Leben führen. Dort kannst du in Supermärkte gehen, wo deine einheimischen Produkte angeboten werden, Gaststätten, Friseure, Ärzte, alles ist da, überall wird deine Sprache gesprochen. Warum solltest du dich jetzt noch mit der arabischen Sprache oder deren Kultur befassen?
Niemand kann auf Bestellung seine Meinung ändern, deswegen halte ich es für völlig sinnlos, es überhaupt zu fordern. So könntest du eine Party veranstalten, wahllos ein paar Obdachlose einladen, und dann erwartest du von ihnen, dass sie sich deinen Tischsitten anpassen, das wäre absurd! Also was wirst du tun? Wahrscheinlich lädst du Menschen ein, die die gleichen Tischmanieren pflegen wie du selbst! Hört sich völlig logisch und einfach an, oder?
Und genauso machen es auch die Verfechter von hemmungsloser Einwanderung! Glaubst du etwa, Renate Künast oder die Empörungsbeauftragte Claudia Roth machen das anders? Glaubst du, diese laden jetzt zu ihrer Party ein paar Hooligans ein? Mehrere Skinheads? Oder auch nur ein paar Penner von der Straße? Nein, da werden vermutlich Leute geladen, die die gleichen kulturellen und politischen Werte teilen wie sie selbst und die einen annähernd gleichen sozialen Status haben. Denn anders ist die Harmonie der Party nicht zu gewährleisten.
Fazit: Man sollte nicht Hunde mit Katzen zusammensperren in der Hoffnung, dass sie sich ändern, weil diese Hoffnung gelinde gesagt blauäugig ist.

Menschen wollen sich in aller Regel nicht ändern und sie können es auch nicht, selbst wenn sie wollten. Das ist doch auch völlig logisch, da kommt jetzt eine Familie aus dem Iran. Dort ist der Mann der König, und die Frau hat nichts zu melden. Glaubt nun wirklich jemand, dass der Mann jetzt sofort, sowie er von Gleichberechtigung hört, diese freudestrahlend umsetzen wird? Natürlich nicht! Er hätte doch Nachteile davon, es wäre ein Machtverlust für ihn! Also wird er es nicht tun, und jeder, der denkt, dass er es tut, ist einfach nicht ganz bei Sinnen. Für diesen Mann ist seine Welt in Ordnung, wie sie ist.
Integration oder das bedingungslose Annehmen fremder Werte funktioniert einfach nicht! Diese Menschen haben eben eine andere Ethik als unsere viel beschworenen westlichen Werte.
Integrieren kann sich hier nur der, der die Werte seines Heimatlandes ablehnt und dem schon immer die Werte Europas gefielen.
Auch wenn in diesem Thema momentan hier in Europa sehr viele Emotionen drinstecken, solltest du da möglichst cool bleiben. Niemand hat etwas davon, wenn du dich nun auf die eine oder andere Seite schlägst. Wenn Wahlen sind, dann geh hin, wähle die Partei, bei der du ein gutes Gefühl hast und die deine Werte vertritt. Ansonsten verschwende deine Energie nicht mit Schuldzuweisungen oder Anfeindungen. Denke an das, was du willst, denke an Liebe, Reichtum und Gesundheit! Dann wirst du ein hervorragendes Leben genießen, egal welche Entscheidungen von den Politikern getroffen werden.

## 24. Gezielte Autosuggestion

Die gezielte Autosuggestion ist die mächtigste Technik der Welt, wenn es darum geht, irgendwas im Leben zu verändern.
Dazu sollte man sich vor Augen führen, dass jeder Mensch zu jeder Zeit eine Autosuggestion betreibt. An was denkst du, wenn du morgens zur Arbeit fährst? Denkst du daran, dass dein Chef ein Idiot ist und du wieder sein Genörgel den ganzen Tag ertragen musst? Oder denkst du an den Streit mit deinem Partner von gestern Abend? Oder verfolgst du die Nachrichten im Autoradio und denkst, wie grausam doch die Welt ist? Dann bist du gerade dabei, unerwünschte Inhalte in dein Unterbewusstsein hochzuladen, du gibst ihm schlicht und ergreifend negative Suggestionen. Aus diesen Suggestionen werden künftige Ereignisse erschaffen. Es heißt zwar immer Gesetz der Anziehung, aber es geht weniger um Anziehung als vielmehr um das Erschaffen von Begebenheiten. Eine Begebenheit kann ja nicht angezogen werden, sie wird neu erschaffen, war in exakt dieser Form noch niemals irgendwo präsent. Würde sie angezogen werden, müsste sie ja woanders abgezogen werden. Wenn du dich mit deiner Frau streitest, ist irgendwo ein anderes Paar nicht mehr in der Lage zu streiten, weil ihr diesen Streit gerade angezogen habt. Das ist natürlich Unfug, ihr habt euren Streit mit euren Gedanken erschaffen.
Jeder Mensch betreibt zu jeder Zeit seines wachen Daseins Autosuggestion, das heißt buchstäblich, dass, wenn du 8 Stunden am Tag schläfst, du täglich 16 Stunden damit beschäftigt bist, dein Unterbewusstsein zu beschreiben. Mit deinen eigenen Gedanken, aber auch wenn du geistig untätig bist, wie z. B. beim Autofahren eben durch fremde Gedanken des Nachrichtensprechers. Auch wenn du dich mit jemandem unterhältst oder fernsiehst, sind es fremde Gedanken, denen du Einlass in dein Unterbewusstsein gewährst. Natürlich ist es von entscheidender Bedeutung, welche

Fremdgedanken du „passieren“ lässt oder welche du durch dein eigenes Denken ablehnst. Aber selbst wenn du z. B. das, was der Nachrichtensprecher sagt, ablehnen solltest, so wirst du dennoch negative Inhalte auf dein Unterbewusstsein ablegen. Du denkst vielleicht: *Was redet der da für ein Blödsinn?*, aber sind das positive Gedanken, die dir nützen und dir zugutekommen? Nein, es sind ablehnende Gedanken, und sie haben niemals einen positiven Effekt. Schalte einen Sender ein, wo es dir gefällt, was da geredet wird, oder leg dir gute Musik ein. So ist es auch beim TV-Konsum, wenn sich jemand z. B. ständig irgendwelche Krimiserien reinzieht, so werden für ihn Mord und Totschlag völlig normal! Natürlich weiß derjenige, dass es ja nur Schauspieler sind, aber dennoch nimmt sein Unterbewusstsein auf, dass es völlig normal ist, dass da jeden Abend ein anderer Mord passiert. Es ist sozusagen eine schleichende Autosuggestion. So wie denjenigen, der täglich sämtliche Nachrichten konsumiert, irgendwann die Gewissheit beschleicht, dass die Welt ein ganz schlimmer Ort ist. Und so wurde jeder von uns schon als Kind von wohlmeinenden Eltern und Verwandten geprägt. Sie haben uns ihr Weltbild vermittelt, und wir konnten uns nicht im Ansatz dagegen wehren, weil wir selbst noch gar kein Weltbild hatten.

Aber jetzt hast du eines, was du deins nennst, aber es ist nicht wirklich deins. Wie ein Parasit wurde es dir von anderen eingepflanzt. Jetzt hast du es nun einmal, verbunden mit unzähligen negativen Glaubenssätzen: *Man kann nicht alles haben* ... ist einer von ihnen, den die meisten Menschen verinnerlicht haben. Aber warum nicht? Warum sollte ein Mensch nicht gesund, reich und glücklich sein? Das Einzige, was dagegen spricht, ist eben dieser Glaubenssatz, der sich tief in deinem Unterbewusstsein eingenistet hat.

Du kannst diese negativen Glaubenssätze jetzt nicht einfach aus deinem Unterbewusstsein aussperren! Das Einzige, wozu du in der Lage bist, ist, die ganze Sache umzukehren. Du kannst Biografien lesen von Menschen, die es trotz aller Hindernisse geschafft haben, ihre Träume zu verwirklichen. Du kannst dir inspirierende Filme anschauen. Es gibt im Internet genügend Material über solche und andere positive Dinge. Und natürlich musst du auf der anderen Seite darauf achten, dass Negativität keinen Weg mehr zu dir findet. Ja, dazu gehört, auch mal hart zu sein, wenn vielleicht ein Kollege dich immer wieder mit Negativität zutexten will. Jeder kennt solche Mitarbeiter, die ständig darüber reden, wie schlecht denn die Firma sei! Aber warum arbeiten sie denn da, wenn es so übel ist? Ich kann mich an einen Fall erinnern, da hat mich ein flüchtiger Bekannter im Sportstudio ständig damit belästigt, mir zu erzählen, was das für ein schlechtes Fitnessstudio sei. Irgendwann entgegnete ich ihm: *Das meinst du doch bestimmt nicht ernst, oder? Du bist doch ein intelligenter Mann und würdest niemals in einem schlechten Studio Geld bezahlen und dann auch noch 3 x die Woche in dieses schlechte Studio gehen, wenn es auch bessere gibt, stimmt's?* Da brabbelte er irgendwas in seinen Bart und ging zu anderen Leuten, um sie negativ vollzuquatschen. Von da an hatte ich meine Ruhe vor ihm. Denn nun hatte ich ihm die Suggestion gegeben, dass ja nur ein Idiot in einem schlechten Studio sein Geld bezahlt! Bei Eheproblemen ist es ähnlich, wenn dich ein Bekannter oder Kollege damit belästigt, wie schlecht sein Partner ist, kannst du auch entgegnen: *Ich glaube, du übertreibst, warum sollte sich eine so tolle Frau wie du einen so schlechten Mann suchen?* Wenn es so nicht funktioniert, dann muss man auch schon mal Klartext reden, wenn dir jemand ständig über seine Krankheiten erzählt, kann man auch klipp und klar sagen, dass es einen nicht interessiert! Schotte dich ab gegen Negativität, diese zerstört dein Leben unmerklich, schleichend von innen heraus wirst du vergiftet! Eine Ärztin hat mir mal erzählt, dass sie den Beruf wechseln möchte, weil ihr diese Scheinsymptome zu schaffen machen. Ständig hatte sie irgendwelche Krankheitssymptome, ohne diese Krankheit zu haben. Das kann davon, weil sie sich täglich das Klagen ihrer Patienten anhören musste und anscheinend nicht den nötigen Abstand dazu hatte. Erhard Freitag hat mir mal erzählt, dass damals, als er noch aktiv Hypnose praktizierte, mal einige Alkoholiker zur Therapie bei ihm waren. Nachdem er denen über einen längeren Zeitraum immer wieder einredete, dass Alkohol widerlich ist und sie diesen gar nicht wirklich wollten, konnte er auf einmal selbst keinen mehr trinken. Er hat sein Bier zur Kalbshaxe so geliebt, und auf einmal fand er es widerlich! Das ist die Macht der Autosuggestion! Da du sicherlich ein wunderbares Leben haben möchtest und kein mittelmäßiges, achte täglich darauf, was du selbst redest, worauf du deinen Fokus richtest, und lass es nicht zu, dass andere Menschen dich runterziehen! Wie immer bist du selbst – niemand anders – der Schöpfer für dein eigenes Leben, also streng dich an, das Beste daraus zu machen!

## 25. Gefühle 2.0

Gefühle werden heute irgendwie mehr denn je in den Mittelpunkt der Öffentlichkeit gestellt, und es wird immer von der falschen Prämisse ausgegangen, dass Gefühle eine Folge des Verhaltens anderer Menschen sind!
Das ist falsch! Gefühle sind **immer** deine eigenen, die sich lediglich einen Resonanzkörper im Außen suchen. Wenn jemand in seinem Herzen sehr liebevoll ist, dann wird derjenige viele Menschen und Dinge im Außen finden, denen er seine Liebe zuteilwerden lassen kann. Ist jemand voller Hass und Groll in seinem Innern, findet er ebenso viele Personen und Dinge in seiner Umgebung, die er leidenschaftlich hassen kann! Aber genau das wird in der öffentlichen Wahrnehmung immer völlig verdreht. Man könnte sagen, die Medien spielen mit den Gefühlen der Menschen, oder anders ausgedrückt, sie benutzen die Gefühle der Menschen, um die Welt nach eigenem Gusto in Gut und Schlecht einzuteilen! Wenn sich in Deutschland jemand ungerecht behandelt fühlt, dann braucht er nur etwas mediale Unterstützung, und dann wird er eine herzzerreißende Story erzählen, um so die Meinung der Masse zu beeinflussen. So sind es dann z. B. illegale Einwanderer, die linke Journalisten instrumentalisieren, um an die Gefühle der Menschen zu appellieren, um somit dafür zu sorgen, dass ihr gesetzeswidriges Verhalten moralisch gerechtfertigt wird. Obwohl ich mir da nicht so sicher bin, wer da wen instrumentalisiert. Irgendwie habe ich das Gefühl, dass uns bald weltweite Bürgerkriege bevorstehen, in denen Links gegen Rechts gekämpft wird. Wobei rechts die sind, die vor ein paar Jahren noch die Mitte waren. Die Positionen von Helmut Kohl, Margaret Thatcher oder Ronald Reagan, die in den 80ern noch die Mitte waren, werden heute als rechter Rand tituliert. Dabei bemerke ich, dass die also heute als rechts Betitelten einfach nur auf die Einhaltung bestehender Gesetze

drängen, während Links der Meinung ist, dass ihre Moral jeglichen Gesetzesbruch rechtfertigt!
Gut kannst du dieses Verdrehen der Tatsachen auch bei dem Gefühl der Angst beobachten. Angst entspringt einer negativen Vorstellung von der Zukunft. Angst ist negatives Denken, Angst ist eigentlich gar nicht real, du kannst ja schließlich auch positiv über deine Zukunft denken!
Dennoch wird Angst in unserer Welt als positiv angesehen. Wenn jemand etwas aus Angst getan hat, hat es auf einmal einen positiven Touch, wenn z. B. eine Mutter ihre erwachsenen Kinder bevormundet und das damit rechtfertigt, dass sie sich ja nur Sorgen macht (Angst), so ist sie auf einmal die Gute! Sie sieht vor ihrem geistigen Auge ihre eigenen Kinder tot im Straßengraben liegen und ist die Gute? Die Gute wäre sie meiner Meinung nach, wenn sie ihre Kinder vor ihrem inneren Auge als gesund und strahlend glücklich betrachten würde! Dann würde sie diese logischerweise auch nicht bevormunden wollen!
Sorge ist das Verherrlichen von negativen Gedanken, aber dennoch hat diese Sorge in unserer Gesellschaft einen hervorragenden Leumund!
Ich möchte dich dazu animieren, dich auf solche Spielchen der Gefühle nicht einzulassen. Am besten, du hältst dich aus solchen Debatten einfach heraus. Du kannst alle paar Jahre zur Wahl gehen und dein Kreuz da machen, wo du es für richtig hältst. Mehr kannst du für das Gedeihen deiner Meinung im Außen nicht tun! Du musst es im Inneren machen! Wenn du vor deinem geistigen Auge immer wieder siehst, dass es dir gut geht und du in einer hervorragenden Umgebung lebst, dann wird das auch so sein! Egal was die Verantwortlichen machen! Mach dir keine Sorgen um deine Zukunft und auch keine um andere Menschen.
Die Beziehung, die du zu anderen Menschen hast, ist immer ein Spiegelbild deiner Beziehung zu dir selbst. Wenn du selbst positiv in deine Zukunft schaust, wirst du dir auch keine übersteigerten

Sorgen um andere machen.
Der Spruch: *Nur wer sich selbst liebt, kann auch andere lieben* ist absolut richtig! Leute, die immer nur durch die Gegend laufen und alle anderen kritisieren, die sind mit sich selbst nicht zufrieden, diejenigen, die schlecht über andere reden, können sich selbst nicht leiden. Das gilt für Personen, aber auch für den Staat. Wer ständig nur damit beschäftigt ist, Politiker zu kritisieren, zeugt davon, dass er starken Groll in seinem Inneren trägt!
So ist es auch, wenn viele die Verantwortung für Kriege auf die Rüstungsindustrie abwälzen, dann nehmen sie die Verantwortung von den Millionen Menschen voller Hass und Angst weg. Waffen alleine töten nicht, und wer genug Hass in sich trägt, der tötet auch ohne Waffen. Außerdem, wer ist das – die Rüstungsindustrie? Das sind größtenteils Aktiengesellschaften, also jeder Bürger mit ein paar Euros in der Tasche kann morgen Rüstungsindustrieller werden, indem er sich ein paar Aktien von denen zulegt.

***„Liebe ist die Erfüllung des Gesetzes!"***
Römer 13,10

Ja, es ist die Liebe, die du selbst empfindest, die alles Gute in dein Leben kommen lässt! Der Hass ist es, der das Gute von dir fernhält! Das ist wirklich wichtig zu wissen! Meditiere darüber, philosophiere mit deinem Partner darüber! Wenn du das verinnerlicht hast, dann wist du besessen davon sein zu lieben!
Die meisten Menschen wollen geliebt werden und tun viel dafür, andere Menschen dazu zu gewinnen, sie zu lieben! Viele versuchen, ihre Umwelt dazu zu manipulieren, viele lügen und verstellen sich nur, um geliebt zu werden.
Aber ich sage dir, dass es überhaupt nicht wichtig ist, ob andere dich lieben! Im Grunde ist es sogar völlig egal! **Wirklich wichtig ist, dass du liebst!**
Was wäre, wenn ein hasserfüllter Mensch sehr geliebt wird? Er

würde sich trotzdem schlecht fühlen!
Aber der, der ein Herz voller Liebe hat, der fühlt sich immer gut!
Also versuche einfach, diese Liebe in deinem Inneren zu vermehren! Das ist ganz einfach, egal wo du bist, du kannst immer nach etwas Ausschau halten, was du lieben kannst!
Egal ob es die Blume am Straßenrand ist oder der Porsche in der Auffahrt des Nachbarn! Du selbst musst es natürlich wieder tun, niemand anderem ist daran gelegen. Niemand wird einfach so zu dir kommen und versuchen, deine Liebe zu entfachen! Nur du selbst, niemand anderer sonst ist dafür verantwortlich! Wenn dann dein Inneres mit immer mehr Liebe angefüllt ist, dann wirst du bemerken, wie dein Leben immer besser wird. Wie immer mehr Menschen, Begebenheiten und Dinge in dein Leben treten, die du richtig lieben kannst!
Natürlich kannst du nicht einfach von Hass auf Liebe umschalten! Bei Gefühlen ist es schwer, sich von Gefühl A nach Gefühl B zu bewegen. Es ist wie das Trägheitsgesetz der Masse. Irgendwie ist es am einfachsten, bei dem Gefühl zu bleiben, wo man gerade ist! Eigentlich will niemand sich schlecht fühlen, aber wenn man es tut, kommt man da schlecht weg. Du wirst es also bewusst mit aller Kraft tun müssen! Wenn du beispielsweise zu Hause traurig bist, weil dein Partner dich verlassen hat, ist es am einfachsten, dort zu bleiben und sich der Trauer hinzugeben. Das ist aber nicht am sinnvollsten. Denn dieses Gefühl der Trauer hat die Kraft zu erschaffen, also tue, was nötig ist, um dieses Gefühl loszuwerden und durch ein besseres zu ersetzen!
Wenn du stetig bestrebt bist, dich gut zu fühlen und Liebe zu empfinden, wirst du irgendwann einfach von Liebe durchdrungen sein!

Dann wird es dir egal sein, was Politiker reden, wie die Presse die Tatsachen verdreht, nur damit ihre Ideologie bedient wird. Andere hasserfüllte Menschen werden nicht mehr zu dir vordringen können, es tritt nur das in dein Leben und bekommt deine Aufmerksamkeit, was der Schwingung deines Gefühls der Liebe entspricht!

## 26. Fokus

Es gibt viele Leute, die glauben, dass die Welt besser wäre, wenn die Menschen nicht so gleichgültig gegenüber fremdem Leid wären, ich möchte aber behaupten, dass sie nicht gleichgültig genug sind, denn durch das ständige Betrachten fremden Leids wird es zum eigenen Leid!
Wenn du ständig denkst, die Welt sei schlecht, leistest du einen Beitrag dazu, dass sie schlechter wird. Stell dir vor, du führst eine gute Ehe, konzentrierst dich aber auf 1–2 Belanglosigkeiten, die dir nicht so gefallen, und erzählst täglich jedem, der dir zuhört, wie schlecht dein Partner sei. Dann wird deine Ehe schlechter werden, das ist logisch! Wenn du eine eher bescheidene Ehe führst, aber ständig das Gute daran betrachtest und darüber sprichst, dann wird sie besser werden, das ist ebenfalls logisch!
Viele sagen mir: *Wie soll ich mich denn positiv ausrichten, wenn es so schlecht läuft?*
Aber **gerade darum** solltest du dich positiv ausrichten, **weil** es so schlecht läuft! Es läuft doch nur so übel, weil du dich in der Vergangenheit negativ ausgerichtet hast!
Das wäre so, als sage der Dicke: *Wie soll ich denn weniger essen, wenn ich so fett bin?*
Wenn jemand durch reichlich negative Betrachtung dahin gekommen ist, dass es ihm nicht gut geht, dann kann er da nicht rauskommen, indem er weiter seinen Fokus auf das Negative legt. Natürlich fällt es leicht, negativ zu denken, weil die ganze Welt es tut. Du schaltest den Fernseher ein und wirst überflutet von negativen Nachrichten, Reportagen, Gesundheitssendungen, die den Namen nicht verdienen und eher Krankheitssendungen sind. In fast allen Spielfilmen geht es um Probleme, Trennung, Eifersucht, Intrigen, Mord und Katastrophen. Daraufhin beginnst du nun auch, negativ zu denken, und wirst daraufhin negative Ereignisse in deinem Leben ernten! Nun fokussierst du dich weiterhin auf das

Schlimme, was die Medien und andere Menschen dir zutragen, und als Zugabe noch auf deine eigenen negativen Belange. Wie soll da noch etwas Positives entstehen? Die meisten reagieren lediglich wie ein Tier auf ihre Umwelt, ohne eigene Intentionen mit in ihr Denken einzubeziehen! **Aber genau diese eigenen Wünsche sind das Wichtigste!** Wo liegt denn ganz genau der Nutzen, wenn du über irgendwelche Probleme der Welt nachdenkst? Da ist irgendwo ein Krieg, natürlich ist das grausam, aber wo genau ist der Nutzen für dich oder die Welt oder für die Kriegsopfer, wenn du dir das reinziehst? Da gibt es keinen Nutzen! Du denkst negative Gedanken, daraus folgen negative Gefühle, die du nun dauerhaft in dein Unterbewusstsein ablegst!

Wenn du sagen würdest: *Was interessiert mich ein Krieg auf einem anderen Kontinent?*, wäre es für dich persönlich besser! So hast du Zeit, dich um etwas zu kümmern, was du magst, was gute Gefühle in dir auslöst! Das ist gesünder für dich und für die ganze Welt! Beachtung bringt Verstärkung! Beachte das Gute, und es wird mehr in deinem Leben, aber für das Schlechte gilt das eben auch! Warum liegen die Sachen im Supermarkt wohl im Regal? Damit du dir aussuchen kannst, was du davon haben möchtest und was nicht. Niemand kommt auf die Idee, das Unerwünschte dort lange zu beachten oder gar darüber zu schimpfen, weil er es nicht mag. Wenn ich was im Supermarkt nicht mag, dann interessiert es mich nicht, und ich suche weiter nach Dingen, die ich mag!

Wir sind nicht hier auf dieser Welt, um alle Dinge von ihr zu eliminieren, die uns nicht gefallen!

So solltest du mit jeglichen Informationen verfahren, immer nach dem Aspekt: *Bringt mir diese Information gute oder eher schlechte Gefühle?* Wenn sie mir schlechte Emotionen bringt, warum sollte ich ihr meine Aufmerksamkeit schenken, das wäre eigentlich ziemlich dumm, oder? Ja im Grunde ist es wirklich reichlich blöd, über unerwünschte Dinge nachzudenken oder darüber zu reden! Dieses Fokussieren auf das Negative gleicht einem Zustand der

gemeinschaftlichen Selbsthypnose, die die Menschen das Positive nicht mehr wahrnehmen lässt. Ständig sind viele nur noch empört, wenn ein anderer etwas getan oder gar nur gesagt hat. Das nimmt wirklich schon groteske Züge an! Sie versuchen gar nicht mehr, den anderen zu verstehen! Im Grunde warten sie förmlich drauf, dass das Gegenüber ein bestimmtes Wort sagt, eine bestimmte Geste macht oder eine bestimmte Sache tut, um dann in einen pawlowschen Reflex der Empörung zu verfallen!
Irgendwann sind sie so zerfressen von ihrer Negativität, dass sie zum Arzt gehen! Der wird ihnen dann Depressionen diagnostizieren! Und dann denken sie, dass sie ja nichts dafür können, weil es ja eine Krankheit ist! Dann werfen sie sich täglich die chemische Keule rein, Antidepressiva, das Tonikum für diejenigen, die ihre wahre Macht nicht kennen und diese auf einen Weißkittel übertragen haben! Sie betäuben ihre Sinne, weil sie nicht verstanden haben, ihre Sinne so einzusetzen, dass sie sich gut fühlen.
Versuche, alles zu tun, um nicht ihn diesen Strudel von Schwachsinn zu geraten! **Wach auf!** Das Leben ist wunderschön, wenn man sich auf das Gute ausrichtet! Ich sage es ganz deutlich, das Schlechte auf dieser Welt sollte dir egal sein! Ja, es sollte dich nicht interessieren, wenn da irgendwo auf einem anderen Kontinent die Gewalt zwischen zwei Bevölkerungsgruppen eskaliert. **Du kannst nichts dafür und kannst nichts daran ändern!** Aber deine Aufmerksamkeit darauf, deine Empörung über das Verhalten einer der beiden Seiten vergiften dein Herz! Sie lassen dich wütend und traurig werden, und du fühlst dich machtlos, weil du es nicht ändern kannst! Dadurch sendest du eine negative Schwingung aus, und diese wird mehr davon in dein Leben bringen! Ja, du bist tatsächlich machtlos, was das Verhalten und das Erschaffen von anderen Menschen angeht. Die senden ihre Schwingung aus und werden ihre dementsprechenden Resultate ernten! Aber du hast die Macht! Nutze sie! Diese hast du aber nur

für dein eigenes Leben. Also wenn sich irgendwelche religiösen Streithähne unbedingt den Schädel einschlagen möchten, so sei es! Es ist ihre Sache und geht dich im Grunde nichts an. Wenn du das jetzt betrachtest, vergiftest du damit dein eigenes Leben!
Deswegen ist es so wichtig, worauf du deinen Fokus richtest! Ja das entscheidet buchstäblich über die Qualität deines Daseins! Also sei kein Idiot und ziehe dir irgendwelchen Müll in deine Aufmerksamkeit, sondern betrachte, was du so richtig geil findest! Im Grunde ist es wesentlich gesünder, dir einen Porno anzuschauen als Nachrichten! Natürlich nur, wenn du Sex magst, aber es gibt für jeden Menschen Dinge, die er mag! Jeder findet Dinge, über die er lachen kann, oder was er eben gut findet. Du musst es bewusst tun! Schreib es dir jeden Tag in deinen Kalender, dass du dich heute weigerst, negativen Dingen deine Aufmerksamkeit zu schenken! Wenn du das eine Weile tust, wird es zu einer Gewohnheit, und dein Leben wird wesentlich harmonischer werden! Eigentlich wirst du selbst harmonischer, du sendest jetzt einfach bessere Schwingungen nach draußen, das Gesetz der Anziehung wird dir bessere Resultate in dein Leben bringen. Tu es einfach, und dein Leben wird einen wunderbaren Verlauf in einer stetigen Aufwärtsspirale nehmen!
Nehmen wir mal zwei praktische Beispiele aus dem Jahr 2016. Nehmen wir den Brexit-Entscheid und die US-Wahl.
Nun ist es inzwischen zum Brexit gekommen, und Donald Trump ist der Präsident der Vereinigten Staaten von Amerika.
Was wurden wir davor gewarnt! Hast du das in den Medien verfolgt? Was wurde uns alles erzählt, wie es den Briten ergehen wird, sollte der Brexit Wirklichkeit werden. Das Land würde gnadenlos untergehen! Wenn Donald Trump gewählt würde, wäre es ähnlich, als würde der Antichrist uns heimsuchen. Ob die Sonne noch mal aufgehen würde, würde Trump Präsident? Viele der Journalisten beiderseits des Atlantiks waren sich da nicht so sicher. Und was tun diese Reporter jetzt? Größtenteils ergehen sie sich in

Beschimpfung des Wählers und in weiteren Horrormeldungen, wie schlimm alles werde. Sie suchen die Schuld für Clintons krachende Niederlage, ihr Desaster gar bei den Russen! Aber keiner dieser Schreiberlinge kommt auf die Idee, dass **er selbst, der Journalist**, dafür mitverantwortlich ist, was geschah! Beachtung bringt Verstärkung ist ein eiserner Grundsatz des Lebens! Was wurde denn beachtet? Tausende Male haben wir es gehört und gelesen, die Warnungen, was alles geschieht beim Brexit, man konnte das Wort „Brexit“ kaum noch ertragen. Niemand hat über die Vorzüge der EU geredet, wie toll diese ist, wie sehr diese für den britischen Bürger da ist. Welche Vorteile genau der einfache Bürger des Vereinigten Königreichs hat, sollten sie in der EU verweilen. Genauso war es bei den US-Wahlen, kaum jemand redete darüber, wie gut die Welt werden würde, wenn Clinton gewinnt. Die Demokraten haben einen „Anti-Trump“-Wahlkampf geführt, Hillary Clinton hat mehr über Trump geredet als über sich selbst und ihre Ziele. Die linksgerichtete Presse hat es ihr gleichgetan: *Trump; TRUMP;* ***TRUMP; T-R-U-M-P!!!*** Wer wurde gewählt? Natürlich Trump!

Im Prinzip ist es absolut grotesk, was dort geschehen ist! Wäre so, als wenn hier in Deutschland Dieter Bohlen zum neuen Bundeskanzler gewählt würde.

Ich glaube, Trump hat dieses Prinzip verstanden, schließlich hat er ja allen Seiten bewusst die Steilvorlage dazu geliefert! Schon im Vorwahlkampf hat er mit allen Mitteln die Aufmerksamkeit auf sich gezogen. Er war laut, sehr laut, mit teilweise absurden Aussagen! Aber seine Rechnung ist aufgegangen! Wie blass sah der haushohe Favorit Jeb Bush gegen ihn aus? Nun, jetzt ist Trump der Präsident der Vereinigten Staaten von Amerika!

„Überraschend“ ist er das geworden! Auch der Brexit kam absolut überraschend! Nun, für mich war es das nicht! **Beachtung bringt Verstärkung!** Eigentlich sind diese beiden Ergebnisse einfach nur logisch! Wenn du dir das über Donald Trump mal so wirklich auf der Zunge zergehen lässt, sollte es dir einleuchten! **Beachtung bringt Verstärkung!** Was wird also passieren, wenn du über deine Krankheit redest, über deinen Mangel? Wenn der Mangel nicht verschwindet, **redest du noch lauter über ihn! Du schreist deinen Unmut darüber hinaus! Was wird jetzt passieren? Er ist immer noch da, der böse Mangel, und du SCHREIST NOCH LAUTER! WAS PASSIERT JETZT?**

Was wird passieren, wenn du deinen Kindern erzählst, was sie **nicht** machen sollen? Wenn sie nicht gleich danach handeln, **erzählst du es ihnen jeden Tag immer lauter!** Verstehe diese einfache Logik! Nein, du musst nicht über deine Situation nachdenken, um sie zu verbessern! Wenn du über deinen Mangel nachdenkst, wirst du ihn damit zementieren! Wenn du über deine Krankheit sinnierst, wird sie chronisch!

**Du musst über deinen Wohlstand nachdenken über deine Gesundheit und darüber reden!**

Du hast keinen Wohlstand, über den du reden könntest? Dann denke darüber nach, wie es wäre, wenn du ihn bereits hättest! Natürlich kannst du mit anderen Menschen, die ebenfalls im Mangel leben, nicht darüber sprechen, sie würden dich verlachen, dich runterziehen, dich als Idioten beschimpfen und dir mit tausend triftigen Gründen aufzeigen, dass du immer eine arme Sau bleiben wirst! Deswegen meide solche Themen mit solchen Leuten einfach! Über den Wohlstand, den du noch nicht hast, kannst du mit Gewinnern reden, diese werden dich **nicht** auslachen. Die meisten von ihnen würden dich sogar ermutigen und dich dafür loben, dass du eine Vision hast! Wenn mir ein Bettler sagen würde, dass er eine Vision hat und in fünf Jahren Millionär sein wird, ich würde den Hut vor ihm ziehen und ihn unterstützen! Wenn du niemanden hast, mit dem du darüber reden kannst, dann sprich mit dir selbst darüber, wenn du alleine bist, oder stelle dir fiktive Zuhörer vor. Das mag dir komisch vorkommen, aber eigentlich ist es das gar nicht. Jeder Mensch hat einen inneren Dialog, auch von

Goethe ist überliefert, dass er gerne mit fiktiven Gesprächspartnern sprach.

Tue alles in deiner Macht Stehende, um deinen Fokus auf das zu richten, was du erreichen willst. Und noch wichtiger, tue alles in deiner Macht Stehende, um deine Aufmerksamkeit vom Unerwünschtem abzuziehen! Nur so kannst du das, was du dir so sehnlichst wünschst, in dein Leben ziehen. Dazu brauchst du nichts! Keine Intelligenz, kein Eigenkapital, keine mächtigen Freunde, keine guten Ideen, kein gutes Aussehen. Alles, was du brauchst, um diese Träume Wirklichkeit werden zu lassen, wird in dein Leben treten, wenn du nur lange und ausdauernd genug deine Vision aufrechterhältst!

Ich weiß, dass es sich auf perverse Art und Weise sogar gut anfühlen kann, im Selbstmitleid zu zerfließen. Die Wolke emotionaler Negativität hat für einige etwas so Vertrautes, dass sie es beinahe lieben! Aber du solltest dich von diesem kurzen Pseudo-Wohlbefinden nicht verleiten lassen! Wenn du dich lange darin suhlst, erschaffst noch mehr davon! Steh auf! Stell dir bildlich und intensiv dein Ziel vor, und nach wenigen Minuten wird es dir schon besser gehen! **Dieses** Wohlgefühl zeigt dir an, dass du auf dem richtigen Weg bist!

Jedes Mal wenn du über etwas Gutes nachdenkst, darüber redest, dich gut fühlst, bewegt dein ganzes Leben dich in Richtung deines Zieles! Jedes Mal, wenn du über etwas Unerwünschtes nachdenkst, darüber redest, bewegt sich dein ganzes Leben mit der gleichen Geschwindigkeit in die entgegengesetzte Richtung! Und nun höre zu, worüber die meisten Menschen reden! Denke darüber nach, worüber du selbst oft redest!

Bringen dich deine gewohnheitsmäßigen Gedanken und Gespräche deinem Ziel näher? Ist es etwa ein Wunder, dass sie alle unendlich weit davon entfernt sind, wirklich glücklich zu sein?

Du kannst das ändern! Du **musst** das ändern, wenn du wahres Glück erleben willst!

***„Optimismus ist die Torheit zu behaupten, dass alles gut sei, wenn alles schlecht ist.“***
Voltaire

Voltaire war ein kluger Mann, aber da hat er totalen Nonsens von sich gegeben!
*Alles ist gut* sagen vielleicht Mütter ihren weinenden Kindern, wenn sie hingefallen sind und nichts passiert ist. Ein wahrer Optimist sagt selbst in den schlimmsten Situationen seines Lebens: *Alles* ***wird*** *gut!* Weil ein wahrer Optimist, wie ich selbst einer bin, immer die Chance sieht und nicht das Problem! Und so konnte ich auch in recht prekären Situationen in meinem Leben recht gelassen bleiben! Andere fragten mich: *Geht dir das denn gar nicht nahe?* Nein, ging es mir nicht, weil ich nicht auf das Unheil gestarrt habe, sondern darauf, was daraus Gutes erwachsen könnte. Und es **ist** auch genauso gekommen! Und dann sagten sie: *Oh, da hast du ja noch mal Glück gehabt ...* Nein, ich hatte kein Glück! Ich war Optimist und habe meinen Fokus auf mein Ziel ausgerichtet! Deswegen ist es so gekommen. Glück und Pech sind zwei Wörter, die implizieren, dass etwas aus Zufall geschieht. Jeder, der die Kausalkette des Gesetzes der Anziehung kennt, kann diese beiden Wörter aus seinem Sprachgebrauch streichen!
Eigentlich muss man ja nicht Einstein heißen, um zu erkennen, dass ein Mensch, der sich auf das Erwünschte, auf das Gute ausrichtet, mehr Freude erleben wird und glücklicher ist als einer, der immer nur die Dinge betrachtet, die er nicht mag, die er nicht leiden kann.
Also sei kein Idiot und tue alles in deiner Macht Stehende, um die Inhalte deines Unterbewusstseins zu verbessern, damit du in die Lage versetzt wirst, dich auf das Beste vom Besten zu konzentrieren!

## 27. Der schwarze Fleck

Vor Jahren hatte ich mal eine Neueinstellung in meinen Einzelhandelsgeschäften, die mich heute noch gedanklich beschäftigt. Wir hatten Arbeitskräftemangel und aus diesem Grunde mussten die Mitarbeiterinnen viele Überstunden schieben, und Frust machte sich breit.
Dann kam eine hoffnungsvolle Bewerberin, und ich stellte sie ein. Diese neue Mitarbeiterin war wirklich gut, sie war überaus sympathisch, durch ihr gewinnendes Lächeln hatte sie eine hervorragende Kundenbindung, sie war sehr sozial und verrichtete schon nach wenigen Tagen unaufgefordert Tätigkeiten, die über ihre Pflichten hinausgingen.
Nur sie hatte einen kleinen Makel, sie kam täglich ca. fünf Minuten zu spät. Ich muss sagen, dass mich persönlich das nicht weiter störte, ich war mehr auf ihre guten Seiten fokussiert! Dennoch war sie nur ca. ein halbes Jahr bei mir beschäftigt, weil ihre Mitarbeiterinnen sie rausgemobbt hatten.
Ihre Kolleginnen hatten am zweiten Tag noch gelacht, als sie zu spät kam. Am dritten Tag schlossen sie Wetten ab, wie es denn morgen aussehen würde. Nach vielleicht einer Woche fanden sie es überhaupt nicht mehr lustig. Es wurde hinter dem Rücken getuschelt. Die Kolleginnen suchten das Gespräch mit mir und wollten mich dazu überreden, dass ich die Neue bestrafte. Als ich ihnen sagte, dass uns solche Maßnahmen ja nicht zum Ziel führen, schienen sie es offensichtlich nicht zu verstehen. Das Betriebsklima wurde zusehends schlechter. Jetzt wurde die Neue schon völlig von den anderen missachtet, es wurde kaum noch mit ihr gesprochen, und sie war trotz ihrer fröhlichen Art und ihres sozialen Wesens sehr unbeliebt. Natürlich kam sie weiterhin täglich fünf Minuten zu spät. Das ist eine Prägung ihres Unterbewusstseins, was man auch nicht so ohne Weiteres abstellen kann! Das ist ähnlich wie der Dicke, der ja nun auch nicht so

einfach von heute auf morgen seine Ernährung umstellen kann. Selbst wenn er es möchte, kann er es trotzdem nicht.
Da ich dies wusste und daraus folgerte, dass sie ja nicht absichtlich zu spät kam, versuchte ich, sie in Schutz zu nehmen. Das hatte natürlich zur Folge, dass die anderen noch mehr Antipathie gegen sie produzierten! Von den Kolleginnen kamen jetzt Sprüche wie: *Na, dann kann ich ja jetzt auch immer später kommen!* Oder: *Eigentlich sind wir doch blöd, dass wir pünktlich sind!*
Was war geschehen? Da haben sich die Angestellten auf den schwarzen Fleck konzentriert. Sozusagen war die Neue perfekt, da gibt es einen ganz kleinen Makel, den man aber nüchtern betrachtet ignorieren könnte. Es hatte ja niemand einen Schaden dadurch, dass sie zu spät kam. Nun schiebt man trotzdem seinen ganzen Fokus auf diesen kleinen schwarzen Fleck. Und damit beginnt er im Auge des Betrachters zu wachsen. Dass diese neue Kollegin wirklich nett war, das spielte bald gar keine Rolle mehr, der schwarze Punkt dominierte bald alles andere. Wenn sich die anderen über sie unterhielten, ging es nur um dieses eine Thema. Wenn dann der schwarze Fleck größer wird, beginnt er auch andere Bereiche einzutrüben. Sie fanden sie bald auch nicht mehr sonderlich nett, sondern fanden ihr Verhalten den Kunden gegenüber eher unterwürfig oder schleimig. Sie entdeckten, dass sie recht brüchige Haare hatte und sich nicht richtig schminken konnte.
Ich habe in meinem Leben so was schon des Öfteren beobachtet. Auch bei Pärchen kommt dieses Verhalten oft vor. Wenn sie sich kennenlernen, ist alles o. k., wenn dann das erste Verliebtsein langsam abebbt, fokussiert sich der eine auf einen kleinen schwarzen Punkt und möchte, dass der Partner sich ändert. Im Grunde ist dieser Punkt gar nicht wirklich von Bedeutung, auch für ihn selbst nicht. Da ist dann meist eine Portion Machtkampf mit im Spiel. Der andere kann aber diesen „Mangel“ nicht auf Bestellung abstellen, genauso wenig wie meine Verkäuferin damals. Also geht

alles wieder in Richtung Trennung, und danach wird sich wieder darüber beklagt, dass man alleine ist oder dass man wieder Überstunden schieben muss.
Ich möchte dich dazu einladen, solche Dinge nüchtern zu betrachten.
Vor Jahren beim Coaching beklagte sich Birgit mal über ihren neuen Freund, der zwar so ganz gut, aber eben nicht perfekt war. Sie fragte mich, ob sie sich nun trennen solle.
Ich habe da immer einen Vergleich, den andere vielleicht fragwürdig finden, der aber die Situation gut beschreibt. Manchmal schlägt mir von Gutmenschen immer etwas Empörung entgegen, sie sagen dann: *Der Boskugel vergleicht da Menschen mit Autos und würdigt diese Personen damit herab.*
Aber im Grunde schlage ich nur eine Brücke von einer Situation im materiellen Bereich zu einer im Partnerschaftsbereich. Mal ganz ehrlich, wer hatte denn noch nie eine Partnerschaft in dem Wissen, dass das nicht die letzte Beziehung sein würde? Solch ein Vergleich kann einen sehr guten Lerneffekt bewirken und hat schon so manchem die Augen geöffnet!
Also ich sagte ihr, dass ich damals einen VW Golf gefahren bin. Mein Traumauto war aber ein Jaguar (Daimler Super V8). Der VW war ein gutes zuverlässiges Auto! Wo hätte jetzt der Sinn gelegen, hätte ich ihn weggegeben und wäre dann mit dem Bus gefahren? Worin liegt der Sinn, wenn sie sich von diesem ziemlich guten Mann trennt, weil er eben noch nicht ihr Traummann ist und sie dann wieder alleine ist?
Deswegen rate ich in solchen Situationen immer, sich auf gar keinen Fall auf den schwarzen Punkt zu konzentrieren, sondern auf das Gute zu schauen. So tat ich es damals bei dem VW, es war ein gutes zuverlässiges Auto, was mir treue Dienste leistete, mich nie im Stich ließ, und ich brachte ihm meine Wertschätzung dafür entgegen. Einige Zeit später hatte ich meinen funkelnagelneuen Daimler Super V8. Hätte ich mich darauf konzentriert, was der

VW alles **nicht** hat und **nicht** kann, dann wäre der Jaguar vielleicht nie in mein Leben getreten.
So war es bei Birgit dann auch, sie führte mit diesem Mann eine ziemlich gute Partnerschaft über ca. zwei Jahre. Dann trennten sie sich im Einvernehmen und sind heute noch gute Freunde. Nur sechs Monate später heiratete sie ihren wahren Traumprinzen, ich hatte die Ehre, ihr Trauzeuge zu sein.
Betrachte das Gute! Wenn du auf das stierst, was dir gerade nicht gefällt, kommst du **niemals** an dein Ziel! Nimm von jedem Moment des Lebens das Beste mit, auch wenn es noch nicht perfekt ist. Es ist ja keine Lösung, alles aus deinem Leben zu verbannen, was noch nicht deinem Ideal entspricht. Wenn du das Gute daran betrachtest und dem deine Wertschätzung entgegenbringst, wird es sich entweder wandeln und besser werden, oder etwas anderes Besseres wird schon bald in dein Leben treten. Wenn du auf den schwarzen Fleck stierst, wird es schlechter werden oder verschwinden und etwas noch Schlechteres wird kommen. Eigentlich ist das völlig logisch, oder?

## 28. Religion 2.0

Das, was in jeder Kirche oder einer anderen Religionsgemeinschaft gesucht wird, sind Zusammenhänge, warum etwas ist, wie es ist. Man sucht diese Zusammenhänge, weil die Wissenschaft darauf keine plausible Erklärung hat. Die Politik ebenso wenig! Aber genau dieser Zusammenhang ist das Gesetz der Anziehung! Es verbindet einfach das Erleben eines Menschen mit dem, was er selbst zuvor bewusst oder unbewusst ausgesendet hat! Es erklärt, warum die Dinge so sind, wie sie sind. Warum bestimmte Gegebenheiten in dein Leben strömen, warum einer meist Gutes erfährt und ein anderer viel Leid. Zu jeglichem Erleben, im Guten wie im Schlechten, findest du ein geistiges Gegenstück in deinem Unterbewusstsein. Natürlich sind viele nicht offensichtlich, nicht einfach auffindbar. Das liegt daran, dass deine Prägungen aus der frühen Kindheit sehr mächtig sind, du dich aber zu großen Teilen eben nicht mehr an deine ersten Lebensjahre erinnern kannst! Die Gesellschaft versucht nun, Erklärungen zu finden, und erfindet die Psychologie, die Religionen erfinden den Teufel, der dich in Versuchung brachte, andere Religionen das Karma usw. Der wirkliche Zusammenhang, Ursache und Wirkung sind damit aber nicht zu finden. Jegliche Ursache ist **immer** in deinem Unterbewusstsein zu finden, **ausnahmslos!** Und so ist die Macht auf deiner Seite, weil du selbst die Inhalte deines Unterbewusstseins verändern kannst!

Wenn es so wäre, dass dich ein launischer Gott nicht mag, dann wärest du dem hilflos ausgeliefert!

Und genau das ist es, was Religionen wollen, sie wollen, dass du machtlos bist! Sie wollen, dass du in die Kirche gehst, wenn du ein Problem hast! Damit hat die Kirche die Macht! Sie wollen, dass du nach ihrer Pfeife tanzt, nach ihren Regeln lebst. Ja, es ist nahezu pervers, dass sie dir vorschreiben wollen, was du essen sollst und ob überhaupt und, wenn ja, mit wem du Sex haben darfst!

So wie die meisten Menschen Sex mögen, so würden es fast alle begrüßen, reich zu sein, und beides versucht die Kirche als schlecht darzustellen. Es ist anmaßend und in jedem Falle schizophren, dass der Papst Armut als einen hohen Wert darstellt. Armut ist so toll, nur in Armut bist du ein wahrer Christ, spricht der reiche Papst, um dann aber wieder Armut bekämpfen zu wollen.
Ich finde, wenn jemand streng religiös ist, heißt das lediglich, dass er immer noch an den Weihnachtsmann glaubt. Jedes Kind erkennt irgendwann, dass Knecht Ruprecht nur eine Erfindung der Eltern ist, um dem Kind ihren Willen über eine dritte, abstrakte Person aufzudrücken. So sieht der Weihnachtsmann natürlich, ob das Kind sein Zimmer aufgeräumt hat, und entscheidet aufgrund dessen, ob der Wunschzettel erfüllt wird oder nicht.
Genauso ist da laut den meisten Religionen ein penibler Gott, der ganz genau weiß, ob denn da jemand voreheliche Sex hatte oder das Falsche gegessen oder gar Gott gelästert hat, um ihn dann dafür zu bestrafen.

**Religion ist Unterdrückung!**

Der Schwachsinn mit Himmel und Hölle ist so schlicht, dass es schon fast wehtut. Erstens, warum vergibt dir Gott nicht, wenn er so gütig ist?
Zweitens, wenn Gott dich in die Hölle schickt, warum sollte das schlimm sein? Du und der Teufel und alle da unten seid doch Brüder im Geiste, alle von Gott verstoßen, da kann doch nur eine geile Party abgehen. Der Teufel ist doch nicht Gottes Vollstrecker, sondern sein Gegenspieler, also würde doch der Teufel die ebenfalls von Gott Verstoßenen eher belohnen als bestrafen.
Viele sagen Religion ist Opium für das Volk oder eine seelische Stütze. Aber das stimmt nicht! Religion ist im Großen und Ganzen ein Verbotskatalog, weiter nichts. Wenn ich einfach nur sage: *O. k., Gott hat die Welt erschaffen und uns die geistigen und materiellen Naturgesetze gegeben*, dann bin ich ja nicht religiös, das bin ich nur, wenn ich mich diesen unsinnigen Ritualen

anschließe und diesen Verbotskatalog anerkenne und auf eine bestimmte Art und Weise bete!
Deswegen werden Menschen, die streng religiös erzogen wurden, immer Schuldgefühle haben wegen ihrer wahren inneren Wünsche und Triebe, dem, was sie denken, wünschen, verlangen und fühlen, und dem, was sie glauben denken, wünschen, verlangen und fühlen zu dürfen! Diese Schuldgefühle sind verheerend für diese Menschen, es hindert sie daran, ihre eigene Perfektion, ja Göttlichkeit zu erkennen! In diesem Zusammenhang könnte man sogar davon sprechen, dass die Religion den wahren Kontakt zu Gott unterbindet!
Gott hat jedem Lebewesen einen bestimmten Rahmen gegeben, nachdem es handeln kann und wird. Niemals ist ein Tier in der Lage, diesen Rahmen zu verlassen. Der Fisch ist gezwungen, im Wasser zu bleiben und Dinge zu essen, die er nun mal isst. Er kann das nicht ändern, auch das Reh nicht, selbst wenn es kein Gras mehr geben sollte, wird es nicht auf die Jagd gehen. Auch der Mensch hat diesen Rahmen, nur sehr viel weiter gesteckt. Deshalb ist alles, was ein Mensch tut, auch im Einklang mit seinem Schöpfer.
Das kann die Religion natürlich nicht anerkennen, denn wenn das alle Menschen verstünden, verlöre die Religion ihre Macht. Diese wollen ihre Macht natürlich nicht verlieren, sondern erweitern! Und so werden Glaubenskriege geführt.
Wenn jemand seine Religion auf eine bestimmte Art und Weise ausüben möchte, warum tut er es dann nicht einfach? Warum möchte er, dass **alle** ihre Religion auf diese Art und Weise ausüben? Weil seine Art die richtige ist? Selbst wenn es so wäre und es unwiderlegbare Beweise dafür geben sollte, so soll er es doch einfach tun. Was hat er davon, wenn es andere auch so tun? Ich bin der Meinung, dass die Welt wesentlich friedlicher wäre ohne Religion.
Man kann ja trotzdem an Gott glauben. Auch ich glaube an Gott,

aber eben nicht an den alten tyrannischen Opa in den Wolken, der eifersüchtig in die Welt schaut, ob da irgendwer nicht nach seinen Regeln lebt. Sondern eher an eine liebevolle Macht, die jeden Menschen gleich behandelt. Dafür wurde das Gesetz der Anziehung erschaffen, dem jeder Mensch unterworfen ist. Dieses Gesetz ist so gerecht, dass eine größere Gerechtigkeit nicht vorstellbar ist. Mich erfüllt es immer wieder mit Ehrfurcht angesichts dieses perfekten unbestechlichen Gesetzes! Das ist eine nicht mehr zu verbessernde Fairness, dass jeder genau das bekommt, was er zuvor selbst ausgesendet hat! Mach dir das zunutze! Gucke nicht neidisch auf das Gute, was andere Personen haben! Auch nicht mitleidsvoll auf das weniger Gute, was andere Menschen ereilt. Wisse, dass sie genau das vorher selbst ausgesendet haben müssen.
Der mit den guten Resultaten hat das in Form von guten Gedanken, in Form von Liebe und Hoffnung ausgestrahlt, der mit den weniger guten Resultaten in Form von negativen Gedanken, in Form von Angst und Groll.
Du bist der Schöpfer deines Lebens!
Verbessere die Inhalte deines Unterbewusstseins täglich, bis auch du nur noch Gutes ausstrahlst, und ein wunderbares Leben wird die Folge sein. Dann brauchst du auch sicherlich keine Religion, weil dein Seelenfrieden ist dir gewiss!

## 29. Der Sinn des Lebens

Über den Sinn des Lebens wurden schon sehr viele unterschiedliche Meinungen geäußert, von Religionsführern, von Philosophen, von Esoterikern.
Der eine ist der Meinung, wir müssten uns würdig erweisen, das heißt nach bestimmten Regeln leben, die angeblich alle von Gott persönlich kommen. Der Nächste glaubt, wir sind hier, um zu lernen, oder manche behaupten, wir müssten unser Karma abtragen oder unser Ego überwinden. Oder wir sind hier, um das Materielle überhaupt zu überwinden, weil ja das Körperliche in ihren Augen nur oberflächlich ist, deshalb lehnen sie alles Materielle ab. Aber du bist ja nicht aus der nichtmateriellen Dimension in die materielle gekommen, um dann hier die Materie abzulehnen. Das wäre so, als gingest du in ein 5-Sterne-Gourmet-Restaurant, um dann dem Ober zu erklären, dass du weder etwas essen noch etwas trinken möchtest, weil du gerade fastest. Der Ober würde dich sehr taktvoll hinauskomplimentieren, weil man da eben hingeht, um kulinarischen Genüssen zu frönen. Aus demselben Grunde bist du hier auf der Erde, weil man nun mal in die materielle Dimension kommt, um die materiellen Aspekte des körperlichen Lebens auszukosten. In der nichtmateriellen Dimension warst du doch vorher und wirst du nach deinem Ableben auch wieder sein. Wenn du also zum Ziel hast, dem Nichtmateriellen zu frönen, dann wärest du doch gar nicht erst hergekommen. Für meine Begriffe klingt das überaus nachvollziehbar. Sämtliche eben genannte Ansichten gehen davon aus, dass wir **unvollkommen** sind. Davon gehen die meisten Religionen aus, und auch fast alle Menschen, fast jeder erzählt dir, dass er ja auch nicht perfekt sei, dass niemand perfekt ist, dass es menschlich sei, nicht perfekt zu sein. Aber ich möchte es noch einmal wiederholen: **Wir sind alle perfekt!**
Genauso wie jeder Grashalm, jedes Sandkorn und jede Schneeflocke und jedes Tier perfekt ist, auch wenn es niemals zwei

Gleiche gibt, Gott hat niemals etwas Unvollkommenes erschaffen, warum sollte er das tun? Wir sind perfekt, aber jeder ist eben anders.

**Eigentlich ganz einfach:** Jeder hat andere Wünsche, jeder hat eine andere Prägung, was man in einigen Teilen der Welt als Delikatesse reicht, wird in anderen Teilen dieser Welt verabscheut oder gar unter Strafe gestellt. Menschen, die davon sprechen, dass andere unvollkommen seien, gehen nur in der irrigen Annahme, dass sich jeder so benehmen muss, wie sie es selbst tun oder es von anderen erwarten! Wer sich anders benimmt oder andere Meinungen vertritt, sei es in Gebräuchen, Sitten, Verhaltensnormen, Ernährungsgewohnheiten, sexueller Ausrichtung, politischen Ansichten oder gar nur in Kleidung oder Frisur – ja, der ist dann eben abartig, ein Ketzer, ein Populist, Querulant, Penner, Assi man muss diesen nun bekehren oder er muss zumindest einsehen, dass er falsch liegt; tut er das nicht, muss er geächtet oder sogar bestraft werden. Wenn wir nun aber davon ausgehen, dass wir alle perfekt sind, dann führen wir die Ansicht, dass ein anderer sich falsch verhalten kann, ja ab absurdum! Dann müssen wir aber auch erkennen, dass wir ja nicht hier sein können, um etwas zu lernen oder zu überwinden! Das ist logisch, wenn jemand perfekt ist, braucht er natürlich nicht sein Ego zu überwinden!

Wozu sind wir also hier?

Ich denke, die Antwort darauf ist sehr simpel und es bedarf keines nobelpreisverdächtigen Intellekts, um das herauszufinden.

Wenn es wirklich etwas gibt, wo der Schöpfer möchte, dass wir das **alle** tun, dann kann es niemals etwas sein, was nur einigen behagt, aber vielen nicht gefällt, das wäre ungerecht, und Gott ist niemals ungerecht, also müssen wir doch einfach mal andersherum denken, von hinten sozusagen. Was ist es, dass **wirklich alle** Menschen wollen? Darauf gibt es nur eine Antwort:

**Jeder Mensch** hat das Verlangen, die Sehnsucht, Hoffnung usw., sich gut zu fühlen, sich besser zu fühlen, glücklich zu sein! Denke darüber nach, so lange du willst, du wirst es immer als Wahrheit erkennen, dass will jeder einzelne Mensch dieser Erde, egal welcher Gesellschaftsschicht er angehört, welcher Religion, welcher Rasse usw.

Da hat jeder sein eigenes Rezept, der Terrorist ist zufrieden, wenn er getötet hat, der Jäger auch, andere sind glücklich, wenn sie am Strand liegen und Musik hören. Der eine mag eine große Familie, der nächste viel Geld, der Dritte möchte beides haben. Wenn es etwas gibt, was wirklich **alle** Menschen dieses Planeten verbindet, dann ist es der Wunsch, glücklich zu sein und sich gut oder besser zu fühlen. Jegliche Handlung eines jeden Menschen ist dazu bestimmt, dass dieser Mensch sich besser fühlt, sonst würde er das ja nicht tun. Selbst wenn jemand etwas tut, was ihm erwiesenermaßen keinen Spaß macht, wenn z. B. jemand einer unliebsamen Arbeit nachgeht, möchte er dennoch etwas damit erreichen, was ihn sich besser fühlen lässt. Was sollte sonst der Sinn des Lebens sein, wenn nicht etwas, das wirklich alle gleichermaßen wollen? Wenn es wirklich alle wollen, dann kann es nur so sein, dass Gott es will.

Warum sollte uns der Schöpfer eine Aufgabe geben, die er uns aber verschweigt? Das wäre genauso, als würdest du denken, dein Sohn soll dieses und jenes tun, wenn er aber deine Gedanken nicht oder falsch errät, dann bestrafst du ihn. Das wäre nicht nur ein grausiges Spiel, das wäre auch dumm, weil du so deine Wünsche nur selten erfüllt bekommst.

Also tu alles, was du tun musst, um glücklich zu sein! Schere dich nicht um die Meinungen anderer, allen kannst du es eh nicht recht machen. Kümmere dich darum, dass du so lebst, wie du es für gut erachtest. Tue alles, was in deiner Macht steht, um glücklich zu sein. Oftmals ist es leichter, als du denkst, meist beginnt es damit, konsequent das aus deinem Leben zu verbannen, was dich daran hindert, glücklich zu sein. Wenn dir dein Partner schon lange nicht mehr gefällt und dir mehr Herzschmerz bereitet als Freude, dann schicke ihn in die Wüste, die Welt ist voll von tollen Frauen und Männern, auch für dich ist da jemand dabei, der dich glücklich macht. Genauso ist es mit dem Job, den Freunden und Bekannten usw. Den Mutigen gehört die Welt, ja, sei egoistisch, es ist **dein** Leben, **dein** Glück, aber auch **dein** Unglück, wenn du es nicht änderst!

## 30. Rücksichtslos?

Immer wird uns überall erzählt, wie schlimm doch Egoisten sind! Ich musste es mir als Kind am laufenden Meter anhören, warum man nicht egoistisch sein darf. Aber du solltest unbedingt verstehen, dass es nichts anderes als Egoismus gibt, noch niemals hat irgendein Mensch auf dieser Welt etwas für einen anderen getan, auch wenn ein Großteil der Kommunikation darauf verwandt wird, gerade das zu vertuschen. Jeder tut alles, was er tut, immer nur für sich selbst, etwas anderes ist gar nicht möglich. Auch Mutter Theresa tat das, selbst Jesus! Auch der Trainer vom FC Bayern trainiert die Jungs nicht so gut, damit die weiterhin Meister bleiben, sondern damit **er selbst** weiterhin Trainer vom Meister ist. Selbst wenn eine Mutter eine Niere für ihr Kind spendet, tut sie das, weil es sich für **sie selbst** besser und richtiger anfühlt, als hätte sie das nicht getan! Jeder Mensch tut das, was er tut, weil er in diesem Moment glaubt, dass es gut, richtig oder zumindest notwendig sei. Selbst wenn Menschen etwas tun, was sie selbst **nicht** als richtig einstufen, ist das so. Sie werden Argumente vorbringen, die diese Handlung richtig **werden lassen!**
Angenommen, eine Frau betrügt ihren Mann, sie weiß auch, dass es gemäß ihrer Erziehung falsch ist, **aber** sie argumentiert: *Mein Mann hat in letzter Zeit nicht mehr viel mit mir geredet, ich fühlte mich vernachlässigt und ungeliebt,* ***das*** *hat mich in die Arme des anderen getrieben ...*
Dass jeder nur **für sich selbst** das Beste will, erkennt man gut an dem Spruch: *Alles, was* ***ich*** *will, ist, dass* ***du*** *glücklich bist!*
Würde die Angebetete verkünden, dass sie besonders glücklich sei, wenn sie auch andere Männer neben ihm haben könne, oder sie wäre entzückt, würde er sich das Leben nehmen, dann möchte ich behaupten, dass er schon weniger bereit wäre, sie bedingungslos glücklich zu machen. Eigentlich hat er gesagt: *Ich möchte, dass du* ***mit mir*** *glücklich bist, unter den Bedingungen,* ***die mich*** *ebenfalls*

*glücklich machen.* Also genauer gesagt: Er will glücklich sein und kann das besonders gut, wenn sie an seiner Seite ist, sich so verhält, wie er es erwartet, und dabei auch glücklich ist.
Bei Eltern, die etwas Ähnliches verkünden wie der Bursche eben, sieht es ähnlich aus: Würde die Tochter jetzt ihren Eltern offenbaren, dass es sie wirklich glücklich machte, im Bahnhofsviertel auf den Strich zu gehen, dann würden die Eltern alles Mögliche dafür tun, die Tochter davon abzuhalten. Bei einigen könnte es sogar so weit gehen, dass sie versucht wären, ihre Tochter entmündigen zu lassen, sie in eine geschlossene Anstalt einzuweisen oder sie zumindest irgendwie unter Hausarrest zu bekommen. Also steht da nicht wirklich das Glück der Tochter im Vordergrund, sondern eher das eigene! Es gibt kein uneigennütziges Handeln. Angenommen, du möchtest, dass es jemand anderem besser geht, dann tust du das doch logischerweise, weil **du** es möchtest! Und wenn **du es willst**, ist es Egoismus!
Warum bringt ein Mann seiner Frau Blumen mit? Damit sie sich freut? Könnte man meinen, aber eigentlich tut er das, weil **er sich selbst freut**, wenn sie sich freut. Würde er schlechte Laune bekommen, sobald sie sich freut, würde er ihr keine mitbringen, würde sie sich nicht über Blumen freuen, würde er ihr ebenfalls keine mitbringen.
Ich möchte dich dazu animieren, einfach ehrlich zu sein und dazu zu stehen, dass du für dich selbst das Beste willst! Das ist authentisch, und genau damit kommst du bei deinen Mitmenschen wirklich gut an. Sei du selbst und stehe zu deinen Wünschen! Nichts ist unglaubwürdiger als ein Mensch, der seine eigenen Wünsche verschleiert und versucht, jedem nach dem Mund zu reden!
Oftmals höre ich auch Meinungen wie: *Egoismus ist ja o. k., aber es darf nicht auf Kosten der anderen gehen!*
**Es geht immer auf Kosten von anderen!**
Wenn eine Bank ein riskantes Finanzprodukt auf den Markt bringt,

geht das genauso auf Kosten anderer, als wenn jemand ein paar Solarpanels aufstellt; wenn einer verdient, bezahlt **immer** ein anderer! Wenn eine junge Frau verliebt ist und nun viel Zeit mit ihrem Freund verbringt, geht das natürlich auf Kosten ihrer Freundinnen und Familie, für die sie jetzt weniger Zeit hat. Wenn ein Unternehmer ein besonders gutes Produkt herstellt, geht das natürlich zulasten der Konkurrenz. Aber ist dieser Unternehmer deswegen schlecht? Nein, seine Aktionäre werden es ihm danken! Der Verbraucher ebenfalls!
Das ist eben so, deswegen stehe zu deinen Wünschen und Vorlieben, nur so kannst du sie erreichen! Glaubst du, die Gebrüder Wright haben gesagt: *Oh, wir würden schon gerne fliegen, aber wenn das natürlich die Gefühle eines anderen verletzen könnte, dann lassen wir das eben ...*
Natürlich nicht! Die meisten erfolgreichen Menschen stehen ohne Wenn und Aber zu ihren Zielen, egal was andere sagen! Das ist Entschlossenheit! Wahre Entschlossenheit ist unbesiegbar und ja, Entschlossenheit ist Egoismus! Entschlossenheit könnte man einen Zustand nennen, wenn derjenige zu 100 % weiß, wo er ankommen wird. Da geht es dann nicht mehr darum, **ob** er da ankommen wird oder **wie** er da ankommen wird. Es ist die innere Gewissheit, **dass** man da ankommen wird.
Dennoch hat Entschlossenheit einen anderen Charakter als Glauben. Wenn du etwas glaubst, dann weißt du, dass du das erreichen wirst.
Wenn du entschlossen bist, dann hat es wesentlich mehr Energie, Entschlossenheit ist unbezwingbar. Für dich gibt es dann einfach keine Alternativen mehr. Angenommen, jemand ist entschlossen, Arzt zu werden, dann wird er es auch! Er wird dem Lauf der Dinge seinen Willen aufdrücken. Für ihn gibt es einfach keine andere Zukunft mehr! Stell dir ein Navigationssystem vor, das, egal wie du es programmierst, **immer** zu demselben Ziel führt. So kannst du dir einen felsenfest entschlossenen Menschen vorstellen, er hat nur

ein Ziel, dieses ist in sein Unterbewusstsein so fest eingebrannt, dass es unmöglich ist, dass er dieses Ziel nicht erreicht.
Natürlich kann man Entschlossenheit nicht einfach produzieren, es muss schon ein starker Herzenswunsch da sein. Wenn du jetzt ständig visualisierst, dass du dein Ziel bereits erreicht hast, dann wird daraus felsenfeste Entschlossenheit resultieren.
Wenn du den festen und aufrichtigen Wunsch verspürst, dein Leben drastisch zu verbessern, wenn du es als brennendes Verlangen spürst, dann kann sich dir nichts in den Weg stellen. Du wirst dein Ding durchziehen, ohne auf andere Rücksicht zu nehmen. Ich spreche hier nicht davon, dass du einem anderen etwas wegnehmen sollst. Auch nicht, dass du an der Kasse im Supermarkt einfach die Leute vor dir wegschubst. Ich verstehe Rücksichtslosigkeit im eigentlichen Wortsinne. Du schaust eben nicht zurück! Und genau das solltest du tun. Du achtest auch nicht ständig darauf, was andere wollen, und gibst ihnen aus Höflichkeit den Vortritt. Das hätte mit Höflichkeit auch nicht allzu viel zu tun, eher mit Dummheit oder Feigheit. Stell dir einen Mann vor, der seine hübsche Freundin dem Nebenbuhler überlässt, weil er nicht unhöflich oder egoistisch wirken möchte. Der Typ wäre eine Lachnummer!
Meine Mutter hat ein ziemlich trauriges Leben geführt. Sie ist 1933 geboren, also wuchs sie im Krieg und in der Nachkriegszeit auf. Die Ehe mit einem schweren Alkoholiker war alles andere als erfüllend und harmonisch. Sie hat sich dennoch erst nach neun Jahren scheiden lassen, aus Rücksicht gegenüber ihren Kindern! Als ob Kinder nicht in einer zerrütteten Ehe leiden würden, wenn sie mitbekommen, wie jeden Abend lauthals gestritten wird und die Türen knallen.
Als unser Vater dann endlich ausgezogen war, hat sie zeitlebens keinen Freund oder Mann mehr gehabt, aus Rücksicht gegenüber den Kindern! Mit 52 starb sie dann an Herzversagen. Ich möchte behaupten, dass sie ein erfüllteres Leben gehabt hätte, hätte sie sich

eher scheiden lassen und sich einen neuen Mann gesucht!
In den meisten Fällen, wenn Menschen irgendwas aus Rücksicht tun, handelt es sich viel mehr um Angst vor Veränderung!

***„Die Feigheit tarnt sich am liebsten als Vorsicht oder Rücksicht.“***
Sigmund Graff

Ich möchte deine Bedenken gegenüber Egoismus und Rücksichtslosigkeit zerstreuen. Wir als Kinder hätten es wesentlich besser gefunden, hätte unsere Mutter sich früher scheiden lassen. Wir haben unter diesem Vater ebenso gelitten wie unter der Disharmonie, die eine zerrüttete Ehe mit sich bringt! Hätte sie sich dann einen vernünftigen Mann gesucht, der auch ein bisschen „Vater“ gewesen wäre, hätte uns das bestimmt sehr gut getan!
Also ist es gar nicht gesagt, dass das, was du da gerade aus „Rücksicht“ auf andere tust oder besser gesagt **nicht tust**, wirklich den anderen zugutekommt. Du solltest das tun, was dich deinem Ziel von einem wunderbaren Leben näher bringt!
Denn wenn sich jeder selbst darum kümmert, dass es ihm gut geht, würde es irgendwo allen gut gehen!
Also fokussiere dich auf dein Ziel und sage anderen Menschen – mit Güte und Respekt –, dass du nicht gewillt bist, deine Ziele aufzugeben, nur weil es irgendwem nicht passt, dass du deinen eigenen Weg gehen möchtest!
Einige werden dich als Egomanen abstempeln, andere werden vielleicht sagen, dass du skrupellos bist, nur weil du die alte keifende Tante nicht in deinem Haus aufnimmst, sondern ihr einen Platz im Altenheim besorgt hast. Diese Kritik an dir ist grotesk! Die anderen wollen das eigentlich nur, damit sie selbst nicht Tante Hilde am Hals haben. Du musst deinen eigenen Weg gehen! Wenn du jetzt aus „moralischen Gründen“ darüber nachdenkst, die alte zeternde Tante doch aufzunehmen, weil der Rest der

Verwandtschaft das so möchte, weil du ja den meisten Platz hast, dann vergiss deine Träume, du hast sie dann des lieben Friedens wegen geopfert! Wenn du dich von deinem Herzenswunsch abwendest, ist das so, als würdest du einen geliebten Sohn verraten!

Ja, sei ein Egoist, denn wenn du dir deine eigenen Wünsche versagst, aus vermeintlicher Rücksicht auf andere, kannst du niemals glücklich werden! Aber nur wenn du selbst glücklich bist, hast du auch das Potenzial, andere glücklich zu machen! Erkenne diese einfache Logik. Mach dich selbst glücklich mit allem, was dazugehört! Das Gesetz der Anziehung besagt, dass es egal ist, ob du für dich selbst oder für einen anderen etwas Gutes tust. Du kennst doch diesen Ausspruch, dass, wenn du etwas für andere tust, es auch dir selbst zugutekommen muss! Ja, dann muss aber auch logischerweise der Umkehrschluss gelten, dass, wenn du etwas für dich selbst tust, es auch den anderen zugutekommen muss! Wichtig ist die gute Absicht, sind guten Gedanken. Aber wenn ich für jemand anderen etwas Gutes tue, kann ich nie genau wissen, ob derjenige es auch als gut empfindet. Schon viele gut gemeinte Handlungen sind nach hinten losgegangen, weil der andere einen völlig anderen Geschmack oder andere Intentionen hatte.

Viele Menschen behaupten, wenn jeder nur etwas für sich selbst tut, dann hätten wir eine kalte Welt voller Egoisten und ohne jegliches Mitgefühl! Aber das ist falsch, wie könnte eine Welt voller glücklicher Menschen kalt sein? Fangen glückliche Menschen Streit an oder gar Gewalt oder Krieg?

Oder soll das gar heißen, eine gute Welt haben wir nur dann, wenn es arme Menschen gibt, kranke und unglückliche, die wir bemitleiden können? Denn wenn alle Menschen reich, gesund und glücklich sind, wem sollten wir dann unser Mitgefühl geben?

Tu etwas für dich selbst, kauf dir selbst Blumen! Mach dir selbst ein großartiges Geschenk! Das macht glücklich!

Aus dieser Position der Glückseligkeit wirst du glückliche und frohe Gedanken ins Universum schicken. Das kommt der ganzen Welt zugute!
Auch deinen Mitmenschen! Auch wenn vielleicht der ein oder andere aus deiner Familie oder deinem Freundeskreis deine Entscheidungen kritisiert, so kann es dennoch sein, dass genau diese Personen ein paar Monate oder Jahre später sagen: *Ich sehe, dass du jetzt glücklich bist, dass du deine Ziele erreicht hast, es war die richtige Entscheidung, die du damals getroffen hast!*
Also raff dich auf, zeig der Welt, was in dir steckt!
Wenn du das Glücklichsein erreichst, dann strahlst du es aus, andere glückliche Menschen werden deine Nähe suchen. Sie werden dich beschenken und du sie! Glück wird sich vermehren! Das ist die totale Harmonie!

## 31. Falsches positives Denken!

Hast du schon mal was davon gehört? Vom falschen positiven Denken? Ich auch nicht, aber als ich letzte Woche in einer Beratung saß, ist mir dieser Begriff spontan eingefallen! Ich hatte da eine wirklich hübsche Frau vor mir, die ein Coaching gebucht hatte. Sie erzählte mir so ihren Werdegang, und als wir auf das Private zu sprechen kamen, erzählte sie mir ganz stolz, dass sie, seitdem sie mein Buch *Der VIS-FOR-LO® Lifestyle* gelesen hat, nun sehr positiv geworden ist. Irgendwie kam mir das schon ein bisschen suspekt vor, und als sie weiterredete, kam ich wirklich ins Grübeln. Sie sagte, dass sie jetzt ihrem Exfreund noch mal eine Chance geben wolle, weil er darum gebeten habe. Sie sagte auch, dass es jetzt schon das vierte Mal ist, dass sie sich getrennt und wieder zueinander gefunden haben. Der Grund für die Trennung war jedes Mal der gleiche. Er hat sie betrogen!
Diese Frau hat geschafft, was nur wenige schaffen, sie hat mich vollkommen aus dem Konzept gebracht.
Nein, das ist **kein** positives Denken! Auch wenn man es erst mal so interpretieren könnte, weil sie ja hoffnungsvoll denkt! Nein, es ist dumm und eigentlich nur der Bequemlichkeit geschuldet! Positives Denken wäre von hohem Selbstwertgefühl geprägt! Dieses würde es ihr aber verbieten, es nochmal mit diesem notorischen Fremdgänger zu versuchen! Es wäre so, als würdest du zum vierten Male auf die heiße Herdplatte fassen, obwohl du dir schon drei Mal die Finger verbrannt hast!
Hoffnungsvolles Denken ist noch lange kein Denken, das dich zu deinem Ziel führt!
Was war das Ziel dieser jungen Frau? Sie wollte wie alle Menschen glücklich sein! Dazu wollte sie einen wirklich guten Partner an ihrer Seite haben.
Natürlich ist es das Einfachste, da denjenigen zu nehmen, der sich ihr gerade darbietet und mit dem sie sich auch gut verstand.

Aber das Einfachste muss ja nicht zwangsläufig das Beste sein. Eigentlich lag es daran: Sie hatte den *VIS-FOR-LO® Lifestyle* gelesen, aber sie hatte ihn nicht umgesetzt! Wenn sie Vergebung zu ihrem täglichen Ritual gemacht und jeden Tag dreimal ein wunderbares Leben visualisiert hätte, dann wäre es ihr selbst eingefallen, dass dieser Mann sich vermutlich nicht geändert hat. Aber so hegte sie noch latenten Groll wegen seiner Missetaten, sah vor ihrem inneren Auge immer wieder, was sie **nicht** wollte, und bekommt natürlich genau das!

**Genau genommen ist ihr hoffnungsvolles Denken gegenüber ihrem Expartner ein Resultat des negativen Denkens wegen seiner Verfehlungen!**

Fazit: Hoffnungsvolles Denken kann auch negativ sein und negative Folgen haben! Natürlich ist Hoffnung erst mal gut, aber diese Art von Hoffnung ist aus Negativität entstanden. So könnte es auch einem armen Menschen gehen, der immer nur die Armut vor seinem inneren Auge hat. Er könnte wieder und wieder irgendwelchen Leuten auf dem Leim gehen, die ihm sein weniges Geld abzocken. Viele würden sagen, dass derjenige dumm ist, aber dem widerspreche ich! Diese Armutsprägung schaltet den Verstand einfach mal aus! Das Unterbewusstsein ist immer stärker als dein Gehirn. Die junge hübsche Frau in meinem Coaching war nicht dumm, sie hatte BWL studiert und war in ihrem ganzen Auftreten intelligent und clever! Aber in dieser einen Beziehung war sie einfach blind gegenüber den Tatsachen! Daran kannst du erkennen, was negatives Denken und die daraus folgenden negativen Prägungen aus Menschen machen können: Sie sind klug, benehmen sich aber wie Vollpfosten und klopfen sich dabei noch selbst auf die Schulter in dem Glauben, dass sie jetzt besonders positiv und hoffnungsvoll geworden sind!

Lass das nicht aus dir machen! Versuche alles, was dir möglich ist, dich immer darauf auszurichten, was du wirklich willst! **Das Endziel!** Dieses ist bei den allermeisten Menschen ein wirklich glückliches Leben mit Gesundheit und Wohlstand. Visualisiere dir dieses Leben **mindestens** zweimal am Tag für mindestens 15 Minuten. Die Zeit hat jeder! Auch du!

## 32. David gegen Goliath

David gegen Goliath ist eine meiner Lieblingsgeschichten, weil sie aufzeigt, was tiefer Glaube bewirken kann! Leider wird dieser Vergleich heute bei völlig unzutreffenden Themen beinahe schon inflationär angewendet, woraus ersichtlich ist, dass diese Leute gar nicht wissen, worum es in der Geschichte von David gegen Goliath wirklich geht!

Man hat es ja schon oft in den Medien verfolgen können, zum Beispiel: Da ist eine kleine Firma, diese ist bei Google schlecht gelistet. Nun stellt sich diese Firma hin und gibt Google die Schuld daran, beschuldigen sie der Wettbewerbsverzerrung o. Ä. Am besten, die ziehen dann gemeinsam mit der EU-Kommission gehen Google zu Felde. In den Medien kann man dann was von David gegen Goliath lesen.

Da fällt mir dann immer nichts mehr ein. Wir reden ja davon, wie diese Firma auf der **Google-eigenen Website** gelistet ist. Stell dir vor, auf **deiner Website** will unbedingt einer auf die Startseite. Du hast aber Regeln aufgestellt, einen Wettbewerb sozusagen, wie man sich gegen Konkurrenten durchsetzt, um dahin zu kommen. Nun kann oder möchte der andere diese Regeln aber nicht befolgen, also sucht er sich einen starken Partner, der dich ebenfalls nicht mag, und zieht gegen dich vor Gericht. Was hat das noch mit Glauben zu tun?

Google ist David! Auch sie haben klein angefangen, sehr klein, und sind aufgrund ihrer guten Geisteshaltung so groß geworden! Zum Anfang war es ihnen sogar egal, ob sie damit Geld verdienen konnten. Die beiden Studenten sind eher zufällig auf ihren Suchalgorithmus gestoßen und wollten einfach eine gute Suchmaschine anbieten, auf der man auch wirklich das fand, was man suchte. Als das später dann tatsächlich gut funktionierte, wollten sie die Idee verkaufen an andere große Internetfirmen. Alle haben abgewunken, sie wurden ausgelacht und verspottet, genauso

wie David damals! Aber sie haben an sich selbst geglaubt, haben sich selbst vertraut, so wie David einst Gott vertraut hat!
Heute ist Google (umbenannt in Alphabet) das zweitgrößte Unternehmen der Welt. Mit einem Marktwert von über 500 Milliarden Dollar rangieren sie deutlich von anderen Schwergewichten wie Microsoft oder Exxon Mobile (Quelle: Statista, Stand 22.04.2016).
Aber bloß weil jemand klein ist, ist er nicht gleich David, und der Große muss nicht gleich Goliath sein.
Sonst könnte sich ja auch der Papst-Attentäter als David darstellen, der gegen Goliath gekämpft, aber verloren hat.
Es geht in dieser Geschichte aus der Bibel nicht darum, ob einer groß oder klein ist, sondern sie erzählt uns eindrucksvoll, was alles gelingen kann, wenn man festen Glauben hat. Ließ dir doch mal in der Bibel 1. Samuel 17 durch, da wirst du es sehen. Goliath war jemand, der nur auf seine körperliche Kraft und auf seine Waffen vertraute, David dagegen glaubte fest daran, dass Gott ihm helfen werde.

***„David aber sprach zu dem Philister: Du kommst zu mir mit Schwert, Spieß und Schild; ich aber komme zu dir im Namen des HERRN.“***
1. Samuel 17,45

Diese Geschichte erzählt uns wirklich eindrucksvoll, wie jemand, der wirklich nicht den Hauch einer Chance zu haben scheint, das Unmögliche möglich machen kann! Einfach nur durch Glauben! Und das in einem Maße, das wirklich mehr als nur beeindruckend ist! Man sollte sich das vor Augen halten, dass David im Grunde gar nicht gegen den Riesen gekämpft hat. **Es gab keinen Kampf!** David ist noch nicht mal außer Atem geraten. Aus der haushohen Überlegenheit von Goliath wurde ein haushoher Sieg von David! Wenn man die Dimensionen ihrer Körper in die heutige Zeit ziehen würde, wäre es etwa so, als würde ein schmächtiger Junge von vielleicht gerade mal 90 cm Größe in den Ring von einem 2 Meter großen, schwerbewaffneten und völlig irren United States Navy SEALs treten und würde diesen in der ersten Sekunde der ersten Runde ausknocken.

Das geht nur mit wahrem Glauben! Das kannst auch du! Vielleicht fühlst du dich ja auch oftmals wie David, du denkst, dass du ja nur der kleine Junge oder das kleine Mädchen bist! *Wie soll denn gerade ich den tollen Partner bekommen, den guten Job, den Wohlstand, die Gesundheit ...?*

Aber denke immer daran, so wie auch David vom kleinen Hirtenjungen, der das letzte von acht Kindern war und deswegen von seinem Vater und den Brüdern nicht besonders ernst genommen wurde, zum mächtigsten König seiner Zeit wurde, so kannst auch du Dinge erreichen, die für dich heute unvorstellbar sind! Das kannst du alles bekommen, wenn du lernst, wie David zu glauben!

Als ich damals vom Sozialamt lebte und restlos dem Alkohol verfallen war, hätte ich es mir auch nicht im Traum vorstellen können, mal ein erfolgreicher Geschäftsmann zu sein, der seine Bücher in die halbe Welt verkauft.

Du weißt ja bereits, dass Glauben einfach nur aus häufigem Denken resultiert! Wenn du es täglich in der Vision siehst, dass du ein reicher, gesunder und glücklicher Mensch bist, dann wirst du einen unerschütterlichen Glauben aufbauen! Dieser wird dir eine ungeheure mentale Stärke geben. Nichts, aber auch gar nichts kann dich umhauen! Angst wird für dich zu einem Fremdwort werden! Dieser Glaube, dass du ein sehr wertvoller Mensch bist, der wird dich alles in deinem Leben erreichen lassen. Dazu solltest du lediglich täglich die Inhalte deines Unterbewusstseins verbessern! Also: Vergebung, als gäbe es kein Morgen! Und natürlich die Vision von deinem Traumleben! Dann kann und wird dich niemand aufhalten! David war weder besonders stark noch außergewöhnlich klug! Was ihn vom kleinen Hirtenjungen zum mächtigsten Menschen seines Landes machte, war einzig und allein sein Glaube! Du bist David! Jeder ist ein David, das Einzige, was du dafür tun musst, ist, die unerschütterliche Entscheidung zu treffen, David sein zu wollen! Aus dieser Entscheidung muss der Wille geboren werden, einen wirklich starken Glauben aufzubauen. Dieser Wille wird dir täglich die Energie dazu geben, an dir selbst zu arbeiten! Diese Arbeit an dir selbst wird die Grundlage sein, auf der dein Glaube fußt! Du schaffst das, ich glaube an dich!

## 33. Geld

Ich gehe einfach mal davon aus, dass auch du so richtig reich werden willst. Und falls du schon reich bist, gehe ich davon aus, dass du es bleiben willst oder zum Ziel hast, deinen Reichtum noch umfangreich zu vermehren.
Es spielt auch keine Rolle, warum du gern viel Geld hättest. Da gibt es ja immer wieder Kritiker, die dann verlauten lassen: *Das willst du doch nur, weil ...*
Aber es ist doch egal, warum man etwas liebt. Wenn du deinen Partner abgöttisch liebst, spielt es wirklich eine Rolle, warum das so ist? Wenn jemand Geld liebt? Es spielt keine Rolle, du kannst weder auf Bestellung lieben noch die Liebe auf Bestellung abstellen! Wenn du Geld liebst, dann ist das vollkommen in Ordnung, und du brauchst dich auch nicht zu rechtfertigen, warum du das tust. Setze einfach alles daran, um möglichst viel davon zu besitzen!
Du musst keine bestimmte Ideologie verfolgen, um reich zu werden. Die einen erzählen dir, dass du der Gute sein musst und anderen etwas geben musst, um reich zu werden, andere erzählen dir, dass nur böse Menschen reich werden. Guck raus in die Welt, zu den reichen Menschen, da siehst du reiche Christen, reiche Moslems, reiche Atheisten, es gibt Reiche, die sind ziemlich krasse Diktatoren, es gibt Reiche, die sind Philanthropen, es gibt reiche Massenmörder. Aber das hat alles nicht mit dem Erlangen ihres Reichtums zu tun! Reich sind sie geworden, weil sie reich werden wollten! Weil sie Geld liebten. Weil sie bewusst oder unbewusst, ihren Fokus auf dieses Ziel lenkten. Das brachte den Reichtum in ihr Leben auf eine Art, die zu ihren Umständen und ihrem Lebensraum passte.
Viele erzählen dir auch, dass du immer eine Win-win-Situation anstreben musst, das ist Blödsinn, das ist Gutmenschen-Gelaber. Wenn jemand beim Lotto eine Million abgeräumt hat, muss er

damit leben, dass 100.000 andere Lottospieler einen Zehner verloren haben! Oder wenn ein Konzern das beste Produkt auf den Markt bringt, nimmt es gerne in Kauf, dass ein Konkurrent Pleite geht! Wenn du den besten Partner für dich gewinnst, musst du damit klarkommen, dass andere "Interessenten" nun sehr traurig sind! So ist es in vielen Bereichen. Du musst nicht darauf achten, dass es anderen auch gut geht und sie auch reich werden, das müssen diese Menschen selbst tun! Wer achtet denn schon darauf, dass du reich wirst, dass es dir so richtig gut geht? **Nur du allein!**
Wenn du das Gesetz der Anziehung verinnerlicht hast, dann weißt du, dass allein schon die Tatsache, dass jemand reich und glücklich ist, uns sagt, dass er zuvor viele gute Gedanken gedacht haben muss! Er hat es also verdient! Der Arme allerdings auch, auch er hat es verdient, weil sein Denken vom Mangel beherrscht war! Ich möchte jetzt hier nicht die Armen verurteilen, sie fühlen sich machtlos dem Leben ausgeliefert, und wenn Menschen glauben, sie seien machtlos, dann bekommen sie Angst, die schnell in Hass umschwenken kann! Dann hassen sie die Reichen, und damit zementieren sie ihre Armut!

Das wird ihnen auch ziemlich leicht gemacht, denn wir leben in einer Loser-Gesellschaft, da wird der als der Gute angesehen, der arm ist, derjenige, der eine hässliche Frau hat, ist der Gute, weil er nicht oberflächlich ist, weil ihm die inneren Werte mehr bedeuten, der Fette ist der Gute, weil er menschliche Schwächen offenbart und nicht eitel ist.

Wenn ein Tsunami ein Land überschwemmt, so ist es auch nicht die Flutwelle, die die Ursache für die Verwüstung ist. Diese ist nur eine Folge des Bebens. Aber da dieses Seebeben niemand gesehen hat, wird der Tsunami verantwortlich gemacht.

Ähnlich ist es, wenn du einen armen Menschen anschaust, jetzt glaubst du, dass äußere Umstände für seine Armut verantwortlich seien, aber nur, weil du seine Gedanken nicht sehen kannst. Würden diese wie eine Leuchtschrift auf seiner Stirn stehen,

würdest du die eigentliche Ursache sofort erkennen!
Die meisten glauben, die Welt verbessern zu müssen, indem sie den Armen etwas geben, aber das wäre so, als wenn man einem Kind, das laufen lernt, versucht, einen Teil der Schwerkraft abzunehmen. Bringe dem Kind lieber bei, mit dem Gesetz der Gravitation gut zu interagieren! Lehre den Armen das Gesetz der Anziehung, wenn du ihm weiter einfach nur Geld gibst und er glaubt, dass der Staat oder die Reichen schuld sind, dann wird es ihm nie besser gehen, du schaffst nur eine lebenslange Abhängigkeit. Solange er an seine Armut glaubt, wird er auch arm bleiben!
Wenn du glaubst, dass die Reichen die Bösen sind, so kannst du das glauben, solange du willst, aber du hast nichts von deinem Glauben. Genauso gut könnte ein Dicker die Schlanken verachten, würde er dadurch dünner? Nein, dadurch wird er nie schlank, weil er ja nicht so eine verachtenswerte Person sein möchte!
Alles, was du im Leben bekommst, basiert auf dem, was du gedanklich gegeben hast!
**Davon gibt es keine Ausnahme!**
Lass dir das auf der Zunge zergehen, da werden reiche Leute diskriminiert, weil sie positive Gedanken der Liebe und des Wohlstandes aussenden, und arme Menschen werden bemitleidet und verteidigt, obwohl sie negative Gedanken von Mangel und voller Neid und Hass denken.
Und das, obwohl ja der Reiche den Armen finanziert. Der Spitzensteuersatz beträgt hier 45 Prozent. Eigentlich ist schon das ungerecht! Denn derjenige, der diesen Steuersatz bezahlt, bekommt ja nun nicht etwa mehr Leistung dafür vom Staat. Nein, er bekommt sogar weniger Leistung als der Arme!
Ich könnte mich auch immer über diese dummen Diskussionen in irgendwelchen Talkshows amüsieren, wo dann ständig behauptet wird, dass der Reiche ja weniger Steuern bezahlt als der Arme. Sogar Warren Buffet sagte mal, dass er weniger Steuern zahle als

seine Sekretärin. Natürlich ist das Blödsinn, und das weiß schon ein Drittklässler! Er zahlt vielleicht **prozentual** weniger Steuern. Aber selbst wenn er nur 10 % bezahlen würde, bei seinen Gewinnen, die durchaus schon mal die 20-Milliarden-Marke knacken, wären das 2 Milliarden Dollar im Jahr! Er zahlt weniger als seine Sekretärin? Was für ein Schwachsinn!
Warum muss ein Reicher überhaupt prozentual mehr bezahlen? Stell dir vor, du gehst zum Bäcker und kaufst ein Brot. Vor dir ist auch jemand, der das tut, der bezahlt 3 Euro. Wenn du dran bist und dasselbe Brot kaufst, verlangt die Verkäuferin von dir 25 Euro, mit der Begründung, dass du ja wesentlich mehr Geld verdienst als der Kunde vor dir. Ich denke, du würdest dein Brot in Zukunft woanders kaufen, weil das Preis-Leistungs-Verhältnis für dich nicht passt!
Oftmals wird es im öffentlichen Diskurs so hingestellt, als sei es gerecht, wenn jeder genauso viel besitzen würde. Wenn es ungerecht wäre, dass nicht jeder genauso viel hat, dann wäre die Natur ungerecht, weil in der Natur nur der Starke überlebt.
Da sitzen dann Politiker mit Spitzengehalt, die das propagieren, solche, die jedes Jahr für die Diätenerhöhung stimmen! Also ein Reicher, der dafür stimmt, dass er aus Steuermitteln noch reicher wird, erzählt dann, dass es gerecht wäre, wenn jeder Mensch genauso viel besitzen würde. Und dann wundern sich dieselben Leute über die Politikverdrossenheit der Bürger!
Dann treten solche Politiker mit Hilfe der Medien Neiddebatten los, dass es zum Fremdschämen ist.
Gerüchte über reiche mächtige Menschen fallen nur deshalb auf so fruchtbaren Boden, weil es den Vorurteilen der Unterschicht entspricht. Die hassen und beneiden den Reichen; wenn sie nun eine völlig absurde Anschuldigung hören, werden sie diese sofort glauben, egal wie schwachsinnig es ist. Das konnte man gut beim Kurzzeit-Bundespräsidenten Wulff beobachten, der ja am Anfang dafür auf das Heftigste kritisiert wurde, dass er sich von einem

Freund Geld geliehen hatte, das er mit Zinsen zurückzahlte. Also, was ist dabei? Das hat wohl jeder schon mal getan, sich von einem Freund Geld zu leihen! Aber in seinem Falle waren es 500.000 Euro und da ging die Neiddebatte los. Hätte er sich 5.000 für einen gebrauchten Opel geliehen, hätte keiner etwas Negatives dabei gefunden.

Wenn man jemanden hasst, glaubt man gerne, ohne zu prüfen, alles Schlechte über ihn, und somit musste Wulff auf Druck der Medien sein Amt aufgeben, obwohl er nichts Unrechtes getan hatte.

Dann aber wundern sich die Medien über die Skepsis der Bürger gegen sie und das dementsprechende Schwinden ihrer Einnahmen.

Auch ist die Armut zu bekämpfen in einer westlichen Zivilisation völliger Schwachsinn. Was Armut ist, orientiert sich ja immer am Durchschnitt. Wenn der sich hebt, hebt sich auch die Armutsgrenze, wenn man den Faden weiterspinnt, ist natürlich selbst der Millionär arm, wenn er unter lauter Milliardären lebt!

Aber natürlich macht es auch keinen Sinn, sich über Politiker, die Steuergesetze und über die Hetze gegen die Reichen zu erregen. Such dir einen guten Steuerberater, der findet genug legale Methoden, dein Geld vor dem Zugriff des Fiskus zu schützen, oder wandere in ein Land mit gerechterem Steuersystem aus!

Aber verschwende deine geistige Energie nicht darauf, irgendwas zu kritisieren. Denn genau das macht der Arme! Konzentriere dich auf deinen Reichtum! Dass du dieses Buch in der Hand hast, ist ja Beweis genug, dass du dich dem betreuten Denken in Deutschland noch nicht untergeordnet hast! Wenn du also andere siehst, die reicher sind als du, dann erkenne, dass diese Menschen irgendwas dafür getan haben. Ja, auch der Politiker tut irgendwas dafür! Du selbst könntest jederzeit einer werden. Tritt in eine beliebige Partei ein und dann gib dein Bestes, arbeite viel ehrenamtlich, passe dich an, krieche den richtigen Leuten ins Rektum, rede ihnen nach dem Mund usw. Das magst du nicht tun? O. k., dann lass es, aber erkenne, dass der Politiker mit dem hohen Gehalt genau das getan

hat! Also auch er hat sein Geld verdient, **jeder hat es!** Der Bettler genauso wie der Milliardär!
Es wird oft auch von schmutzigem Geld geredet, aber meiner Meinung nach gibt es so was nicht. Nur weil da jemand sein Geld so verdient, dass es nicht in die vorgetäuschte Moral eines Politikers passt, ist es dennoch noch lange nicht schmutzig oder gar Blutgeld. Jedem normalen Kaufmann ist es ziemlich egal, woher denn nun der Kunde eigentlich sein Geld hat. Oder hat dich schon mal jemand im Supermarkt oder in einer Boutique gefragt, woher du denn nun dein Geld hast? Genauso könnte man ja sagen, dass die Gelder, die das Finanzministerium eintreibt, schmutziges Geld sind. Denn das Finanzamt hat schon viele Menschen in den Ruin getrieben. Auch verdient der Staat prächtig an den Steuergeldern aus Rüstungsgeschäften, aber trotzdem wird sich nun kaum jemand hinstellen und das Geld vom Staat nicht nehmen, weil es ja Blutgeld ist.
Ich persönlich finde, dass auch Geld, das zum Beispiel mit Drogenhandel verdient wurde, kein schmutziges Geld ist. Ich kenne auch Leute, die bei einer Party gern mal eine Line ziehen oder abends gerne einen Joint rauchen. Da ist ein Bedarf, und es wird sich immer jemand finden, der diesen Bedarf deckt! Früher war in den USA sogar hochprozentiger Alkohol verboten, Einnahmen daraus galten als schmutziges Geld. Heute ist in vielen US-Bundesstaaten sogar schon Marihuana legal und der Händler, der noch vor ein paar Jahren ein Krimineller war, ist jetzt ein angesehener Geschäftsmann.
Jeder verdient sein Geld eben so, wie es zu seinem Leben passt. Es gibt sogar Leute, die sind stolz darauf, viel zu arbeiten, einige sind sogar stolz darauf, wenig dafür zu bekommen! Eigentlich sollte man es als Dummheit abtun, aber im Grunde ist es eine Prägung, die sie vermutlich schon in ihrer Kindheit eingetrichtert bekommen haben. Erstens, dass man fleißig sein muss, und zweitens, dass man bescheiden sein soll, dass Bescheidenheit eine

Tugend sei und unverschämte Menschen sind die Bösen. Falls du solch eine Prägung hast, dann versuche, alles in deiner Macht Stehende zu tun, um diese wieder loszuwerden! Wenn nicht, dann stehe zu deinen Wünschen, sonst kannst du sie nicht erlangen! Stell dir vor, ein Kind möchte zum Geburtstag gerne ein neues Fahrrad haben, aber da es nicht „unverschämt" sein möchte, sagt es der Mutter, dass es sich über den kleinen Plüschteddy für 2 Euro freuen würde! Es gibt kein Unverschämt! Reichtum ist normal, jede Blattlaus lebt im Überfluss, also warum tust du so, als würdest du höchstens reich werden wollen, um anderen zu helfen?
Mir ist wichtig, dass du dazu stehst, wirklich reich sein zu wollen! Viele Menschen tun immer so bescheiden, indem sie verkünden: *Also wenn ich immer meine Rechnungen bezahlen kann, ist das schon o. k. ...*

**Nein, es ist nicht o. k. Du willst und sollst im Wohlstand leben!**

Jetzt könntest du fragen, woher ich weiß, was du willst. Aber das ist einfach ein Erfahrungswert. Mir ist noch nie ein Mensch begegnet, der sich mit dem Gesetz der Anziehung beschäftigt, der nicht viel Geld haben möchte! Das kannst du aber nur erlangen, wenn du dazu stehst!
Es macht Freude, reich zu sein! Stehe dazu! Du möchtest reich werden, weil es einfach geil ist, reich zu sein! Weil es Freude bereitet, sich die richtig guten Dinge leisten zu können, ohne auf den Preis schauen zu müssen.
Das ganze Universum ist der totale Überfluss! Die Natur ist der totale Überfluss! Du hast ihn nur nicht in deinem Leben wegen der Begrenzungen in deinem eigenen Inneren!
Am besten ist es immer, wenn Menschen, die im Mangel leben, dann noch beginnen, solche Sprüche abzusondern wie: *Ich habe zwar im Außen nicht viel, aber dafür bin ich in meinem Inneren reich!*

**Wie innen, so außen!**

Wenn jemand materiell arm ist, dann kann er gar nicht innerlich

reich sein, das ist eine dumme Ausrede der Loser! Ich habe selbst lange Jahre in Armut gelebt, da reduziert sich das Leben auf den Überlebenskampf, gute Gefühle werden von Existenzsorgen zerfressen. Das ist nicht das, was irgendwer wirklich will!
**Und Armut im Leben kann niemals der Ausdruck von innerem Reichtum sein!**
Also stehe dazu, dass du mehr haben willst als andere! Es ist auch genug da, und du wirst es bekommen, wenn du die Inhalte deines Unterbewusstseins dementsprechend angepasst hast! Nach deinem Glauben wird dir geschehen! Je mehr du an dir selbst arbeitest, desto stärker wird dein Glauben daran wachsen, dass du das Beste vom Besten verdient hast und es auch bekommen wirst!
Also lass dir nichts erzählen, nicht von den Politikern, den Medien oder anderen Menschen, die im Mangel leben. Verändere dein Inneres, und dann genieße, was da kommt!

## 34. Motivation?

Vielleicht hast du es schon in irgendwelchen Büchern gelesen, dass es schwer ist, seine Bequemlichkeitszone zu überwinden, und dass man mit starker Willenskraft daran arbeiten muss. Aber da möchte ich dir mal einen neuen Blickwinkel anvertrauen!
Das Ausmaß **deiner** Bequemlichkeitszone spiegelt die Inhalte **deines** Denkens wider. Um so reicher du im Geist, um so größer deine Bequemlichkeitszone.
Das heißt, umso mehr du die Idee von Reichtum in deinem Unterbewusstsein hegst, umso größer wird deine Zone! Dann kannst du innerhalb deiner Bequemlichkeitszone alles erreichen, was du möchtest. Der Glaube, dass du deine Bequemlichkeitszone durch eisernen Willen und ungeliebte Handlungen überwinden musst, ist falsch. Das widerspricht dem Gesetz der Anziehung! Wenn du dich schlecht fühlst, wenn du Sport machst, wirst du dadurch nicht gesund und schlank werden. Wenn du dich dabei schlecht fühlst, anderen Menschen etwas aufzuschwatzen, wirst du es als Vertreter nicht weit bringen, da haben diese Motivationsgurus mal einfach das Gesetz der Resonanz nicht verstanden oder – was wahrscheinlicher ist – sie wollen es nicht verstehen. Du gehst auf ein Motivationsseminar und bist danach hochmotiviert. Doch schon nach einem Tag geht diese Motivation deutlich zurück, und nach spätestens drei Tagen ist sie vergessen, und du gleitest wieder in deinen „Normalzustand" zurück.
Motivation ist etwas, was von außen kommt. Wo dir ein anderer sagt, was gut für dich ist und was du tun sollst, um dieses Ziel zu erreichen. Aber der beste Ratgeber ist das nicht. Eigentlich heißt das, dass dich dieser Guru gedanklich auf ein Endziel ausrichtet – sagen wir Reichtum –, jetzt zeigt er dir einen Weg, der dir nicht gefällt, um dieses Endziel zu erreichen, z. B. das Verkaufen seiner Versicherungspolicen. Nun erzählt er dir so lange, dass **das** der leichteste und beste Weg ist, bis du es glaubst. Dann ist deine

Motivation, dein Ziel zu erreichen, so groß, dass du dich überwindest und das tust, was du eigentlich gar nicht tun willst, weil du es gar nicht magst. Aber das ist mit Sicherheit nicht der Weg zur Erfüllung. Etwas zu tun, wobei du schlechte Gefühle hast, kann dich niemals dahin bringen, wo du gute Emotionen hast. Dahin kommst du nur, indem du dich möglichst gut fühlst, möglichst viel Liebe aussendest. Das ist Gesetz, da können diese Gurus noch so rhetorisch geschickt sein. Sie tun ja genau das, was sie glücklich macht. Da gibt es welche, die haben unglaubliche Erfolge, aber ihr Weg ist nicht gleich dein Weg. Deinen Weg kennt nur dein Herz. Und dein Weg ist der, der sich so **richtig** gut anfühlt!

Ich habe damals in der Finanzbranche gearbeitet, ich weiß, wovon ich rede! Auch ich habe da etliche Motivationsseminare absolviert und habe irgendwie wirklich daran geglaubt, dass das der einzige Weg zum Erfolg sein kann, denn ich hatte ja keine Ausbildung, mit der ich viel Geld hätte verdienen können, und ansonsten hielt ich mich für ziemlich talentfrei. Natürlich waren meine Erfolge in dieser Branche nicht überwältigend, weil es mir einfach keinen Spaß machte, fremde Menschen zu kontaktieren und ihnen etwas zu verkaufen. Heute weiß ich, dass es keine talentfreien Menschen gibt! Es gibt für fast alles einen Markt. Ich habe mal ein Interview mit Karl Dall gesehen, in dem er sagte, dass er im Gegensatz zu anderen Menschen sein Geld mit Handlungen verdiene, die er eben **nicht** kann. Er sagte so in etwa, dass er ziemlich scheiße aussehe, aber trotzdem im Fernsehen auftritt, dass er nicht singen und nicht tanzen kann, es aber trotzdem tut!

Da fällt mir auch gerade ein alter Song von Helge Schneider ein, „Katzenklo", der war so schlecht, dass er schon wieder gut war. Die ersten Kritiken von seinen Kollegen und der Presse waren verheerend, dennoch wurde es totaler Kult! Also hast auch du Talente, es gibt mit Sicherheit etwas, was du kannst oder bist, was andere Menschen begeistern kann, vielleicht auch gerade weil du es eigentlich nicht kannst! Natürlich macht es jetzt keinen Sinn, dir darüber den Kopf zu zerbrechen, was es denn sein könnte, dann wirst du nie darauf kommen. Du solltest einfach dein Endziel immer und immer wieder vor Augen haben. Sei einfach beharrlich, sieh dich immer und immer wieder in den Situationen, wie du dein Leben gerne leben würdest. Irgendwann wird sich eine Idee in dein Bewusstsein schleichen. Vielleicht findest du diese Idee zuerst lächerlich oder auch völlig absurd. Aber sie lässt dich vielleicht einfach nicht los, und Stück für Stück setzt sich dann ein Puzzle zusammen, und du erkennst, dass es vielleicht gar nicht so lächerlich ist.

***„Wenn eine Idee am Anfang nicht absurd klingt, dann gibt es keine Hoffnung für sie.“***
Albert Einstein

Dann wirst du inspiriert sein, Dinge zu tun, die du vorher nicht getan hast. Aber es wird dir Freude bereiten, du wirst voller Energie sein, du wirst Feuer und Flamme für deine neue Tätigkeit sein, deine Bequemlichkeitszone hat sich schlagartig vergrößert, ohne die geringste Anstrengung! **Genau so** werden große Erfolge geboren, nicht etwa durch unliebsame Handlungen! Viele große Menschen haben das schon vorgemacht. Das kannst du auch! Auch wenn du glaubst, dass du nichts Besonderes bist. Ich sage aber, dass du aus deiner eigenen Perspektive der beste Mensch der Welt bist! Du bist ein einzigartiger Mensch und kannst das Leben deiner Träume leben, wenn du hartnäckig genug bist, dir dieses wieder und wieder vorzustellen! Du kennst das Gesetz der Anziehung, nutze es, um möglichst viel Gutes in deinem Leben zu manifestieren!

## 35. Sei authentisch!

Hast du schon mal eine Folge von der britischen BBC-Serie „Sherlock“ gesehen? Diese Serie ist sehr beliebt und äußerst erfolgreich, Benedict Cumberbatch wurde mit dieser Serie zum Superstar. Nun las ich in einer Zeitung: *Diese Serie wurde ein so großer Erfolg, **obwohl** der Sherlock dort sehr exzentrisch und unmenschlich rüberkommt!* Niemand scheint auf den Gedanken zu kommen, dass er so erfolgreich ist, **weil** er so „unmenschlich“ rüberkommt!
Was ist denn diese oft gepriesene „Menschlichkeit“?
Wenn irgendwo in der Welt was passiert, dann tritt für gewöhnlich der Staatschef vor die Kameras, drückt eine Träne Weg und erzählt, wie leid ihm die Menschen tun, die da gerade Schaden genommen haben. Das Perverse an der Sache ist, dass, wenn ein Staatschef sich dieser Schauspielerei verweigert, dann weltweite Kritik auf ihm einströmt, wie unmenschlich er denn sei.
Konnte man gut in der Türkei beobachten, als das Grubenunglück 2014 war und sich Erdogan völlig pragmatisch gab und erzählte, dass so was schon mal passieren kann und auch weltweit passiert. Obwohl er versprach, den Fall genauestens zu untersuchen und Abhilfe zu schaffen, wurde er von den deutschen Medien an das Kreuz genagelt, weil er nicht in diese Gefühlsduselei verfiel. Was hätte irgendjemand davon gehabt, hätte er eine Trauerrede gehalten?
Ist es überhaupt möglich, dass man einem völlig unbekannten Menschen, den man noch niemals persönlich traf, **wirklich tief empfundenes Mitleid** entgegenbringt? Meiner Ansicht nach ist das nicht möglich, und das ist auch gut so!
Wenn es möglich wäre, tief empfundenes Mitleid für völlig fremde Menschen zu empfinden, dann würden wir alle unentwegt trauern! Die Nachrichten sind täglich voll davon, dass hier und dort Menschen sterben; würden wir jetzt wahrhaftig überall trauern und

tiefes Mitleid empfinden, dann würde es bald nur noch ein Gefühl auf der Welt geben: Trauer, Mitleid! Das kann nur in völliger Depression enden!
Nein, die Gestalt Sherlock, verkörpert von Benedict Cumberbatch, ist nicht unmenschlich, er ist einfach nur pragmatisch, authentisch und ehrlich, es ist ihm zuwider, anderen etwas vorzuheucheln. Er bleibt bei Logik, bei Tatsachen und verfällt nicht in sinnlose Gefühlsduselei, die eh zu nichts führt, und genau aus diesem Grunde wirkt diese Gestalt sehr sympathisch.
Es ist nicht unmenschlich, nicht bei jeder Kleinigkeit einen Gefühlsausbruch zu erleiden oder so zu tun, als erleide man ihn! Worin soll der Sinn besehen, wenn man ständig von seinen Gefühlen übermannt wird? Im Grunde ist es nur ein Zeichen, dass man sich auf das Unerwünschte ausgerichtet hat und den Gefühlen machtlos ausgeliefert ist! Wenn der Gefühlsausbruch nur geheuchelt ist, ist es ein Zeichen dafür, dass derjenige nicht er selbst ist, sondern sich so verhält, weil er denkt, damit bei seinen Mitmenschen punkten zu können!
Richte dich stetig auf das aus, was du haben willst! Auf das, was du liebst oder lieben kannst! Dann wirst du dich gut fühlen. Du hast es nicht nötig, anderen etwas vorzuheucheln! Authentische Menschen sind meist wesentlich beliebter als irgendwelche Heuchler! So auch der türkische Präsident, der in seinem Land sehr großen Rückhalt in der Bevölkerung genießt, trotz vieler verbaler Entgleisungen! Und ob die deutschen Journalisten ihn lieben? Ich denke, dass ihn das nicht besonders tangiert!
Diese Heuchelei findet sich auch immer beim Vergöttern der Legende um Robin Hood. Im Grunde war er auch nur ein Verbrecher! Nur weil er das Geld einer bestimmten Gruppe gestohlen hat und es an eine andere Gruppe weitergab, ist er jetzt nicht weniger ein Straftäter! Da wird auch einfach „Moral" vor Recht gestellt. Es wird immer irgendwo Leute geben, die ärmer sind als du. Also wenn dich jetzt jemand bestiehlt und es unter

Obdachlosen verteilt, findest du das dann gerecht? Genauso gut könnten Gläubige die Atheisten bestehlen und das Geld der Kirche geben oder Nichtraucher die Raucher abziehen und das Geld dem Krebszentrum spenden. Wenn du der Gruppe angehörst, die beklaut wird, wirst du das immer schlecht finden. Zählst du zu denen, die es bekommen, zählt deine geistige Reife, ob du das Diebesgut annimmst.
Es gibt immer noch Menschen, die glauben, es wäre gerecht, wenn alle Menschen genauso viel besitzen würden! In meinen Augen ist es das aber nicht! Komischerweise wird das auch immer nur beim Geld gefordert. Warum nicht bei der Partnerwahl? Hat der hässliche, unsympathische Typ, der übel riecht, etwa nicht das Recht, eine hübsche, liebenswerte Frau zu haben? Na klar hat er das, aber er muss eben etwas dafür tun! Er könnte sein Äußeres aufpeppen, täglich duschen, er könnte durch Mentaltechniken seine Ausstrahlung verbessern. Auch könnte er daran arbeiten, witzig und charismatisch zu werden. Ja, **er** könnte**, er** müsste! Das bekommt er nicht geschenkt, sodass ihm vielleicht ein Robin Hood eine tolle Frau bringt, die er dem gutaussehenden, charismatischen Mann gestohlen hat!
**Er selbst muss es tun!** So ist es auch mit dem Reichtum, du selbst musst es tun!
Es gibt keine größere Gerechtigkeit als die des Gesetzes der Anziehung! **Da wir alle diesem Gesetz unterworfen sind, gibt es keine größere Gerechtigkeit, als wir sie in diesem Augenblick haben!** Wenn der eben besagte Mann täglich visualisieren würde, dass er eine wundervolle Frau heiratet, und darüber hinaus sein Unterbewusstsein von Groll und Schuldgefühlen befreien würde, dann wäre er entweder inspiriert, sich zu wandeln, oder er würde eine in seinen Augen wundervolle Frau anziehen, die ihn so lieben würde, wie er ist!
Mich fasziniert immer wieder die starke Diskrepanz, wie der Mensch wirklich ist, und der Ansicht, wie der Mensch – nach der

Meinung der Medien oder der Politik – wirklich sein sollte! Da ist jetzt ein armer Mann in Deutschland; da er nicht in der Lage ist, selbst angemessen für seine Familie zu sorgen, ruft er lautstark nach dem Staat. Er bekommt Hilfe von der Gemeinschaft.
Aber global gesehen ist er gar nicht arm, er zählt sogar zu den 20 % der reichsten Menschen der Welt. Wenn jetzt der wirklich Arme zu ihm kommt und sagt, gib mir von deinem Reichtum ab, dann wird er es aber nicht tun!
Nein, nicht einen Cent wird er geben mit der Begründung, dass er selbst nichts hat. Auch er könnte noch irgendwo 10 Euro sparen und sie anderen geben, aber er fühlt sich gar nicht für andere zuständig! In gewisser Weise ist seine Ansicht auch richtig, aber warum sieht er es dann als sein Recht an, dass andere für ihn zuständig sein müssen? Aber so ist der Mensch nun mal, wenn es darum geht zu nehmen, gibt es immer gute Gründe dafür; wenn es ums Geben geht, gibt es immer gute Gründe dagegen! Das steht diametral im Gegensatz dazu, wie die Kirche oder der Mainstream uns Menschen gerne darstellen! Jeder ist sich selbst der Nächste, und das ist auch gut so!

***„An ihren Früchten werdet ihr sie erkennen. Liest man etwa Trauben von Dornen oder Feigen von Disteln? So bringt jeder gute Baum gute Früchte, aber der faule Baum bringt schlechte Früchte.“***
Matthäus 7,16

Dieses Zitat aus der Bibel liebe ich, es ist eigentlich alles, was du wissen musst! Also, wenn da jemand reich, gesund und glücklich ist, dann hat er es verdient, was er hat. Er ist sozusagen ein guter Baum! Anders ausgedrückt: Die Inhalte seines Unterbewusstseins sind gut! Denn diese sind das mentale Gegenstück zu dem Leben, was er führt. Diese ganze Missgunst, dieser ganze Neid, was einem täglich im Leben begegnet, ist völlig absurd! Wenn jemand etwas

Gutes hat, **so hat er es auch verdient! Er muss es in seinem Inneren produziert haben, damit das Gute das Licht der Welt erblicken konnte!**
Genau das Gleiche gilt natürlich für Menschen, denen es nicht so gut geht! Auch sie haben das Unerwünschte in ihrem Inneren selbst hergestellt! Auch wenn es natürlich die meisten nicht zugeben wollen! Wichtig ist, dass du das erkennst, du bist im Guten wie im Schlechten zu 100 % selbst für alles verantwortlich, was in dein Leben kommt! Auch wenn es etwas wirklich Schlimmes ist, du vielleicht geschlagen wirst, du selbst musst es vorher ausgesendet haben, sonst wäre es nicht da! Diese Erkenntnis lässt dich sehr machtvoll werden! **Denn nun weißt du, dass andere nicht die geringste Macht über dich haben!** Wenn dir dann trotzdem etwas Schlechtes widerfährt, dann weißt du, dass nur du allein es in dein Leben eingeladen hast! Diese Erkenntnis lässt dich ein ungeheures Gefühl von Macht und Freiheit verspüren! Natürlich musst du es auch noch umsetzen! Nur das theoretische Wissen an sich bewirkt nicht viel, erst wenn du beginnst, die Inhalte deines Unterbewusstseins zum Guten hin zu verwandeln, erst dann beginnst du, diese Macht auszuschöpfen! Erst dann wirst du gefeit gegen die unschönen Dinge auf der Welt. Das ist der Unterschied dazwischen, einen Zauberstab zu haben und diesen Zauberstab auch zu benutzen! Sei klug und setze ihn täglich ein, um das Erwünschte im Leben zu erhalten, um wahre Gesundheit zu erleben, großen Wohlstand anzuziehen und die besten nur möglichen Beziehungen zu anderen Menschen zu haben!
Also der, der es zu etwas gebracht hat, der hat auch etwas dafür getan! In seinem Inneren hat er es getan! Muss er es getan haben, auch wenn einige vielleicht nur denken, dass derjenige Glück gehabt hat. Ja wenn jemand stetig die Inhalte seines Unterbewusstseins verbessert, dann wird er viel davon haben, was andere Glück nennen. Aber im Grunde haben seine positiven Schwingungen auf höherer Ebene nur etwas ausgelöst, damit

positive Ereignisse in sein Leben treten konnten! Egal welchen Weg er danach in seinem Leben gegangen ist, um diesen Reichtum zu manifestieren. Er muss es zuerst in seinem Inneren getan haben, also hat er es verdient!

Ob derjenige dann im Lotto gewinnt oder eine florierende Firma aufbaut oder ein cleverer Verbrecher wird, ist eigentlich irrelevant. Es hat **zuerst** in seinem Inneren existiert, danach erst ist es durch irgendwelche Taten in sein Leben getreten! Also hat jeder das verdient, was er im Leben hat! Im Guten wie im Schlechten!

Also konzentriere dich nicht auf fremdes Leid, denn niemand hat etwas davon. Am allerwenigsten du selbst! Fokussiere dich auf das Erwünschte, auf deinen Reichtum, dann kann dieser bald ungehindert in dein Leben treten! Und wenn du jemanden siehst, der wirklich reich ist, dann denke darüber nach, dass er es verdient hat, auch wenn es im Außen nicht so aussehen mag. Die alte Mär, dass man nur durch harte Arbeit reich wird, stimmt einfach nicht! Guck dir Multimillionäre an, keiner von denen arbeitet so hart wie ein Mann im Straßenbau oder eine Frau in der Gebäudereinigung! Viele Milliardäre haben einfach nur den richtigen Riecher gehabt, die richtigen Entscheidungen getroffen, haben zur rechten Zeit das Richtige getan, haben die richtigen Leute arrangiert usw.

Das sind alles Entscheidungen, die aus den Tiefen des Unterbewusstseins aufsteigen. Also gib jeden Tag dein Bestes, dieses Unterbewusstsein zu verbessern, damit es auch dir den Weg zu wahrem Reichtum weisen kann! Sieh zu, dass du ein guter Baum wirst, dann wirst auch du gute Früchte ernten!

## 36. Handeln 2.0

Der eigentliche Grundfehler im Denken vieler Menschen liegt darin, dass sie glauben, mit ihrem Körper Einfluss auf die Materie nehmen zu müssen. Wenn irgendetwas in ihrem Leben nicht befriedigend ist, dann überlegen sie, wie sie das im Außen ändern können. Wenn sie zu wenig Geld haben, dann versuchen sie, andere dazu zu bewegen, ihnen mehr davon zu geben, oder sie wollen sich einen anderen Job suchen oder Überstunden schieben usw. Aber das ist nicht der Weg, der auch funktioniert! Du solltest **zuerst** deine Überzeugungen ändern! Deine Welt ist sozusagen eine Folge deiner Überzeugungen, willst du deine Welt ändern, so ändere die Inhalte deines Unterbewusstseins!
Uninspiriertes Handeln ist der Versuch, die durch deine Gedanken geschaffene Realität durch deine Hände zu verbiegen. Also das Spiegelbild verändern zu wollen, ohne dich selbst zu verändern!

**Hart arbeiten ist ein Kompensieren-Wollen von unrichtigen Gedanken!**

Gerade aus den USA hören wir immer vom amerikanischen Traum, dass Menschen, die ganz unten sind, durch harte Arbeit reich werden können.
Aber diese superreichen Amerikaner haben nicht hart gearbeitet! Ich habe die Werdegänge von vielen sehr reichen Menschen gelesen, aber niemals ist mir da harte Arbeit begegnet! Alle hatten aber eines gemeinsam, dass sie einen großen Traum hatten und unerschütterlich daran festgehalten haben! Sie waren hartnäckig und haben sich trotz verheerender Rückschläge nicht unterkriegen lassen! Aber harte Arbeit? Fehlanzeige! Es ist einfach nur die alte Prägung, das uralte Paradigma, das von der Kirche gelehrt wurde, dass man hart arbeiten muss, um der Gute zu sein!

***„Wie jeder vernünftige und empfindsame Mensch verabscheue ich Arbeit.“***
Aldous Huxley

Vom Tellerwäscher zum Millionär? Natürlich geht das! Aber wenn die harte Arbeit des Tellerwaschens die Ursache dafür wäre, dass jemand von denen zum Millionär aufsteigt, müssten es ja alle tun! Oder im Umkehrschluss würde es heißen, dass die meisten Tellerwäscher nicht hart arbeiten, da sie ja nie reich werden! Es gibt unzählige Menschen, die sich Tag für Tag abplacken und niemals auch nur einen Cent mehr haben, als sie zum Überleben brauchen! Auf der anderen Seite findest du genug Leute, die ohne die geringste Anstrengung reich werden. Also kann ja logischerweise nicht die harte Arbeit das entscheidende Kriterium dafür sein, ob du arm oder reich bist! Das entscheidende Kriterium ist immer deine eigene Einstellung! Dein Paradigma! Dein Glaube! Die Inhalte deines Unterbewusstseins!

Wenn du dort, in deinem Inneren, arm bist, so wirst du es auch im Außen sein!

Für viele ist das genau das Problem, dass sie tief im Herzen glauben, arm zu sein, deswegen glauben sie, unbedingt handeln zu müssen!

Das bringt ihnen ein schlechtes Gewissen, wenn sie nicht handeln! Oftmals könnte man denken, dass hart arbeiten für einige schon zum Selbstzweck geworden ist. Sie rackern sich ab, ohne dafür wirklich einen großartigen Lohn zu erhalten. Wenn du sie fragst, warum sie das tun, erzählen sie dir, dass sie zu stolz sind, sich Geld vom Staat zu holen. Aber macht das Sinn? Warum sind sie nicht zu stolz, für einen Hungerlohn 10 Stunden am Tag zu arbeiten? Genau genommen verletzt es doch viel mehr den Stolz, wenn ich hart unter schlechten Bedingungen arbeiten muss und dann zusehe, wie am Nachmittag, mal für eine Stunde, der sonnengebräunte, frisch massierte und manikürte total relaxte Big-Boss in seinem Bentley vorbeikommt, um zu schauen, ob ich auch richtig gearbeitet habe, als wenn ich anonymes Geld fürs Nichtstun vom Sozialamt überwiesen bekomme!

Es ist eben einfach die Erziehung, vermutlich haben schon ihre Eltern so geredet, dass man arbeiten muss, um der Gute zu sein, und so entstand ihr Paradigma.

Die ganze Welt ist eben sehr handlungsorientiert, egal ob du zu einem Finanzberater gehst oder zu einem Eheberater, alle erzählen dir, was du **tun** sollst, alle reden über deine **Handlungen**, niemand über deine Gedanken, über deine Einstellung. Das ist nahezu schon pervers, jeder Hobbygärtner weiß, dass er Kohlrabi säen muss, wenn er Kohlrabi ernten will.

Und jetzt erzählen dir diese Berater sozusagen, dass es egal ist, was du säst, und sie erzählen dir, wie du das Unkraut in deinem Garten in Kohlrabi umformen sollst. Das ist natürlich völlig unmöglich, aber ebenso unmöglich ist es, Zwietracht und Mangel fest im Unterbewusstsein verankert zu haben und dennoch harmonisch und reich zu sein. Wenn du Mangel denkst, dann produzierst du diesen in deinem Leben, es ist unmöglich, das durch Handlungen zu kompensieren.

Da die Welt so handlungsorientiert ist, in der nur Handeln Beachtung findet, haben viele nicht die Kraft, sich dagegenzustemmen, aber das solltest du trotzdem unbedingt tun!

Stell dir vor, da sind zwei stark Übergewichtige, beide wollen abnehmen, der eine beginnt, sofort zu handeln, beginnt eine Diät und meldet sich noch heute in einem Sportstudio an. Der andere beginnt täglich zu visualisieren, dass er einen schlanken Körper hat. Was glaubst du, auf wen würde die Masse wetten? Natürlich auf den mit der möglichst großen Aktivität! Denjenigen, der sich in sein Inneres begibt, den würden sie als Träumer bezeichnen, der sich da nur Luftschlösser baut, sie würden ihn auslachen. Aber dennoch wird derjenige, der im Außen sofort beginnt zu handeln, zwei Jahre später derjenige sein, der noch weiter zugenommen hat,

und der andere, der seine Vision durchgezogen hat, wird der mit dem schlanken Körper sein! Der hat seine inneren Bilder von sich selbst verändert, der andere hat versucht, das Problem mit einer ungeliebten Tätigkeit zu lösen! Da seine inneren Bilder aber gleich geblieben sind, kann er auch nicht schlanker werden! Das Bild, das du in deinem Unterbewusstsein hast, strebt immer nach Verwirklichung, es zwingt dich förmlich, alles zu tun, um es zu verwirklichen. Und so wird der eine, dessen inneres Bild konstant bleibt, bald keine Lust mehr auf den Sport haben, und seine Diät wird von Fressattacken untergraben, bis er sie ganz aufgibt. Der andere, dessen inneres Bild sich langsam, aber unaufhaltsam wandelt, wird irgendwie inspiriert sein, seine Ernährung umzustellen, und er bekommt einfach Lust, sich mehr zu bewegen.
So werden auch diejenigen, die Schweres durchgemacht haben, oftmals als Helden gefeiert, obwohl ja das Durchmachen von schweren Zeiten nur ein Zeugnis ihrer negativen Gedanken ist. Derjenige, der immer Glück hat, wird geradezu verachtet, weil er es so leicht hatte. Obwohl doch gerade das erstrebenswert ist, ein wirklich tolles Leben ohne große Schwierigkeiten zu haben!
Das soll uns natürlich nicht stören, lass sie reden und lass sie handeln, so viel sie wollen. Wir wissen, dass es nicht nötig ist, schwer zu arbeiten, wir wollen lediglich zielgerichtet denken, um unsere wahren Träume zu verwirklichen und ein leichtes, entspanntes Leben zu haben!
**Wir wissen, die einzige Handlung, die wirklich was bewirken kann, ist nun mal die Veränderung der Inhalte des Unterbewusstseins!** Das ist nun mal die Quintessenz des Gesetzes der Anziehung, dass die Schwingungen, die dein Unterbewusstsein aussendet, wieder in Form von Materie in dein Leben treten!
Angenommen jemand kauft sich ein Auto, macht Überstunden, ist sparsam, bis er sich es kaufen kann. Jetzt glaubt jeder, auch er selbst, dass das Auto in seiner Welt so entstanden ist: durch Sparsamkeit und Mehrarbeit! Aber es ist nicht richtig, er hatte den

starken Wunsch nach einem Auto, er hatte das Bild im Kopf und das Gefühl dazu, wie es wäre, ein Auto zu besitzen. Und er hatte seinen Glauben, wie er es erlangen kann! Das hat dieses Auto erschaffen. Die Sparsamkeit und der Fleiß waren nur Folgen davon. Weil er glaubte, dass das nur durch Fleiß zu schaffen sei, musste er fleißig sein, um es in seinem Leben zu materialisieren. Hätte er geglaubt, auch ein Auto ohne Fleiß bekommen zu können, in etwa: *Das Universum wird schon einen Weg finden, es mir zu bringen!*, dann hätte das Auto auch anders zu ihm kommen können. **Sein eigener Glaube hat den Weg gewählt!** Es ist nicht notwendig, deine Handlungen zu optimieren. **Optimiere die Inhalte deines Unterbewusstseins, und deine Handlungen werden sich dem automatisch anpassen!** Deine Aktivitäten werde jetzt viel effektiver werden! Du wirst automatisch beginnen, deine Talente zu nutzen. Ich möchte behaupten, dass jeder Mensch irgendetwas zu geben hat, was anderen gefällt! Und damit meine ich nicht, dass derjenige die Teller der anderen wäscht. Jeder kann etwas gut, wenn eine Frau gut kochen kann, warum denn nicht ein Lokal eröffnen? Wenn jemand gut darin ist, die Fahrräder seiner Kinder zu reparieren, warum nicht auch die anderer Leute? Viele würden jetzt erwidern: *Er hat aber nicht das Know-how, einen eigenen Laden zu führen ...* Aber dieses Wissen braucht er auch gar nicht! Angenommen jemand verbessert täglich sein Inneres, nun kommt ihm die Idee von einer eigenen Fahrradwerkstatt. Nun visualisiert er, dass er eine solche Werkstatt erfolgreich führt, dann wird der Rest schon irgendwie zu ihm finden. Ich hab damals auch mehrere Läden besessen, ohne die geringste Ahnung zu haben, wie man das eigentlich tut. Aber es kam eins zum anderen, meine erste Verkäuferin, die ich einstellte, hatte „zufällig" BWL studiert. Ihre Tante war eine Rentnerin, die ihr ganzes Leben in einer Steuerkanzlei gearbeitet hat und sich nun bei mir gerne ihre Rente etwas aufbesserte. Ich habe nicht bewusst eine Verkäuferin mit diesem Hintergrund gesucht, es hat sich einfach so ergeben! So ist das auch mit dem Tellerwäscher, der in seinem Inneren Reichtum sieht, da kommt dann eins zum anderen, und es funktioniert! Während der, der im Herzen nur Armut sieht, sich abrackert, ohne von der Stelle zu kommen!

Mal angenommen, da macht jemand Musik und möchte ein weltbekannter Rockstar werden. Wie sollte er jetzt im Äußeren handeln? Die Musik macht er ja jetzt schon. Angenommen, er hat sogar schon einen Plattenvertrag, was genau kann er jetzt im Äußeren tun, damit viele Menschen seine Platten kaufen? Klar, wenn er schon Millionen hätte, könnte er eine Werbekampagne starten. Aber er hat sie noch nicht, also was kann er tun? Nicht wirklich viel, er muss es in seinem Herzen tun, dann werden „Zufälle" in sein Leben treten, gepaart mit guten Ideen, und er wird den erwünschten Erfolg haben!

Auch der Placeboeffekt ist ein wunderbares Beispiel, dass Handeln nicht die eigentliche Ursache ist. Denn wir wissen ja, dass der Einwurf dieser Tablette an sich keinen Nutzen hat, es ist lediglich der Glaube daran, dass die Pille dieses Resultat liefert. So kann natürlich auch jemand durch harte Arbeit zu etwas kommen, glaubt er zumindest. Im Grunde ist es aber immer der Glaube, der das Resultat liefert.

**Also beginne deinen Glauben an Wohlstand aufzubauen. Tue es einfach!**

Angenommen, du kommst heute auf die Idee, dass du Millionär werden möchtest. Zurzeit hast du Schulden und dein Einkommen reicht gerade, um dich über die Runden zu bringen; sagen wir, du hast 1500 €/Monat. Wenn du jetzt sofort, nachdem du diesen neuen Entschluss gefasst hast, beginnst zu handeln, dann handelst du auf der geistigen Grundlage von 1500 €/Monat. Du solltest **zuerst** dein Inneres auf mehr Geld trimmen und **dann** handeln. Du kannst sonst tun, was du willst, unterm Strich wird immer genauso viel bzw. genauso wenig da sein!

Also lass dir mit den Handlungen einfach Zeit! Vergib und

visualisiere, aber lass dein Leben einfach, wie es ist. Du wirst es nach einer gewissen Zeit merken, dass du dich langsam, aber sicher veränderst. So könnte es dir passieren, dass dir deine momentane Tätigkeit auf einmal beginnt Spaß zu machen. Du verrichtest deine Arbeit dadurch freudiger und besser. Dein Chef könnte das zum Anlass nehmen, dein Gehalt zu erhöhen und dich später vielleicht zum Teilhaber zu machen. Ich meine, versuch nicht krampfhaft, etwas im Außen zu verändern!

Verändere dein Inneres, und der Rest wird folgen.

Ich habe schon oft den Begriff „Schreibblockade" von anderen Schriftstellern gehört. Selbstverständlich hatte ich so was noch nie. Autoren haben nur dann eine Schreiblockade, wenn sie unbedingt etwas zu Papier bringen wollen, ohne inspiriert zu sein! Also im Außen etwas tun wollen, was sie im Inneren nicht haben. Wenn mir nichts zum Schreiben einfällt, dann schreibe ich eben nicht. Ich arbeite weiter an der Verbesserung der Inhalte meines Unterbewusstseins. Das ist die einzige Arbeit, die ich täglich ohne Wenn und Aber ausführe. Irgendwann wache ich dann morgens auf, und ich habe viele Ideen im Kopf, was ich schreiben kann. Dann fließt es nur so aus meinem Inneren heraus, und es macht mir Freude!

Also überlege nicht, wie du mehr Kohle machen könntest, arbeite an dir selbst, dann werden die guten Ideen ohne Probleme aus deinem Unterbewusstsein auftauchen!

## 37. Selbst denken!

### Dein Unterbewusstsein kann ein „Nein“ nicht hören?

Vielleicht kennst auch du diese weitverbreitete Meinung, dass das Unterbewusstsein ein „Nein“ nicht hören kann. Ich bin jedenfalls schon oft in irgendwelcher Erfolgsliteratur darauf gestoßen und habe mir mal die Mühe gemacht, darüber zu nachzudenken.
Bei dieser Kommunikation mit deinem Unbewussten ist es wie bei einem Gespräch zwischen zwei Personen, wo ja auch der Ton die Musik macht. Wenn jemand was Nettes sagt, aber mit ironischem Unterton, so ist es der Ton, der erkennen lässt, wie es gemeint ist. Oder wenn mein Kumpel mich mit einem: *na du Drecksack ...* begrüßt, weiß ich auch, dass er mich mag. So ist es auch beim Unterbewusstsein, auch dieses weiß sehr genau, wie du etwas meinst, und es wird nicht kleinkariert auf irgendein Wort stieren! Es ist **deine Überzeugung**, und so kannst du ruhig sagen: *Ich werde nicht krank!*, wenn du es denn auch so meinst! Sagst du das Gleiche, bist dir aber in deinem Inneren unsicher und fürchtest du dich eigentlich vor Krankheit, dann wirst du krank werden! Aber nicht weil du den Satz so formuliert hast, sondern weil es deinem Glauben entspricht!
Wenn **du** weißt, was damit gemeint ist, dann weiß dein Unterbewusstsein das natürlich auch! Das Unterbewusstsein ist nicht irgendein Teil von dir, du **bist** dein Unterbewusstsein!
Viele Worte, die Verneinungen enthalten, fühlen sich für mich großartig an, wie z. B. „grenzenloser Reichtum“ oder „unendliche Fülle“. Grenzenlos enthält natürlich das Wort „Grenze“ und unendlich enthält das Wort „endlich“. Aber es gibt ja zu vielen solcher Wörter gar keine Alternativen. Wie es sich anfühlt, ist wichtig; das, was **du** darunter verstehst. Wenn du stolz darauf bist, dass du etwas **nicht** tust, was andere machen. So ist es das Gefühl des Stolzes in Verbindung mit dieser Begebenheit, was dich

beflügeln wird!
Natürlich ist es Unsinn zu affirmieren: *Die Armut ist so schlimm, ich möchte nicht mehr arm sein!* Aber das hat etwas mit Konzentration zu tun. Man geht immer in die Richtung seiner Aufmerksamkeit, und in diesem Falle wäre sie auf Armut gerichtet. Wenn ich mal wieder im Frühjahr oder Herbst nur im T-Shirt rumlaufe und mir jemand erzählt, ich solle aufpassen, dass ich mich nicht erkälte, dann entgegne ich ihm entschlossen, dass **ich** nicht krank werde! Und ich werde tatsächlich nicht krank, kann mich nicht erinnern, wann ich das letzte Mal einen Schnupfen hatte. Wenn ich das sage, dann fühlt es sich gut und richtig an, und ich bin stolz darauf, nicht krank zu werden.
Ich finde, es ist auch gar nicht wirklich möglich, jetzt alle verneinenden Worte aus dem Sprachgebrauch zu streichen, man würde sich anhören wie ein Schwachmat.
Selbst Jesus sagte uns: *Widerstrebe nicht dem Übel!* Auch in Psalm 91, der als großer Schutzpsalm gehandelt wird, gibt es Verneinungen:

***„Es wird dir kein Übel begegnen, und keine Plage wird zu deiner Hütte sich nahen ...“***
Psalm 91,10

Es ist also immer dein Glaube, nachdem dir geschehen wird. Also setze alles daran, deinen Glauben an Unversehrtheit, Wohlstand und gutes Gelingen zu stärken!

## Die innere Stimme?

An dieser Stelle möchte ich noch mal auf die innere Stimme zu sprechen kommen. Es ist einer der größten Irrtümer und Falschaussagen in der Lebenshilfe-Literatur, dass du immer auf die innere Stimme hören sollst, weil diese dir immer den richtigen

Weg weist. **Das ist totaler Humbug!** Das hört sich immer so an, als wenn da jemand ein GPS-gesteuertes Navigationssystem in seinem Inneren hat, das unbestechlich jedem Menschen den Weg zum Glück weist. Manche Erfolgstrainer werben damit, dass sie dir Techniken beibringen, die dich lehren, **noch besser** auf deine innere Stimme hören zu können. Wo sollte denn diese Stimme herkommen? Von dem Herrn persönlich? Warum sollte dieser dir Ratschläge erteilen, mit denen er dich ja manipulieren würde? Dein Schöpfer hat dir 100%ige Freiheit gegeben, selbst zu entscheiden. **Die innere Stimme ist lediglich ein Widerhall der Inhalte deines Unterbewusstseins!** Diese Stimme kommt aus deinem Inneren und kann dir nur das raten, was in deinem Inneren ist! Das ist absolut logisch! Wenn dein Unterbewusstsein von Armut geprägt ist, kann es dich nicht zu Wohlstand führen! Wenn du ihm jahrzehntelang durch deine Gedanken Krankheit aufgeprägt hast, kann es dich niemals zu Gesundheit führen! Du wirst dir unbewusst die Heilmethoden und die Ärzte aussuchen, die deine schlechte körperliche Verfassung nicht verbessern werden. Wenn dein Inneres von jahrzehntelangem „Ich bin zu dick“ geprägt wurde, kann dich deine innere Stimme nicht zum Schlanksein führen. Sie wird dich den Diäten und Lebensmitteln zuführen, die dich noch dicker werden lassen.

**Deine innere Stimme ist immer nur ein Widerhall der Inhalte deines Unterbewusstseins!**

Diese Stimme ist immer nur so wertvoll wie diese Inhalte! Wenn jemand durch und durch negativ geprägt ist, wird diese Stimme alles andere als wertvoll sein. Sie wird diese Person immer wieder zu dem falschen Partner führen, immer wieder zu finanziellen Verlusten anregen, immer wieder Dinge tun lassen, die ihn nicht glücklich machen!

Aber du kannst diese Stimme nicht abstellen, sie ist ja auch in den meisten Fällen gar keine Stimme, sondern eher eine Ahnung. Du wirst immer nach dieser Ahnung gehen, das ist logisch! **Egal was**

**diese Stimme dir sagt, du wirst es immer für das Richtige halten.** Denn diese Stimme ist dein Unterbewusstsein, und dein Unterbewusstsein – das bist du! Es ist das, wie du tief in deinem Herzen glaubst und bist! Also wirst du immer darauf hören, ein Entfliehen ist nicht möglich! Die einzige Möglichkeit, diese Ahnung zu verbessern, ist, dass du die Inhalte deines Unterbewusstseins verbesserst! Dann wird sich diese Stimme den neuen Inhalten anpassen müssen! Es ist also ganz simpel, denke stetig an das, was du erreichen willst! Also wenn du übergewichtig bist, dann stelle dich nicht nackt vor den Spiegel und betrachte deine Fettpolster und verachte dich dafür! Betrachte lieber Menschen, die so aussehen, wie du es gerne möchtest, und erfreue dich daran. Lobe und preise schlanke Körper! Wenn andere das können, dann kannst du das auch! Du musst nur die Inhalte deines Unterbewusstseins in diese Richtung prägen!
Wenn du arm bist, stiere nicht auf das, was dir fehlt und bemitleide dich selbst. Geh lieber durch ein Millionärsviertel spazieren und erfreue dich an den schönen Villen und den teuren Autos davor. Wenn andere das können, dann kannst du das auch! Du musst nur die Inhalte deines Unterbewusstseins in diese Richtung prägen! Ich kann dir versichern, dass das wesentlich mehr Freude macht, als über die Unzulänglichkeiten des eigenen Lebens zu sinnieren! Wenn du damit begonnen hast, dann musst du hartnäckig dabeibleiben, bis du dein Ziel erreicht hast!

## Gleich und Gleich gesellt sich gern

„Gleich und Gleich gesellt sich gern“ ist ein toller Spruch! Die Leute sagen es so dahin, ohne den Gedanken zu Ende zu denken! Sie sagen es so, wenn sie zum Beispiel zwei Deppen sehen oder zwei besonders dicke Menschen. Aber wenn Gleich und Gleich sich gern gesellt, warum beklagen sie sich dann z. B. über das Verhalten ihres Mannes oder ihrer Freundinnen? Ja, Gleich und

Gleich gesellt sich tatsächlich gern, aber dann muss ich auch erkennen, dass ich den anderen in mein Leben gezogen habe aufgrund meiner eigenen Schwingung! Wenn ich mich dann über den anderen beklage, beklage ich mich doch eigentlich über mich selbst, oder? Aber so weit reicht die Selbstreflexion der meisten Menschen nicht.

Wenn du der Meinung bist, dass die Menschen in deinem Leben nicht die besten sind, dann solltest du dieses Sprichwort mal genauer unter die Lupe nehmen. Du solltest dich fragen: *Warum also sind diese Leute in meinem Leben?* Ja natürlich, weil du sie selbst angezogen hast! Verändere die Inhalte deines Unterbewusstseins, und auch dein Umfeld wird sich wandeln! Natürlich werden jetzt viele sagen: *Dieses Sprichwort stimmt ja gar nicht, ich bin ja gar nicht so wie mein Mann!* Das mag sein, aber trotzdem hast du ihn angezogen! Wenn beispielsweise eine Frau sich immer darauf konzentriert, wie schlecht und abstoßend Untreue ist, dann sollte sie sich nicht wundern, wenn sie damit einen untreuen Mann in ihr Leben einlädt. Auch wenn sie selbst absolut treu ist, wird das so kommen. Das Gleiche kann man beobachten bei Frauen, die immer einen Säufer an ihrer Seite haben, obwohl sie selbst nicht trinken. Auch da ist es ihre Konzentration auf diesen negativen Umstand. Vielleicht war schon der erste oder zweite Freund in ihrem Leben einer, der zu viel gesoffen hat. Nun richtete sie ihren Fokus stetig auf das, was sie nicht will, und zog damit nach jeder Trennung wieder jemanden an, der dem Alkohol sehr zugetan war.

Also wenn dir die Leute in deinem Leben nicht sonderlich gefallen, dann beginne, dein Unterbewusstsein durch Vergebung auszumisten. Präge deine wahren Wünsche mit Imagination tief ein, dann muss sich dein Umfeld verwandeln! Manche Menschen werden einfach und schmerzlos aus deinem Leben treten, und neue, die dir genehm sind, werden in deinem Leben auftauchen!

**Wenn du die Menschen in deinem Umfeld kritisierst, dann hast du das Gesetz der Anziehung nicht verinnerlicht, denn im Grunde kritisierst du dich selbst!** Sei nicht so blöd! Denn durch diese Kritik an deinem Mitmenschen werden sich diese Umstände verhärten! Sei klug und erkenne, dass es an dir selbst liegt, an deinem eigenen Glauben! Wenn du das geschnallt hast, dann wirst du mächtig, denn jetzt kannst **du etwas verändern!** Vorher warst du nur ein Opfer! Jetzt bist du ein machtvoller Schöpfer, der die Inhalte seines Unterbewusstseins verändert und dadurch ein wunderbares Leben erntet!
Natürlich warst du schon vorher ein machtvoller Schöpfer, schließlich hast du dir das Unerwünschte ja auch selbst erschaffen. Aber du wusstest es nicht, fühltest dich als Opfer! Jetzt beginnst du, bewusst zu erschaffen, bewusst das Gute in dein Leben zu holen!
Das Besondere daran ist, dass du das ganz allein kannst, du brauchst niemanden dazu. Noch nicht mal Bildung ist dazu erforderlich, du kannst ruhig ein bisschen unterbelichtet sein, das spielt keine Rolle! Auch ich halte mich nicht für besonders schlau. In der Schule war ich weit unter Durchschnitt, war fast jedes Jahr versetzungsgefährdet. Aber im Grunde ist das nicht von Interesse, ob du klug bist oder nicht. Die Gesetze des Lebens sind so simpel, dass sie ein 7-Jähriger verstehen kann. Das Einzige, was zählt, ist, dass du das umsetzt, was im Kapitel „Praxis“ geschrieben steht und sich auch schon durch das ganze Buch zieht!
Ich weiß, dass du das schaffst!

## 38. Partnerschaft 2.0

Ich bin immer wieder erstaunt, wie viele Ehe- oder Paarberatungen es gibt. Oder sagen wir so, eigentlich bin ich verblüfft, dass es Menschen gibt, die dort hingehen! Ich kann mir das irgendwie nicht vorstellen, dass sich da Menschen wirklich hinsetzen und dort einer völlig fremden Person ihre Probleme anvertrauen und dann auch noch erwarten, dass sie diese löst. Wie verzweifelt muss man sein? Und haben sie wirklich darüber nachgedacht? Ich meine, wenn sich zwei Personen ständig streiten oder sich nichts mehr zu sagen haben oder sich nicht mehr lieben, ist das doch Beweis genug, dass sie schwingungsmäßig nicht mehr zusammenpassen. Nun kann doch aber jegliche Änderung, die im Außen stattfindet, nicht diese Schwingungsharmonie wieder herstellen!
Natürlich kann ein gemeinsames Erlebnis, vielleicht ein toller Urlaub, das Paar wieder kurzfristig zusammenschweißen. Aber das liegt daran, dass die beiden sich ja jetzt auf das Gleiche konzentrieren, vielleicht die schöne Landschaft, vielleicht das leckere Essen in einem exotischen Land. Wenn sie wieder zu Hause sind, können sie davon noch ein, zwei Wochen zehren, und danach ist wieder alles im gleichen Trott.
Wenn zwei Menschen zusammenfinden, ist natürlich auf irgendeiner Ebene eine gewisse Gemeinsamkeit vorhanden. Ihre Schwingungen müssen auf dem gleichen Level sein. Das ist logisch, sonst würden sie nicht zusammenfinden. Im Grunde ist es dann eine gute Ehe, wenn diese Schwingungsharmonie aufrechterhalten bleibt. Das geht aber nur, wenn beide dieselben Leidenschaften haben, beide die gleichen Ziele verfolgen. Dann werden sie schwingungsmäßig vereint bleiben. Oftmals ist das aber nicht der Fall. Da lernen sich zwei kennen, sie finden zusammen, obwohl beide unterschiedliche Interessen haben. Na klar ist das einfach und bequem, wenn man sich optisch gefällt. Beide wollen ihre Einsamkeit beenden, beide wollen gerne ein harmonisches

Sexualleben und regelmäßige Zärtlichkeit. Klar, wenn man vorher gedarbt hat, ist man da schnell verliebt und möchte, dass es so bleibt. Aber meiner Erfahrung nach liegt der Grund der meisten Trennungen daran, dass keinerlei gemeinsame Intentionen vorhanden sind. So macht dann bald jeder das Seine, beide lassen sich so ein bisschen gehen, und schon befindet sich die Partnerschaft auf dem absteigenden Ast!
Die Lösung kann meiner Meinung nach nur darin bestehen, dass man gemeinsame Intentionen entwickelt, dass man sich Ziele setzt, die für beide erstrebenswert sind.
Wenn dann das Paar beginnt, diese gemeinsamen Ziele zu imaginieren, dann wird das die Partnerschaft in einem Maße beleben, wie du das vorher nicht für möglich gehalten hast!
Schon Dr. Joseph Murphy schrieb in seinen Büchern: *Wer zusammen betet, der bleibt zusammen!*
Man könnte intensives Visualisieren auch als Gebet bezeichnen!
Also die Paartherapie muss im Inneren beginnen, nicht im Äußeren. Wenn man diese gemeinsamen Intentionen nicht finden kann, dann wäre es wahrscheinlich besser, sich zu trennen.
Bei einer Frau in einem Coaching konnte ich das klar erkennen. Sie war seit 19 Jahren verheiratet. Sie hatten eine gemeinsame Tochter, die vor sechs Monaten 18 geworden und sofort zu ihrem Freund gezogen ist. Ab diesem Tag hatten sich die Eltern nichts mehr zu sagen! Das gesamte Eheleben hat sich nur um die Tochter gedreht, die beiden hatten keinerlei andere gemeinsame Interessen. Nun war die Tochter weg, und beide schwiegen sich nur noch an! Sie hatten nichts und fanden auch nichts, was nun an die Stelle des Kindes treten konnte, und sie ließen sich einvernehmlich scheiden!
Lieber ein Ende mit Schrecken als ein Schrecken ohne Ende.
Warum eigentlich eine kaputte Ehe aufrechterhalten? Es gibt nur einen Grund: Angst vor Veränderung, Angst, nicht etwas Gleichwertiges oder Besseres zu finden!
Aber Angst ist bekanntlich ein schlechter Ratgeber.

Die meisten Paare, bei denen es nicht gut läuft, wollen einfach nur ihre Gewohnheiten aufrechterhalten und glauben nicht daran, etwas Besseres finden zu können! Dafür nehmen sie dann in Kauf, in einer Partnerschaft, die sie einfach nicht glücklich macht, vor sich hin zu vegetieren. Wenn du etwas Besseres willst, dann musst du die Veränderung nicht nur akzeptieren, du solltest sie herbeisehnen! Da kann es natürlich auch passieren, dass du heftig aus deinen angenehmen Gewohnheiten gerissen wirst. Das kann natürlich auch mal unbequem bis total lästig sein. Aber so ist es nun mal mit der Veränderung. Bevor etwas Neues, etwas Gutes entstehen kann, muss erst mal das Alte sterben! Dem solltest du dich nicht verschließen, sonst wirst du noch in zwanzig Jahren in derselben, nichtfunktionierenden Ehe gefangen sein. Irgendwann bekommst du Depressionen, verfällst dem Alkohol oder stürzt dich in immer neue, außereheliche Affären, die dein Leben nur noch komplizierter machen.
Falls du in einer Partnerschaft lebst, erkenne, wie wichtig es ist, gemeinsame Ziele zu verfolgen und diese gemeinsam zu visualisieren! Natürlich kann auch eine Ehe ohne gemeinsame Interessen harmonisch sein, aber dazu müssen sich beide gut ergänzen. So könnte es bei einem Mann sein, der beruflich stark eingebunden ist, und seine Frau ist zu Hause. Er findet es toll, nach der Arbeit in ein gemütliches Heim zu kommen, wo schon ein leckeres Essen auf dem Tisch steht. Viele Frauen bevorzugen auch das gemächliche Leben zu Hause mit einem sehr gut verdienenden Mann.
Falls du Single sein solltest, erkenne, dass es nicht sinnvoll ist, sich an einen Partner zu binden, mit dem dich keinerlei gemeinsame Interessen oder Ziele verbinden. Nur mit jemandem zusammen zu sein, bloß weil er als neuer Gefährte erst mal die Einsamkeit und sexuelle Enthaltsamkeit beendet, ist da nicht besonders vorausschauend gedacht.

Ich kann das durchaus verstehen, die Menschen dürsten nach Liebe, und die meisten Leute nehmen das erste Wasserloch, dem sie begegnen, egal wie dreckig es ist.
Genauso wäre es, wenn man schon seit Tagen nichts gegessen hätte, da würde man auch etwas zu sich nehmen, was eben so gerade akzeptabel wäre, wer würde in einer solchen Situation schon darauf warten, dass der Hummer serviert wird? Also ich kann es durchaus verstehen, ich selbst war früher genauso, aber diese Partnerschaften haben alle im Desaster geendet. Wenn ich genau darüber nachdenke, waren sie schon von Anfang an eine Katastrophe!
Natürlich wirst du so aber nicht deinen Traumpartner finden! Versuche schon als Single, stetig deinen wahren Seelengefährten zu imaginieren. Wenn du den gefunden hast, kommt der Rest von allein! Wenn du ihn nicht hast, versuche wenigstens, von Anfang an gemeinsame Ziele zu definieren, und visualisiere diese mit ihm zusammen. Du wirst es dann selbst erleben, wie sehr so etwas ein Paar zusammenschweißen kann!
Der häufigste Fehler in den meisten nicht funktionierenden Partnerschaften ist das **unbewusste Kennenlernen**, oder anders gesagt, ich nehme den Erstbesten, der gerade zur Verfügung steht: Ich lerne jemanden kennen und versuche das, was mir nicht gefällt, durch Kritik am anderen zu ändern. Ich versuche, den anderen zu verbiegen, bis er annähernd so ist, wie ich mir meinen Traumpartner vorstellen würde. Natürlich funktioniert das in den meisten Fällen nicht. Wie würdest du es finden, wenn du jemanden kennenlernst und dieser will dich erst mal von Grund auf ändern? Vielleicht möchte dein neuer Partner, dass du abnimmst, gewisse Freunde nicht mehr siehst, andere Kleidung trägst, dich anders frisierst, bestimme Dinge tust, die du nicht machen willst. Andere Dinge, die du gern magst, sollst du nun nicht mehr machen. Na, Lust drauf, den zu heiraten? Natürlich nicht!
Viele Glauben auch, sie könnten ihren perfekten Partner durch eine

Art Auslese finden. Indem sie viele kennenlernen und dann aussortieren, was sie nicht wollen, dann muss ja übrig bleiben, was sie wollen. Hört sich erst mal logisch an. Aber das Gesetz der Anziehung funktioniert anders, durch die Aufmerksamkeit dessen, was sie nicht wollen, produzieren sie immer mehr davon. Ich hatte mal eine Angestellte, die hatte das zur Perfektion getrieben. Sie sagte wörtlich: *Ich kann darauf wetten, wenn ich in einer Bar oder Diskothek stehe, ist es* ***immer*** *der größte Idiot im Saal, der mich anquatscht!*
Und sie hatte recht, ich hab es selbst mehrmals gesehen! Und das, obwohl sie durchaus attraktiv und sympathisch war!
Auch sie hatte zuvor immer geglaubt, dass sie nur genug Männer kennenlernen muss, um die Spreu vom Weizen zu trennen. Aber aufgrund ihres Fokus auf das, was sie nicht wollte, kam irgendwann nur noch Spreu, und die Qualität dieser wurde immer mieser!
Dieser Ansatz, aus der Masse das Gute herauszukristallisieren, funktioniert vielleicht, wenn du ein neues Auto brauchst, da kannst du viele Probefahrten machen und kaufst dir dann das Beste von allen. Aber so funktioniert es nicht bei der Partnerwahl.
Vielleicht kennst du ja auch den wirklich dummen Ratschlag deiner Mitmenschen, dass du einfach nur mal deine Ansprüche runterschrauben sollst, um so endlich einen Partner zu finden. Ich kann dir von vornherein sagen, dass das nicht funktionieren kann. Das könnte sich so abspielen: Deine Mutter zeigt dir einen möglichen Partner und sagt: *Ich hab da was wirklich Nettes bei mir auf Arbeit, ist auch Single, ich glaube, würde perfekt zu dir passen!* Du riskierst einen Blick und würdest dich am liebsten übergeben! Genau dann könnte dieser Ratschlag, doch mal deine Ansprüche herunterzuschrauben erfolgen! Wie soll man das eigentlich machen? Ich meine, da ist etwas, das mir richtig gut gefällt. Ob nun Partner, Gegenstand oder Begebenheit. Nun soll ich mich hinstellen und soll etwas, was deutlich schlechter ist, gut finden? Ja

ich soll es sogar lieben lernen? Wie soll das gehen? Es funktioniert nicht!
Glaub mir, du bist gut, wie du bist, und irgendwo da draußen ist ein anderer Single, der genau das sucht, was du bist! Und der dabei genau so ist, wie du es dir wünschst! Du musst nur damit in Schwingungsharmonie kommen, und das tust du durch **bewusstes Kennenlernen**: Dir bewusst ausmalen, wie dein Partner sein soll! Dass er dich vielleicht so sein lässt, wie du bist, dass er deinen Körper mag, wie er ist. Dass er dich liebevoll an neue Dinge heranführt, dass ihr gemeinsame Interessen und Ziele habt oder sie entwickelt. Dass ihr sehr liebevoll und harmonisch miteinander umgeht – oder was auch immer du vom perfekten Gefährten erwartest. Wenn du dir das täglich imaginierst, dann wird früher oder später ein solcher Partner in dein Leben treten. Natürlich musst du auch Geduld mitbringen. Wenn du erst seit sechs Wochen imaginierst und der erwünschte Mann oder die erwünschte Frau ist noch nicht da, dann solltest du auf keinen Fall aus Verzweiflung das Erstbeste nehmen und dort aus Bequemlichkeit verweilen. Wenn du dann drei Jahre mit dem Erstbesten zusammen bist, geht ihr gemeinsam zum Paartherapeuten, und der soll es dann richten? Vielleicht indem ihr beide Kompromisse eingeht? Ich halte nicht viel von Kompromissen. Wenn beide welche eingehen, bekommt keiner von beiden, was er wirklich will. Jeder bekommt etwas anderes. Angenommen, man will gemeinsam ins Kino gehen, er möchte gern den neuen Splatter-Film gucken, sie die neue Liebeskomödie mit Mattias Schweighöfer. Jeder könnte nun beim Film des anderen erbrechen, also werden sie einen Kompromiss tätigen und landen dann bei einem durchschnittlichen Abenteuerfilm, an dem beide nicht ihre Freude haben. Fazit: Gehst du keinen Kompromiss ein, bekommt wenigstens einer, was er will, gehst du einen ein, bekommt niemand, was er will!
Ich möchte mich hier natürlich nicht komplett gegen Kompromisse aussprechen, manche lieben sie und fühlen sich wohl dabei, und

dann ist es natürlich o. k. Es gibt auch viele Menschen, deren Partnerschaft nicht perfekt ist, die von Höhen und Tiefen geprägt ist, aber sie wollen sich dennoch nicht trennen. Auch das ist o. k., für einige ist eben eine Trennung selbst schon Horror. Viele sind da traumatisiert aus ihrer Kindheit, weil die Eltern sich haben scheiden lassen. Das muss natürlich jeder für sich selbst entscheiden, ich möchte dich nur dazu ermuntern, dich nicht selbst zu belügen, wie es viele leider tun. Bei vielen ist die Ursache dazu mangelndes Selbstbewusstsein. Die glauben, wenn der Partner weg ist, dass sie dann keinen gleichwertigen oder gar besseren mehr finden können. Also belügen sie sich selbst und gaukeln sich vor, dass es ja eigentlich gar nicht so schlimm ist.
Ich rate dazu, durch tägliche Meditation und Vision das Selbstwertgefühl zu steigern. Wenn das Selbstvertrauen steigt, kommen viele von selbst auf die Idee, dass sie eigentlich etwas Besseres verdient haben als das, was sie gerade haben!
Selbstvergebung ist die beste Möglichkeit, dein Selbstvertrauen in kurzer Zeit drastisch zu steigern! Praktiziere sie täglich, der Rest folgt von allein!

## 39. Gesundheit 2.0

Gesundheit oder besser gesagt Krankheit ist ja heute ein viel größeres Thema als je zuvor! Was wird uns nicht alles von der Schulmedizin und von anderen selbsternannten Gesundheitsexperten erzählt, was wir alles tun müssen oder unterlassen sollten, um nicht krank zu werden! Viele dieser Meinungen sind absolut widersprüchlich bis diametral entgegengesetzt. Während uns zum Beispiel jahrzehntelang erzählt wurde, dass uns Cholesterin umbringt, erklären jetzt auf einmal führende Herzspezialisten, dass es vollkommen egal ist, wie viele Eier man am Tag isst.

Während zum Beispiel der Professor aus Amerika sagt, wie schädlich etwas ist, sagt uns der Professor aus dem Vereinigten Königreich genau das Gegenteil.

Im Grunde sind diese Schulmediziner so sehr auf das Äußere fixiert, dass sie die wahren Zusammenhänge einfach nicht mehr erkennen können oder vielleicht auch nicht erkennen wollen.

Wie kommen Schulmediziner denn zu ihren Erkenntnissen? Ja, sie machen Versuche, Testreihen, Langzeitstudien usw. Im Grunde beobachten sie andere Menschen und reduzieren diese z. B. auf ihren Cholesterinkonsum und gucken dann, ob diese später gesundheitliche Probleme bekommen – weiter nichts.

Ein gutes Beispiel sind für mich immer der Alkoholgenuss und die Lebenserwartung. Da wird uns erzählt, dass Menschen, die täglich kleine Mengen Alkohol zu sich nehmen, eine höhere Lebenserwartung haben als jene, die viel trinken, oder diejenigen, die Alkohol komplett meiden.

Da wird jetzt nicht im Geringsten auf die Person selbst und ihren Lebensstil geschaut, sondern nur auf den Punkt Alkohol.

Solch eine Studie **kann** keine realistischen Ergebnisse erzielen, und so sind auch diese Untersuchungen schon von anderen Spezialisten widerlegt worden.

Wer sind denn diese Menschen mit dem jeweiligen Alkoholkonsum? Wer ist der, der auf der Flucht vor dem bösen Alkohol ist? Wenn er auf der Flucht vor Schadstoffen ist, dann ist das reichlich destruktives Denken! Er denkt viel an die negativen Folgen, die der Alkohol und andere Genussmittel mit sich bringen könnten. Und wer ist derjenige, der jeden Abend ein Sixpack Bier reinschüttet und vielleicht noch ein paar Wodka dazu? Hört sich nach jemanden an, der nicht viel Wert auf seinen Körper legt und der auch emotional nicht besonders stabil ist. Wer ist der Mensch, der vielleicht ein Glas Wein am Abend konsumiert? Ja, es ist der Genießer! Natürlich leben Genießer länger, aber nicht aufgrund ihres Konsums an Nahrungs- und Genussmitteln, sondern eher aufgrund ihres stetigen Wohlgefühls, das ihre Lebensart mit sich bringt.

Da solche Dinge wie Lebensgefühl, Wohlgefühl, positive oder auch negative Lebenseinstellung in der Schulmedizin keine allzu große Rolle spielen, sollten wir die Ärzte auch nicht allzu ernst nehmen.

Das Gesetz der Anziehung sagt ganz klar, jede Betrachtung von Krankheit begünstigt diese! Wenn ich mir Sorgen mache und zu etlichen Vorsorgeuntersuchungen gehe, erschaffe ich Krankheit! Heute gibt es so viele kranke Menschen wie noch niemals zuvor in der Geschichte der Menschheit!

Viele sogenannte Krankheiten gab es damals noch gar nicht! Sie wurden buchstäblich von Schulmedizinern erfunden. Zum Beispiel Burn-out – was ist das für ein Quatsch? Mir hat mal eine Leserin erzählt, dass sie mit 14 ihr erstes Burn-out hatte. Sie ist in einer normalen Familie aufgewachsen, wie soll das gehen? Eigentlich war es Perspektivlosigkeit! Sie wusste nicht, was sie mit ihrem Leben anfangen sollte, und deswegen war sie einfach sehr unzufrieden! Aber nur weil ein Mensch unentschlossen in seine Zukunft sieht und deswegen deprimiert ist, ist er doch noch lange nicht krank!

Das sind im Grunde die Medien, die es uns stetig einhämmern, dass man doch krank sein muss, dass es normal ist, eine Allergie zu haben, und so wirkt man auf andere schon fast liebenswert, wenn man „Rücken" hat oder eine allergische Reaktion! **Im Grunde wird Krankheit verherrlicht!** Es ist dasselbe, als würde man Dummheit verherrlichen und überall so tun, als wenn der, der besonders blöd ist, nun auch automatisch liebenswert sein muss! Das hätte natürlich zur Folge, dass sich viele dümmer präsentieren würden, als sie sind!
Durch dieses Verherrlichen von Krankheit entsteht ein allgemeiner Glaube an Krankheit! Es ist irgendwie normal, krank zu sein! Und es bildet sich der Volksglaube heraus, dass man für Krankheit nichts kann.
Der Medienkonsum ist um ein Vielfaches höher als zu meiner Jugendzeit, und sie berichten ausschließlich über Negativität! Damals gab es vier Fernsehsender, die relativ zeitig Sendeschluss hatten. Heute werden Menschen rund um die Uhr berieselt mit irgendwelchen Nachrichten, überall Werbung von Pharmakonzernen, die uns Krankheit einreden wollen. Da wird uns suggeriert, wie cool der Mann mit seinen hundsmiserablen Rückenschmerzen ist, der mit einem Medikament seinen Schmerzen trotzt und seinen großen, saudreckigen Hund spielend in die Badewanne hebt. Oder derjenige, der trotz schwerer Erkältung gut durchschlafen kann. Ja auch ihr von der Deutschen Herzstiftung seid mit für Herzinfarkte verantwortlich, wenn ihr stetig durch Plakate Angst schürt! Riesengroß stechen von diesen Werbetafeln die Wörter **HERZINFARKT** oder **BLUTHOCHDRUCK** ins Auge! Und tatsächlich wird jetzt wieder der ein oder andere Mitbürger einen Anstieg seines Blutdrucks zu verzeichnen haben! Viele werden jetzt ein bisschen mehr Angst vor einem Herzinfarkt haben als vor dem Betrachten dieses Plakates! Ständiges Reden über Krankheit erschafft

Krankheiten, ständiges Reden über Allergien erschafft mehr davon!
Denkt doch mal darüber nach, in meiner Kindheit hatte in meiner Schulklasse **niemand** eine Allergie! Wir waren 30 Schüler, Allergierate 0,0 % und das, obwohl **jedes** Reinigungsmittel eine chemische Keule war, **jeder** Haushalt mit Kohle geheizt hat. FCKW, Pestizide, chemischer Dünger – nichts war verboten! Autos hatten weder Kat noch Feinstaubfilter, und sie verbrauchten Unmengen von Benzin und Diesel! In den Häusern waren Asbest und Bleirohre verbaut. Die Nahrung strotzte nur so vor Konservierungsmitteln! Recycling war noch nicht erfunden, der Müll wurde einfach auf große Berge geschüttet oder ungefiltert verbrannt! Fabriken leiteten ihre Abwässer ungefiltert in die Flüsse! Pflanzenschutzmittel wurden hemmungslos eingesetzt! Wandfarben, Holzschutzmittel, die heute aufgrund ihrer hohen toxischen Eigenschaften längst verboten sind, waren in nahezu jeder Wohnung präsent! Auch unsere Kleidung war aus heutiger Sichtweise stark belastet mit Farben und Geweben und chemischen Zutaten, die heute längst verboten sind!
1961 forderte Willy Brandt im Wahlkampf, der Himmel über der Ruhr müsse wieder blau werden! Dass weiße Wäsche sich im Freien rußgrau verfärbte, war in dieser Region damals völlig normal.
**Trotzdem gab es wesentlich weniger Allergien als heute!** Es hat sich einfach niemand um Allergien geschert! Heute ist es das Erste, wenn das Baby irgendwo einen Pickel hat, dass gleich viele Tests gemacht werden. Natürlich wird der Arzt irgendwas finden, und schon wird diesem Säugling eingeredet, dass er dieses und jenes nicht verträgt, und ab sofort ist der Säugling ein Kunde der Pharmaindustrie und wird es ein Leben lang bleiben. Daraus entsteht dann irgendwann eine Nation von Jammerlappen, voller Depressionen, Burn-outs und Allergien!

**Die einzig wahre und wichtige Prophylaxe der Welt ist es, an einen stetig gesunden Körper zu denken und dieses ganze Gerede über Krankheit einfach an sich abperlen zu lassen!**
Burn-out, Midlife-Crisis, Depression und andere Gemütskrankheiten sind nichts anderes als Perspektivlosigkeit! Ich weiß, dass da viele fürchterlich kluge Menschen etwas anderes sagen, dennoch liegen sie falsch! Auch der Depressive selbst wird seine „Krankheit" verteidigen, weil er so ein Opfer ist. Opfer zu sein fällt vielen Menschen nun mal leichter, als selbst für ihr Unbehagen verantwortlich zu sein. Der einzig wahre Grund ist aber immer der, dass jemand seine wahren Ziele verleugnet oder nicht daran glaubt, dass er sie erreichen kann! Es ist völlig unmöglich, dass ein Mensch Ziele hat und sich täglich auf diese ausrichtet und trotzdem an einer Gemütskrankheit leidet!
Was glaubst du, würde passieren, wenn du dem depressiven Mann in den Fünfzigern auf einmal ein Multimillionenvermögen zur Verfügung stellen würdest und oben drauf noch eine spitzenmäßige Privatassistentin, die alles für ihn managt? Meinst du nicht auch, dass seine Depression wie weggeblasen wäre? Jetzt wäre er auf einmal machtvoll, er würde seiner Sekretärin sagen, sie solle den besten Scheidungsanwalt ausfindig machen und diesen mit der Scheidung beauftragen! Weiterhin würde seine Assistentin den Umzug in seine neue Luxusvilla managen und überwachen, er würde ihr sagen, sie solle ihm einen Rolls-Royce nebst Chauffeur besorgen und ihm helfen, attraktive Frauen kennenzulernen!
Glaubt wirklich jemand, dass er jetzt noch depressiv wäre?
Er war doch vorher nur depressiv, weil er sich in seiner Lebenssituation als Gefangener betrachtet hat! In einer Ehe, die ihn zumindest gelangweilt hat oder ihm gar zuwider war, mit einem Einkommen, das nicht für seine wahren Wünsche ausreichte!
Wenn das also funktionieren würde, dass man mit einem Millionenvermögen schlagartig von der Depression befreit ist, ohne Medikamente, dann finde ich es ziemlich logisch, dass es

keine Krankheit ist, sondern einfach ein Resultat von ausdauerndem negativen Denken!
Ich hatte damals mal eine Angestellte, sie war gerade 18 Jahre alt und Epileptikerin. Ab dem Moment, wo sie bei mir beschäftigt war, hatte sie nie wieder einen Anfall gehabt. Sie setzte ihre Medikamente ab und bekam trotzdem keinen Anfall mehr. Es lag einfach daran, dass sie aus einem völlig zerrütteten Elternhaus kam, Vater und Mutter Alkoholiker, völlig lieblos und asozial. Nun hatte sie in ihrem neuen Kollektiv das erste Mal in ihrem Leben Anerkennung und Herzenswärme erfahren, sie wurde gebraucht und geschätzt, und ihre „Krankheit" war einfach nicht mehr da!
Das ist nur ein Beispiel von vielen, die ich persönlich erlebt habe, dass sich eine Krankheit durch verbesserte Lebensumstände einfach in nichts auflöst. Viele Ärzte wissen schon, dass fast alle körperlichen Krankheiten einen psychosomatischen Ursprung haben. Aber diese Ärzte sind noch viel zu wenig! Obwohl man natürlich auch den Doc verstehen muss, schließlich lebt er recht gut von Allergien und Krankheiten, die eigentlich keine sind!
Alle körperlichen Vorsorgeuntersuchungen beruhen auf dem Prinzip: Mal gucken, ob mein Denken an Krankheit schon Früchte trägt! **Ein Körper ist wartungsfrei, und zwar zu 100 %!** Deine Gedanken beschriften dein Unterbewusstsein, und dieses ist verantwortlich für deine Zellbildung, deinen Stoffwechsel, dein Immunsystem und alle anderen Erneuerungs- und Heilungsprozesse deines Körpers. Das Unterbewusstsein erschafft jede einzelne Zelle deines Körpers! Dein Denken formt dein Unterbewusstsein!
Ob dein Unterbewusstsein nun eine gesunde Zelle erschafft oder eine kranke, das entscheiden einzig und allein deine vorherrschenden Gedanken!
Wenn du gesund sein willst, musst du an Gesundheit denken, über Gesundheit reden und Gespräche und TV-Sendungen meiden, in denen es um Krankheit geht!

Der eine Hundertjährige führt dieses Konzept an, warum er so alt geworden ist, der nächste hat ein anderes. Was glaubst du, warum gibt es so viele Ansätze, gesund zu bleiben? Weil jeder Körper anders reagiert! Warum tut Köper das, obwohl doch alle aus Zellen bestehen, in denen eigentlich die gleichen Abläufe stattfinden? Es ist so, weil jeder Mensch andere Inhalte seines Unterbewusstseins hat und die Zellen auf diesen Glauben reagieren!

**Übergewicht**

Schon als Kleinkind wurdest du darauf trainiert, dass Essen und besonders was Süßes etwas zur Belohnung ist, also etwas Gutes. Säuglinge bekommen, sowie sie anfangen zu weinen, die Flasche in den Hals gesteckt. Kleinkinder werden mit Schokolade belohnt und getröstet. Auch bei mir war das so, war das Zeugnis gut, wurde man mit Süßigkeiten belohnt. Musste man Schmerzen erdulden, z. B. man bekam eine Spritze, gab es danach zum Trost ein Eis. Daraus wird einfach ein Verhaltensmuster! Auch Weihnachten oder Ostern, die Feste der Völlerei, sagen uns ganz klar, dass Süßes gut und etwas Besonderes ist.
Später als Erwachsener, wenn du Frust hast, kommt dieses aufgeprägte Muster wieder hoch, und Schokolade tröstet dich! Viele stellen sich dann hin und machen den Tryptophangehalt der Schokolade für das Wohlgefühl verantwortlich. Aber das ist Unsinn, in einem Schweinesteak ist dieser Anteil wesentlich höher! Zumal man davon noch wesentlich mehr verzehrt. Wenn also jemand ein Schweinesteak von 250 Gramm isst, müsste ein anderer ca. 6 Tafeln Vollmilchschokolade oder 4 Tafeln Bitterschokolade essen, um auf denselben Tryptophangehalt zu kommen.
Es hat nicht das Geringste mit den Inhaltsstoffen zu tun als vielmehr mit der Prägung deines Unterbewusstseins! Hast du schon mal davon gehört, dass jetzt jemand ganz dringend ein Kotelett braucht, weil er sich ungeliebt fühlt? Angenommen, in deiner

Kindheit wären Schokolade und andere Süßigkeiten verpönt und stattdessen hätte man mit Käsebrötchen belohnt oder getröstet, dann würdest du dich auch heute damit belohnen und trösten! Und du würdest es wieder auf den Tryptophangehalt in dem Käse schieben. Aber es ist einfach die Prägung deines Unterbewusstseins. Es ist ziemlich wichtig, das zu erkennen, denn diese Prägung, die kannst du verändern! Das ist wahre Macht, wenn du erkennst, dass du kein Sklave deiner Kindheit bist. Wenn du erkennst, dass du die Gespenster aus der Vergangenheit besiegen kannst! Es gibt kaum etwas Erbärmlicheres als einen erwachsenen Menschen, der seine Eltern für sein eigenes Scheitern verantwortlich macht! Es ist nicht deine Erziehung, es sind nicht deine Gene, es sind nicht deine Prägungen, die dafür verantwortlich sind, wie dein Leben verläuft, das bist du alles ganz allein! Du kannst heute damit beginnen, diese alten Prägungen zu verändern, und dein Leben wird sich nachhaltig in die gewünschte Richtung bewegen! Nur musst du es auch tun! Viele Menschen sind leider so beschäftigt damit, Vorwürfe gegen andere zu erfinden und sich selbst zu bemitleiden, „weil sie ja nie eine Chance hatten". Wenn sie dieselbe Zeit aufwenden würden, an sich selbst zu arbeiten, würde sich ihr Leben recht schnell zum Positiven verwandeln!

Der eine schwört auf diese Diät, der nächste auf eine andere. Was glaubst du, warum gibt es so viele Konzepte, schlank zu werden? Weil jeder Körper anders reagiert! Warum tun Köper das, obwohl doch alle aus Zellen bestehen, in denen eigentlich die gleichen Abläufe stattfinden? Es ist so, weil jeder Mensch andere Inhalte seines Unterbewusstseins hat und die Zellen auf diesen Glauben reagieren!

**Sucht**

Den Tag las ich in den Medien den Satz: *Er ist aufgrund seiner Armut in die Drogensucht geflüchtet.*
Ich dachte mir: *Was für ein Schwachsinn!*
**Drogen kosten Geld! Wer sich die kauft, muss Geld haben!** Ich könnte mir wirklich nicht vorstellen, dass ein drogenfreier Mensch so dumm ist und denkt: *Ich bin sehr arm. Deswegen werde ich mir jetzt Drogen kaufen, dann geht es mir besser!*
Das ist völlig absurd!
Die nehmen doch keine Drogen, weil sie arm sind, sondern weil sie perspektivlos sind. Das sind sie aber, weil es ihnen an einer Vision für ihr Leben fehlt! Diese Vision können sie aber nur selbst haben, die kann ihnen nicht der Staat geben.
Aber gehen wir die Kausalkette noch weiter zurück, können wir erkennen, dass sie Drogen nehmen, weil es dort, wo sie aufgewachsen sind, normal ist, welche zu konsumieren!
In dem Viertel, wo sie groß geworden sind, werden viele Leute Drogen nehmen. Das wird dann zu einer Prägung ihres Unterbewusstseins. Für jemanden, der es bei seinen Eltern beobachtet oder seinen älteren Geschwistern, ist es eine Normalität!
Meine Eltern haben geraucht, also rauchten mein Bruder und ich später auch. Mein Vater hat gesoffen, also haben auch wir später gesoffen! Aber Drogen haben wir beide nie versucht! Ich habe noch nie in meinem Leben einen Joint geraucht und noch nie eine Line gezogen! Es war einfach nicht Teil unserer Prägung, und deswegen haben wir es nie getan!
Es ist also kein Problem von Armut, sondern Prägung gepaart mit Perspektivlosigkeit!
Prägung kann man überwinden! Perspektivlosigkeit ebenfalls! Zum einen solltest du dich immer und immer wieder mit dem Gesetz der Anziehung befassen, so lange, bis es für dich wie in Stein

gemeißelt ist, dass du selbst der Schöpfer deines Lebens bist! Wie sollte man völlig ohne positive Zukunftsperspektive sein, wenn man weiß, dass man sich Glück, Wohlstand und Gesundheit selbst erschafft? **Es ist irgendwie unmöglich, das Gesetz der Anziehung zu verstehen und gleichzeitig in der Opferrolle zu verharren!** Natürlich hat man Perspektiven, natürlich ist man voller Hoffnung, wenn man erkennt, dass man ganz allein sein Leben in der Hand hält. Für mich ist es immer noch das Größte, was mir jemals in meinem Leben widerfahren ist: die Erkenntnis, dass ich selbst der Schöpfer meiner Zukunft bin! Und so konnte ich ohne Therapie, ohne Arzt, ohne Beratung, ja wirklich „ohne alles", was Schulmediziner raten, meinen Alkoholismus überwinden. Genau genommen auch ohne Anstrengung! Wenn ich dieses Hin und Her sehe, von anderen Säufern, die ständig zu den Anonymen Alkoholikern gehen, ständig auf Entziehungskur sind und dennoch ständig Rückfälle erleiden, dann weiß ich ganz genau, dass das der falsche Weg ist! Der richtige Weg ist der, es in deinem Inneren zu tun! So war es bei mir, ich habe durch Vision die Inhalte meines Unterbewusstseins verändert, und es kam einfach der Tag, an dem ich keinen Alkohol mehr wollte! Ich war nie auf der Flucht davor, musste mich nie dazu zwingen, etwas nicht zu trinken! Ich hatte zu jeder Zeit Alkohol zu Hause, aber einfach keinen Drang mehr, etwas davon zu trinken! Wenn es da immer heißt: *Er kämpft gegen die Sucht ...*, so ist das natürlich völlig schwachsinnig, niemand hat je gegen eine Sucht gekämpft, das würde bedeuten, dass die Sucht einen eigenen Willen hat, der sich behaupten will, gegen deinen eigenen Willen.

Es ist so dermaßen banal: Ändere die Inhalte deines Unterbewusstsein durch Visualisieren der Freiheit, und es wird kein Kampf stattfinden. Dieser Kampf ist absolut sinnlos, weil immer die Seite gewinnt, die über 50 Prozent hat. Visualisierst du Freiheit von der Sucht, wird in kurzer Zeit diese Freiheit die Oberhand gewinnen, und da wird kein Kampf sein. Wenn die

Freiheit vom Alkohol weit über die 50-Prozent-Marke kommt, wirst du einfach keinen Drang mehr verspüren zu trinken! Heutzutage werden natürlich auch noch andere Süchte diagnostiziert. So gibt es Kaufsucht, Telefonsucht, Handysucht, Internetsucht, Kritiksucht, Sexsucht und noch viele andere. Fast monatlich kommt etwas Neues hinzu, was uns irgendwer als Sucht verkaufen will. Ich bin der Meinung, dass der Begriff „Sucht" einfach inflationär gebraucht wird. Also, ist der Workaholic wirklich süchtig oder liebt er einfach seine Arbeit mehr als seine Familie? Der Sexsüchtige, könnte es nicht einfach ein hochpotenter Mann sein, der Sex eben liebt? Was wäre, wenn er sich eine Frau suchte, die Sex ebenso liebt? Würde ihn dann noch jemand als sexsüchtig bezeichnen? Natürlich nicht! Wenn er mit einer Frau zusammen ist, die Sex nicht besonders mag, wird es natürlich Probleme geben! Genauso ist es bei sogenannten „Telefonsüchtigen". Könnte es nicht auch einfach sein, dass sie die Kommunikation mit ihren Freunden sehr mögen? Eine Sucht ist es meiner Meinung nach dann, wenn du selbst merkst, dass es für dich ein Problem darstellt! Solange für dich selbst alles in Ordnung ist, du glücklich bist, ist doch alles gut! Auch wenn du schon morgens um neun Lust auf einen Drink hast, solange du es selbst tief im Herzen gut findest und es dich nicht belastet, ist doch alles o. k.! Lass dir so was nicht von anderen Menschen einreden, sie wünschen sich einfach, dass du mehr Zeit für sie hast, und sind im Grunde genommen eifersüchtig auf deine Arbeit, dein Telefon. Oder sie haben den Glauben, dass man Alkohol erst ab einer bestimmten Tageszeit trinken darf. Wer bestimmt das eigentlich? Lass dich da nicht manipulieren, es ist dein Leben, und du entscheidest, wem du die größten Prioritäten einräumst! Und wenn das nun mal dein Telefon oder deine Arbeit ist, dann ist es eben so. Es ist deine Sache, und du bist jetzt nicht süchtig, nur weil es deiner Mutter nicht gefällt, dass du beim Abendbrot dein Smartphone in der Hand hast! Und wenn du lieber in deiner Firma bist als zu Hause bei deinem Partner, so ist das auch deine freie Wahl und kein Anzeichen für eine Sucht! Und wenn du Sex über alles liebst, such dir einen Partner, dem es ebenso geht!

## Erkältung?

Wissenschaftler haben schon in den 1960er-Jahren herausgefunden, dass kein logischer Zusammenhang zwischen Kälte und einem grippalen Infekt besteht. Die Kälte, also der Wärmeentzug, passt einfach nicht in die Kausalkette der Krankheitsentstehung hinein. Wenn wir eine „Erkältung" haben, egal ob Schnupfen oder Husten, dann hat uns ein Virus infiziert, und gerade in der Kälte **kann ein solcher Virus nicht existieren!** Das ist einfach, das ist logisch! Eigentlich gibt es daran nichts, was man nicht begreifen könnte. Jeder sollte es verstehen und ab sofort den Glauben an Erkältung ablegen und erkennen, dass es sich lediglich so zugetragen hat, weil daran geglaubt wurde!
Nun wurde uns aber allen schon als Kleinkind kontinuierlich und nachdrücklich eingeredet, dass wir uns warm anziehen sollen, die Mütze aufsetzen, den Schal umbinden, die Jacke zumachen usw., weil wir uns sonst erkälten!
Schon als wir im Kinderwagen lagen, wir noch nicht mal sprechen konnten, wurden wir besonders warm angezogen, die Eltern unterhielten sich dabei über Erkältung, so ist es ein fundamentaler Glaubenssatz unseres Lebens geworden! Die Folge ist, dass wir uns tatsächlich erkälten, wenn wir dann gefroren haben oder uns Zugluft aussetzten. Aber das ist einfach nur der Noceboeffekt, also schlicht und ergreifend Glaube. Der Glaube an Erkältung verursacht diese!
Nun erzähle das einem vernunftbegabten Menschen, und er wird nach Argumenten suchen, die seinen Glauben an Erkältung stützen. Es ist völlig bizarr, aber er sucht nach logischen Argumenten, mit denen er seine unlogische Meinung beweisen kann! Er stellt sich

jetzt nicht etwa hin und folgt seiner Logik und sieht ein, dass sein Glaube falsch sein muss, nein, er stellt sich jetzt hin und verteidigt seinen Glauben mit allen Mitteln. Mir kamen da schon Argumente unter, dass der Virus eben schon im Körper gesteckt hat und nun durch die Kälte wurde das Immunsystem geschwächt und konnte gegen diesen Virus nichts mehr unternehmen. Aber diese Aussage ist natürlich ebenfalls völlig unlogisch, dann müsste ja jeder, der sich bewusst der Kälte aussetzt, um sich abzuhärten, ja sein Immunsystem herunterfahren und jeglichen Viren Tür und Tor öffnen. Jeder weiß, dass das nicht der Fall ist. Aber auch der Mythos Abhärtung hat auch nur so lange Bestand, wie der Mythos Erkältung ihn hat. Im Prinzip heißt es: *Wenn du dich leicht der Kälte aussetzt, wirst du krank, setzt du dich stark der Kälte aus, schützt es dich vor ebendieser Krankheit!*

Das Prinzip der Abhärtung basiert auf dem unlogischen Prinzip der Erkältung.

Ich versuche mal, das eben Gesagte mit einer kleinen Episode zu untermauern:

1. Wenn ich im Herbst oder im Frühjahr bei ca. +10 Grad Celsius im Sportstudio war, ziehe ich, für den Weg zum Auto, keine Jacke mehr an. Für die Strecke bis zum Parkplatz brauche ich vielleicht 1–2 Minuten. Regelmäßig werde ich auf diesem Weg, bei solchen Temperaturen, angesprochen, warum ich keine Jacke trage, ob ich denn keine Angst habe, mich zu erkälten.

2. Ich war einmal im Januar bei ca. -10 Grad Celsius Lufttemperatur in der Ostsee baden. Das Wasser hatte ca. 0 Grad Celsius, und ich schwamm vielleicht 10 Minuten im Meer. Leute, die am Strand spazieren gingen, klatschten mir Beifall. Sie standen dick angezogen da und lobten mich, wie sehr ich mich abhärte, machten mir Komplimente.

Wenn man sich diese beiden Begebenheiten bildlich vorstellt und – so als Comiczeichnung – nebeneinanderhält, erkennt man für gewöhnlich die ganze Absurdität des Glaubens an Erkältung.

Man kann es drehen und wenden, wie man will, rein von Verstand und Logik her betrachtet gibt es eben keine Erkältung, es ist ein jahrhundertealter Glaube, der aber durch die Wissenschaft schon längst ad absurdum geführt wurde. Und wenn es keine Erkältung gibt, kann es natürlich auch keine Abhärtung dagegen geben! Dieser Glaube daran wird einfach von Generation zu Generation weitergereicht! Und dieser Glaube wird Bestand haben. Das hat wieder nichts mit Intelligenz zu tun. Da glaubt jemand durch Erziehung an Erkältung. Nun geht er mal im Winter leicht bekleidet vor die Tür, und prompt hat er am nächsten Tag ein Kratzen im Hals und die Nase läuft. Obwohl das Ganze nur durch seinen Glauben an Erkältung entstanden ist, wird es diesen Glauben **noch mehr** festigen: *Klar, es war einfach zu kalt, jetzt bin ich deswegen erkältet!*

Sein Glaube an diese Erkältung ist jetzt durch ein weiteres persönliches Erlebnis bestätigt worden, obwohl dieses Erlebnis ja nur durch Glauben entstanden sein kann. Denn im Winter vor der Tür lauern eben **keine** Erkältungsviren. Sie können da gar nicht auf ihn warten, weil sie bei niederen Temperaturen sofort absterben. Das ist eigentlich so was von logisch, dass es schon fast wehtut, wenn das jemand nicht verstehen möchte.

Wichtig ist natürlich zu erkennen, dass, **auch wenn** du es verstehst, dich dieses theoretische Wissen jetzt nicht vor Erkältungen schützen wird. Selbst wenn du diesem Kapitel mit stehendem Applaus beipflichten solltest. Wenn du jetzt denkst: *O. k., das habe ich verstanden, es ist total logisch!,*

kannst du dich nicht einfach ungeschützt der Kälte aussetzen und dabei gesund bleiben. Dein **Unterbewusstsein** wurde dein ganzes Leben lang so geprägt! Und das wird es auch heute noch, weil ja alle Menschen davon reden, im TV laufen ständig gut gemachte Werbespots, in denen uns erzählt wird, was man denn gegen die Erkältung tun kann, wenn man sie mal wieder hat! Die ganze Welt

glaubt an Erkältung und redet dementsprechend, niemand kann sich davon vollkommen abschotten.
Wie wir das schon in vielen anderen Beispielen hatten, dein Unterbewusstsein ist immer stärker als das Wissen deines Gehirns! Deswegen haben theoretische Erkenntnisse erst dann einen Sinn, wenn sie immer und immer wieder verinnerlicht werden.
So solltest du dir jeden Tag verinnerlichen, dass du ein wunderbarer Mensch bist, der es verdient hat, nur das Beste im Leben zu erhalten! Visualisiere täglich das Leben deiner Träume und staple nicht so tief! Denke **GROSS!** Nur so kann sich Großes manifestieren! Du bist ein wunderbarer Mensch, und in deinem Inneren ist **alles** an Potenzial, um das Beste vom Besten für dich zu manifestieren! Wenn du dir das selbst jeden Tag suggerierst, wird das in deinem Leben Früchte tragen und das Erwünschte wird immer mehr, und das Unerwünschte – wozu ja auch Krankheit zählt – immer weniger.

## 40. Kinder und das Gesetz der Anziehung

Die am häufigsten gestellte Frage von Lesern ist, wie es sich denn mit Kleinkindern und dem Gesetz der Anziehung verhält. Kindern, denen schlimme Dinge geschehen, da sie ja bestimmt nicht an so was denken, wie können dann diese Begebenheiten in ihr Leben treten?

Ja, es ist richtig, Kinder können noch nicht denken, ich meine **bewusst** denken. Bewusste eigene Schlüsse ziehen, Dinge infrage stellen usw., damit beginnt man vielleicht mit 8 oder 10 Jahren. Diese Kinder **werden** gedacht. Für Kinder ist natürlich das Gesetz der Anziehung genauso gültig wie für alle anderen, ihnen geschieht gemäß den Inhalten **ihres Unterbewusstseins**.

Da Kinder schon im Mutterleib einen Herzschlag und eine Zellteilung haben, ist es nur logisch, dass sie auch ein Unterbewusstsein besitzen. Und ein Unterbewusstsein wird durch die Informationen geprägt, die ihm vorgesetzt werden. Alles, was die Mutter während der Schwangerschaft redet, denkt oder fühlt, bekommt das Ungeborene auf irgendeiner unbewussten Ebene mit und speichert dies in seinem Inneren!

Wenn nun die Mutter ab Beginn der Schwangerschaft negativ denkt und mit anderen darüber spricht, was denn ihrem Baby alles Schlimmes widerfahren kann, oder es das Kind gar ablehnt, weil es eine ungewollte Schwangerschaft ist, so wird das Unterbewusstsein des Ungeborenen dies alles ungefiltert aufnehmen, dadurch wird es negativ geprägt. Auch später, wenn das Baby in der Wiege liegt und sich die Erwachsenen darüber unterhalten, was da draußen alles für Ungemach auf das Kind lauern kann, TV-Sendungen darüber gucken, Angst verströmen usw. oder das ungewollte Kind missachten oder gar schlecht über den „Schreihals“ reden. Das alles nimmt das Kind ungefiltert auf und wird noch negativer geprägt. Das Kind hat tief im Unbewussten **alle** Ängste, die die Eltern auch haben! Das Innere des kleinen Kindes wird nun sehr

negative Schwingungen aussenden, das Gesetz der Anziehung wird genau diese Schwingungen in Form von Materie, Personen und Begebenheiten zurück zu diesem kleinen Kind bringen!
Und so passieren eben auch Kindern schlimme Sachen, obwohl sie noch nie wirklich selbst gedacht haben.
Kennst du Emile Ratelband? Falls dir der Name nichts sagt, hast du aber sicherlich schon mal den Ausspruch: *Tsjakkaa! Du schaffst es* gehört. Emile ist ein holländischer Motivationstrainer, der Ende der Neunziger auf RTL mit der Vorabendserie „Tsjakkaa! Du schaffst es“ sein Publikum motivierte.
Vor ein paar Jahren war ich mal mit Emile in Frankfurt essen, und er erzählte mir die Geschichte von „Tsjakkaa“:
Es war einmal in Afrika vor vielen Jahren, als eine Frau schwanger wurde, ohne verheiratet zu sein. Da es in dieser Zeit an diesem Ort eine große Schande darstellte, ging sie zum Medizinmann, um die Schwangerschaft zu unterbrechen. Der Schamane aber weigerte sich, den Abbruch durchzuführen, mit der Begründung, dass ihr Sohn mal ein großer und gerechter König werde.
Schon als sie ihre Schwangerschaft nicht mehr verbergen konnte, wurde sie aus dem Ort gejagt. In einer anderen Stadt fand sie Zuflucht und Gnadenbrot und brachte ihren Sohn zur Welt, den sie Tsjakkaa nannte. Vom ersten Tag an erzählte sie ihrem Kind täglich, was seine Bestimmung sei, dass er ein großer, gerechter König werde. Als der Junge sechs war, spielte er nicht etwa mit dem Ball wie die meisten, sondern er spielte Königshof mit anderen Kindern, die seine Minister spielten. Mit 14 spielte er mit den anderen Jugendlichen, wie man ein Königreich erobert. Als er 19 war, wurde die Regierung auf den rebellischen jungen Mann aufmerksam und befand es als nicht so gut, was er tat. Dort war es Sitte, unliebsame Menschen einfach jenseits der Stadtmauern auszusetzen und sie so dem sicheren Tod im Dschungel zu überlassen. So wurde auch Tsjakkaa verbannt, aber da er ein Kämpfer war, überlebte er im Urwald. Er fand auch noch viele

andere Überlebende und vereinigte sie zu einer kleinen, aber sehr schlagkräftigen Armee. Mit dieser zog er los, überwand den Schutzwall und ging zurück ins Land. Sofort zogen sie los in Richtung des Regierungspalastes, und viele Bewohner schlossen sich ihm an. Auch viele Soldaten liefen zu ihm über, und so kam es, wie es kommen musste. Tsjakkaa eroberte mit seiner Armee den Königspalast und setzte sich selbst auf den Thron und regierte erfolgreich und gerecht.

So, nun weißt du, wie Emile zu seinem: *Tsjakkaa! Du schaffst es!* kam. Ob diese Geschichte nun wahr ist oder einfach nur ein Mythos, ist eigentlich nicht so wichtig. Sie hat so oder so eine tiefe Wahrheit: Gib deinem Kind die richtigen Suggestionen, und es wird ihm nichts unmöglich sein! Oder gib ihm die falschen, sage ständig: *Dazu bist du noch zu klein!* oder: *Das schaffst du nie!*, und dein Kind wird vermutlich nicht besonders erfolgreich werden. Also gerade wenn du Mutter oder Vater bist, solltest du bemüht sein, möglichst positiv zu denken, und davon sprechen, was du für erwünscht hältst. Ich glaube, dass es sehr viele Menschen gibt, die in den ersten Jahren ihres Lebens durch ihr Elternhaus so negativ geprägt wurden, dass es ihnen aus eigener Kraft nicht gelingt, ein beglückendes Leben zu führen. Also seid gnädig mit euren Kleinen, und gebt ihnen ein wahrhaft positiv geprägtes Unterbewusstsein mit auf den Weg. Erzählt ihnen täglich, dass sie wunderbare Menschen sind und sie wirklich **alles** in ihrem Leben erreichen können, wenn sie sich ausdauernd darauf fokussieren! Was könnte schöner sein, wenn du in hohem Alter in deinem Schaukelstuhl sitzt und beobachten kannst, dass deine Kinder herausragende Menschen geworden sind.

## 41. Praxis

Durch meine Tätigkeit als Autor und Erfolgscoach habe ich ziemlich viele Menschen kennengelernt, die das Gesetz der Anziehung kennen, aber ich habe festgestellt, dass die meisten von denen nur ein paar Bücher gelesen haben und nun glauben zu wissen, wie die Welt funktioniert. Und das Schlimmste: Sie glauben nun, dass aufgrund der Tatsache, dass sie das Gesetz der Resonanz kennen, sich nun ihr Leben auf wundersame Weise zum Besseren wandeln muss! Vielleicht wissen sie es ja tatsächlich, wie die Welt funktioniert. Aber wo genau liegt denn nun der Vorteil, wenn ich weiß, wie es funktioniert, aber es nicht umsetze? Wenn ich nichts mache, was mein Leben verbessern wird? Das ist theoretisches Wissen, das eigentlich überhaupt keinen Wert hat, wenn man es nicht anwendet. Das wäre so, als wärest du ein hochstudierter Ernährungsexperte, der ganz genau weiß, was gut für den Körper ist und auch was ihn vergiftet, der sich aber aus Faulheit ausschließlich von Fast Food ernährt. Was hat der von seinem anstudierten Wissen?

Du solltest unbedingt verstehen, dass die Kenntnis vom Gesetz der Anziehung für dich selbst überhaupt keinen Sinn macht, wenn du nicht konsequent an dir arbeitest! Viele, denen ich begegnete, machen trotz Kenntnis vom Gesetz der Resonanz andere für ihr eigenes Scheitern verantwortlich, obwohl sie sehr wohl wissen sollten, dass niemals ein anderer in ihrem Leben erschaffen kann. Daran kann man gut erkennen, dass sie dieses wunderbare Gesetz überhaupt nicht wirklich verinnerlicht haben.

Aber selbst ein festes Verinnerlichen ist ohne konsequente Arbeit an sich selbst immer noch vollkommen sinnlos. Was habe ich davon, wenn ich weiß, dass das Schlechte, was zu mir kommt, von mir selbst verursacht wurde? Derjenige, der es nicht weiß, kann sich wenigstens noch in die Opferrolle flüchten und es sich dort bequem machen!

Die wahre Macht hast du nur, wenn du das Gesetz vollkommen verinnerlicht hast und aus diesem Grunde täglich an dir selbst arbeitest. Mit den dann immer weiter verbesserten Inhalten deines Unterbewusstseins werden immer bessere Resultate in dein Leben strömen.
Sozusagen verschaffst du dir einen absoluten Wettbewerbsvorteil allen anderen Menschen gegenüber. Denn sei doch mal ehrlich, wie viele Menschen investieren täglich Zeit, um ihr Unbewusstes zu reinigen? Ihre Körper, ja, da sind sie ganz groß! Sie duschen zweimal täglich, cremen sich mit hochwertigen Lotionen ein, besprühen sich mit sündhaft teuren Parfums. Aber ihr Inneres? Da sieht es bei den meisten aus wie eine riesige Müllhalde! Selbst Menschen, die nach außen überaus positiv rüberkommen, sind innerlich oft völlig verdreckt von Groll und Schuldgefühlen. Wenn du ihnen mal ein bisschen auf den Zahn fühlst, sie nach ihrer Kindheit fragst oder nach ihrer ersten Ehe, dann kannst du oft beobachten, wie die positive Fassade zu bröckeln beginnt und sich der alte Hass und Groll Bahn brechen. Das ist ihr Inneres, ihr **wahres Ich!** Das ist es, was derjenige aussendet, und die Äquivalente dessen kommen in sein Leben! Da könnte man sich fragen: *Diese Frau ist doch so positiv, warum bekommt sie immer so viel Unerwünschtes in ihrem Leben?* Aber das ist immer nur die Antwort des Universums auf die Inhalte **ihres eigenen Unterbewusstseins.** Die Fassade ist nicht von Interesse! Es ist das tiefe Innere, was du verändern musst!
Ja, es geht nicht von heute auf morgen, das ist schon mal sicher! Genau deswegen macht es kaum einer!
Stell dir vor, auf der Titelseite einer Frauenzeitschrift wäre eine Diät beworben, mit der man täglich 15 Gramm abnehmen würde. Was glaubst du, wie viele diese Diät versuchen würden? Ich denke, kaum jemand! Obwohl man damit ja fast 5,5 Kilo pro Jahr abnimmt. In drei Jahren dann 16 Kilo weniger. Hört sich nach einem Erfolg an, oder? Trotzdem wird es kaum jemand tun! Nein,

die Masse der Menschen verfällt großen Versprechen wie zum Beispiel:
**8 Kilo in 2 Wochen, ohne Verzicht!!!**
Ja, **das** ist eine Diät, die was bringt! Wie fade klingt dagegen: 15 Gramm am Tag?
Aber du bist klüger, du weißt, dass sich die Inhalte deines Unterbewusstseins nicht von alleine verbessern! Auch nicht ohne Verzicht! Obwohl das Wort „Verzicht" bei der Diät sowie bei der geistigen Arbeit irreführend ist. Was ist denn das – „Verzicht"? Verzichtet der Nichtraucher auf eine Zigarette? Nein, er will sie gar nicht haben! Der Sportler, möchte der jeden Tag Unmengen Süßes in sich reinstopfen? Natürlich nicht, es würde ihm gar nicht schmecken, vermutlich müsste er sich übergeben! So wie dem Nichtraucher auch die Zigarette gar nicht schmecken würde und ihm schlecht würde. Es geht nur um eine **Veränderung einer Gewohnheit**, nicht um Verzicht. Ist diese Gewohnheit geändert, dann hat man eine neue, die sich gut anfühlt!
Wenn ich mehrere Stunden vor der Glotze sitzen müsste und mir dieses unterirdische Programm reinziehen sollte, so wäre es für mich eine Strafe! Wenn ich visualisiere oder meine Vergebung praktiziere, so fühle ich mich wirklich gut, und ich bin glücklich dabei!
Es ist eine wunderbare Gewohnheit, die mich glücklich sein lässt und dabei die Inhalte meines Inneren immer mehr zum Guten wandelt.
Deine Aufgabe besteht jetzt darin, eine sinnlose oder schlechte Gewohnheit in eine bessere zu wandeln! Natürlich kann das erst mal etwas lästig oder unbequem sein! Aber ich denke, dass du das Gesetz der Anziehung verstanden hast, sonst hättest du nicht bis hierher gelesen! Dann weißt du auch, dass die Kenntnis des Gesetztes der Resonanz nur dann Sinn macht, wenn du konsequent die Inhalte deines Unterbewusstseins verbesserst! Dann wird dein Inneres wunderbare Schwingungen aussenden, und wunderbare

Ereignisse und Begebenheiten werden die Antwort sein!
Ganz ehrlich, jeder, der nicht bereit ist, das umzusetzen, hat es auf irgendeiner Ebene nicht verstanden. Als ich es wirklich begriffen hatte, war ich besessen davon, mein Inneres immer mehr zu verbessern. Ich erkannte, dass es die einzige Tätigkeit der Welt ist, die wirklich etwas in meinem Leben nachhaltig ändern kann! Es ist die einzige Tätigkeit der Welt, die in der Lage ist, alle deine Wünsche wahr werden zu lassen!
Wenn du es schaffst, einen Großteil deiner alten nutzlosen Beschäftigungen wie TV-Konsum, Computerspiele oder Ähnliches in sinnvolle Tätigkeiten wie Vergebungsritual, Vision, Meditation zu wandeln, steht deinen wahren Wünschen nichts mehr im Wege!
Es ist immer die gleiche Kausalkette, durch Vergebung reinigst du, bringst du alten Hass und Groll heraus aus dir. Durch Vision bringst du positive Inhalte auf dein Unterbewusstsein herauf. Eigentlich ganz einfach, oder? Das ist wie bei einem Computer, wo die Festplatte voller schädlicher Daten ist. Diese Daten müssen heruntergelöscht werden. Wenn du jeden Tag auch nur eine schlechte Datei löschst und nur eine gute heraufIädst, dann wird irgendwann der Tag kommen, wo viel mehr Gutes als Schlechtes drauf ist. Das finde ich total logisch, ich hoffe, du auch!
Es wurden schon viele Bücher darüber geschrieben, wie man andere manipuliert, um das zu bekommen, was man will. Ich finde, dass das Schwachsinn ist, **du musst dich selbst manipulieren!**
Wie würde es dir denn gefallen, mit einem Partner Sex zu haben, den du manipuliert hast? So könntest du ihm ja gleich K.-o.-Tropfen geben. Oder jemand, den du manipuliert hast, gibt dir Geld, ich denke, das fühlt sich wie Diebstahl an.
Manipuliere dich selbst, so lange, bis du größtenteils Gutes aussendest, und dann wird größtenteils Gutes zu dir zurückkommen!
Es passiert nicht da draußen, es passiert in **dir drin**, und das da draußen ist nur die Auswirkung, die Antwort auf dein Inneres!

Die einzigen Handlungen, die wirklich was verändern, positiv für dich verändern, sind Handlungen, die die Inhalte deines Unterbewusstseins in die Richtung verändern, wie du dein Leben verändert sehen möchtest!
Es gibt keine Bestellung im Universum, es gibt nur die Prägung deines Unterbewusstseins!
Damals, vor 22 Jahren, als ich auf dem Bau als Hilfsarbeiter meine Brötchen verdiente: Während meine Kollegen in Pausenzeiten im Container saßen und gesellig Bier tranken, habe ich mich abgesondert, habe mir einen ruhigen Ort gesucht und habe von Wohlstand geträumt! In der U-Bahn habe ich keine Zeitung gelesen wie viele Fahrgäste, sondern ich visualisierte mir Reichtum! Ich war einfach besessen von dem Gedanken, ein selbstbestimmtes Leben zu führen! Nun bin ich schon seit über 20 Jahren Unternehmer, habe Geld, Angestellte, viel Freizeit und führe ein überaus selbstbestimmtes Leben! Wenn ich das kann, kannst du es schon lange!

## Vergebung 2.0

Du glaubst daran, dass Bill Gates noch reicher werden kann, als er schon ist? Aber du selbst kannst es nicht? Warum ist das so? Es ist so, weil du eine unzutreffende Meinung von dir selbst hast. Du glaubst, du bist nicht gut genug, um richtig reich zu werden! Du glaubst, tief in deinem Herzen, dass du das nicht verdient hast. Auch wenn viele gerne sagen: *Natürlich habe ich das Beste vom Besten verdient!* Aber das ist nur ein Lippenbekenntnis, das im Vorderstübchen kreiert wurde. Was in den tiefsten Tiefen des Unterbewusstseins steht, ist meist etwas völlig anderes! Dort, in der Tiefe deines Herzens steht, dass du nicht würdig bist, das Beste vom Besten zu erhalten! Warum ist das so? Weil das Unterbewusstsein der meisten Menschen Begebenheiten gespeichert hat, wo sie selbst nicht gerade geglänzt haben oder wo andere sagten, dass sie nicht gut genug sind. Ihre Eltern, Tanten, Lehrer – alle sagten es ihnen **unaufhörlich**, dass sie dieses und jenes nicht können, dass sie für das eine oder andere noch zu klein sind, dass sie für das Gute erst mal was leisten müssen usw. Sei doch mal ganz ehrlich, wer wurde denn schon so erzogen wie Tsjakkaa, wem wurde denn schon ständig suggeriert, dass er der Beste ist und eine wunderbare Zukunft erleben wird? Ich glaube, das sind absolute Ausnahmen! Den meisten wird ständig eingeredet, dass sie nicht gut genug sind. Und deswegen sind die meisten jetzt da, wo sie sind, und kommen einfach nicht weiter. Diese negativen Prägungen bekommst du aus deinem Inneren nur mit Vergebung wieder raus! Du musst den Menschen, die dir solche unzutreffenden Suggestionen gaben, vergeben, sie wussten es nicht besser! Meist wurden sie selbst genauso erzogen und haben es einfach nur weitergereicht!

Es ist doch logisch, dass ein Unterbewusstsein, das frei von solchen Eindrücken ist, wesentlich bessere Ideen in jemandem aufsteigen lässt als ein von latenten Minderwertigkeitsgefühlen und Selbstzweifeln verkrustetes!

Wenn Menschen aufgrund ihrer Erziehung und Prägung ein recht niederes Selbstwertgefühl haben, dann neigen sie dazu, sich sehr auf andere zu konzentrieren. Sozusagen suchen sie nach Fehlern in anderen, um sich so irgendwie aufzuwerten. Na klar kann sich das für den Augenblick recht gut anfühlen, wenn ich mich auf jemanden fokussiere, dem es noch schlechter geht als mir: *Im Gegensatz zu dem bin ich ja noch schlank ...* oder: *Guck dir den Penner da hinten an ...*

Mit diesen Worten konzentrierst du dich auf die Unzulänglichkeiten der anderen und machst sie zu deinen eigenen!

Wie die anderen sind, ist für dein Leben nicht wichtig!

Deswegen ist Vergebung so mächtig, weil du nur bei **dir selbst** aufräumst, ohne die geringste Kritik an anderen. Der Fehler liegt bei dir selbst! **Immer!** Das ist vom Gesetz der Anziehung klar

geregelt, es kommt in dein Leben, was **du selbst** vorher ausgesendet hast. Ob du das bewusst oder unbewusst getan hast, spielt nicht die geringste Rolle!
Niemals wird ein Mensch auf dieser Welt ungerecht behandelt! Auch wenn viele sich so fühlen. Dieses Gefühl kommt daher, weil sie denken: *Ich bin gut ...* Aber das sind nur oberflächliche Gedanken. Tief in ihrem Herzen fühlen sie sich wertlos, und genau das strahlen sie aus! Sie denken vorrangig an Unerwünschtes, und Unerwünschtes wird folgen!
Aus diesem Grunde musst du auch **dir selbst** vergeben, weil du derjenige bist, der die negativen Begebenheiten in dein Leben eingeladen hat! Auch wenn du das als Kind vollkommen unbewusst getan hast!
Dein Unterbewusstsein speichert alles, wie du es gesehen und empfunden hast zu dieser Zeit. Wenn du als kleines Kind etwas falsch gemacht hast und andere lachten dich aus oder schimpften mit dir, dann ist dieses „Versagen“ ganz tief in deinem Inneren verankert. Das ständige Herumkritisieren anderer hat dein Herz vergiftet. Diese Prägung aus der Kindheit ist dein Fundament für dein gesamtes Leben. Wenn dieses Fundament nicht besonders gut ist, kannst du alles versuchen, dein Leben zu einem Erfolg zu machen, es wird dir nicht gelingen! Man könnte sagen, der Boden ist verseucht, und du versuchst nun, schöne Blumen darauf zu züchten. Aber das wird nicht funktionieren, erst mal solltest du eine Vergebungstherapie machen, um dein Unterbewusstsein zu entgiften! Dadurch wird dieses Fundament gut und stabil, und deinem Glück steht nichts im Wege. Vom ersten Tage, an dem du regelmäßig vergibst, wird sich dein Inneres verbessern, negative Grollgefühle werden von Tag zu Tag weniger, und im selben Ausmaß wird sich dein Leben wandeln! Wie innen, so außen, je reiner dein Inneres wird, umso besser wird dein Leben im Außen werden. Eigentlich klingt das völlig logisch, oder? Kannst du dir vorstellen, dass ein Mensch, dessen Herz völlig von Hass

zerfressen ist, ein wunderbares, glückliches und gesundes Leben führt? Natürlich nicht! Aber auch der Groll der meisten Menschen, der völlig unbewusst ist, tief vergraben und fast vergessen, ist da nicht viel besser. Dazu kommen noch die Schuldgefühle der meisten, die ihr Übriges tun. Viele werden jetzt sagen: *Ich hasse doch niemanden.* Aber egal was du für eine Kindheit hattest, du hast unendlich viele negative Emotionen gegen Eltern, Onkel, Tanten, Lehrer, Mitschüler usw. angesammelt, **buchstäblich** unendlich viele! Geh doch mal in einen Supermarkt und beobachte Mütter, die mit ihren Kleinkindern einkaufen gehen. Da möchte jetzt das Kind im Kassenbereich den Schokoriegel haben. Die Mutter sagt: ***Nein!*** Sicherlich kennst du das, was jetzt folgt. Für die Mutter ist das eine alltägliche Situation, aber das Kind legt jetzt sehr starke Gefühle der Ungerechtigkeit auf seinem Unterbewusstsein ab. Das Kind glaubt jetzt, nicht gut genug zu sein, nicht würdig zu sein, einen billigen Schokoriegel zu bekommen! **Ja, in diesem Augenblick hasst es seine Mutter und glaubt an seine eigene Wertlosigkeit!** Das Kind hat diese Situation schon eine halbe Stunde später vergessen, aber dennoch ist dieses Ereignis dauerhaft, inklusive der Gefühle der eigenen Unzulänglichkeit und des Grolls gegenüber der Mutter, im Unterbewusstsein gespeichert.

**Du warst mal dieses Kind!**

Später wurde dir dies und jenes verboten, deine Eltern kritisierten dich vielleicht wegen deiner Frisur, deiner Kleidung, deiner Musik, deinen Freunden, deinen Interessen.

Immer wieder wurde dir durch die Blume gesagt, dass du „nicht richtig“ bist, dass irgendetwas nicht mit dir stimmt, dass du zu dumm bist zu erkennen, nur weil du nicht auf Bestellung deine eigene Meinung ablegen und die Meinung anderer annehmen wolltest.

Auch wenn du als vielleicht 30-, 40- oder 50-jähriger Mensch nicht mehr daran denkst, an die Tausenden Zurechtweisungen, Verbote,

Tadel, **sie sind dennoch in deinem Unterbewusstsein gespeichert!** Sie liegen dort, bis du in die Kiste steigst, falls du nichts dagegen tust!
Viele Menschen versuchen ständig, neue Inhalte in ihrem Unterbewusstsein zu verankern, durch Affirmation und Vision, sind aber niemals bereit, alte Ressentiments gegen andere und sich selbst aufzulösen. Diese aber wirken wie eine unendlich starke Staumauer, egal wie hoch sich das Gute dahinter auftürmt, sie lässt das Schöne nicht in dein Leben strömen. Oder um eine andere Metapher zu verwenden, ist es so, als zahltest du auf einem gesperrten Konto ein. Der Kontostand wächst und wächst, aber du kannst nichts davon verwenden. Diese schlechten Meinungen über dich selbst müssen vergeben werden! Jeder hat irgendwann etwas getan, worauf er nicht sonderlich stolz ist, jeder hat von anderen Menschen eingetrichtert bekommen, dass er nicht besonders wertvoll ist, dieses bekommt man einzig und allein durch Vergebung und Selbstvergebung neutralisiert!
Du erinnerst dich an viele Begebenheiten gar nicht mehr, aber sie sind trotzdem in deinem Unterbewusstsein gespeichert. Das ist wie bei Tschernobyl, da hat man einfach einen Betonmantel über den Strahlungsherd gegossen. Du hast sinnbildlich das Gleiche getan, du hast einen Betonmantel des Vergessens darüber gebreitet, aber innerlich sind dieser ganze Groll, diese ganze Wut, diese Selbstzweifel noch da und strahlen und zerstören dich von innen heraus! Und genau dieser latente Hass und Selbsthass, die tief verborgen in deinem Herzen schlummern, sind dafür verantwortlich, dass dein Leben nicht so richtig funktioniert! Dass du nicht reich und glücklich bist und die Beziehungen zu anderen Menschen nicht funktionieren, wie du es gerne möchtest.
An diese Stelle möchte ich einen Leserbrief veröffentlichen mit der Bitte an dich, es nicht so weit kommen zu lassen!

*„Hallo Andreas, danke schön, dass ich das Buch downloaden durfte! Merke schon nach dem ersten Kapitel, dass ich hier eine Perle bekommen habe: interessant und lebensnah! Vielleicht schaffe ich es doch noch, aus einer inneren Verkrampfung herauszukommen, die ich seit meinem 17. Lebensjahr mit mir herumtrage, weil ich schwer, schwer betrogen wurde und erst nach mehr als 50 Jahren die Wahrheit beweisen konnte. Mal sehen, ob es hilft, den Schmerz über ein verpfuschtes Leben zu überwinden. Hab ja noch Zeit, bin ja erst im 83. Lebensjahr. :) Hatte heute angefangen, dein Hörbuch bei YT zu hören. Jedenfalls vorab nochmals ein dickes Dankeschön!*
*Herzlichst der H...“*

Ich weiß nicht ob dieser Leser vorher schon mal was von Vergebung gehört hat oder nicht. Aber es hört sich sehr verzweifelt an, wenn jemand nach über 50 Jahren irgendetwas beweisen muss. So lange hat er wohl diesen Hass mit sich rumgeschleppt, unfähig, einfach zu verzeihen und zu vergessen!
Wenn du also willst, dass sich dein Leben drastisch und nachhaltig verbessert, ist es deine Aufgabe, diesen alten Hass, Groll und die Wutgefühle aus deinem Herzen zu verbannen. Jetzt! Fange heute damit an! Das Ganze funktioniert natürlich nicht, indem du nun sagst: *O. k., ich vergebe ihnen alles ...* – das wäre nur ein Lippenbekenntnis, weiter nichts. Es ist jetzt buchstäblich eine Fleißaufgabe. Du solltest dir jetzt jeden Tag mindestens eine Stunde Zeit nehmen! Und sag mir nicht, dass du sie nicht hast! Jeder hat die Zeit, der durchschnittliche Fernsehkonsum in Deutschland beträgt über drei Stunden täglich!
Lass die Glotze aus, du brauchst auch nicht stundenlang zu telefonieren, da wird eh nur getratscht! Auch irgendwelche Spielekonsolen oder sinnlose Games am PC oder Smartphone verbessern dein Leben kein Stück und sind eher ein Mittel, um die

Zeit totzuschlagen. Du wünschst dir ein wesentlich besseres Leben, als du es jetzt hast, und schlägst die Zeit tot? Ehrlich jetzt?
Diese eine Stunde für dein Vergebungsritual solltest du unbedingt aufwenden!
Mein Leben hat sich durch die Vergebung drastisch und nachhaltig verändert!
Alles wurde irgendwie leichter und besser. Finanziell hatte ich einen riesigen Durchbruch, ich verzehnfachte mein Einkommen!
Heute bin ich ein riesiger Fan von Vergebung, obwohl ich dir gestehen muss, dass ich sie damals immer absolut blöd fand. Ich hatte auch schon oft davon gelesen, dass man es tun sollte, aber ich habe einfach nicht wirklich den Sinn verstanden. Für mich hatte Vergebung immer solch einen kirchlichen Touch, und Kirchliches fand ich einfach total blöd. Natürlich hatte ich auch Resultate ohne Vergebung, aber es war nicht so richtig das, was ich mir erträumte!
Bei mir lief das folgendermaßen ab: Ich wollte endlich richtigen sichtbaren Erfolg, also schrieb ich auf einer Din-A4-Seite groß mit Edding: *Wie erreiche ich am schnellsten meine Ziele, liebes Unterbewusstsein, **gib mir die Antwort!*** Ich schlief bei Licht ein, meinen Blick starr auf dieses Blatt geheftet und nahm diese Affirmation somit in den Schlaf.
Am nächsten Tag hatte ich gleich morgens eine Stimme im Kopf, die mir sagte: *Du musst vergeben!* Es war nichts Spektakuläres, auch nichts Gruseliges, es war einfach meine eigene Stimme, so wie jeder einen inneren Dialog führt, also gab ich da nicht viel drauf. Manche werden jetzt sagen: *Ich spreche nicht mit mir selbst!* Aber dennoch kennt jeder dieses innere Zwiegespräch.
Am nächsten Abend wiederholte ich diese Einschlaftechnik, und auch am folgenden Tag hatte ich gleichbleibend diese Stimme im Kopf. Am Abend schlief ich wieder mit Licht ein, am nächsten Tag das gleiche Resultat. Am Nachmittag begann dann diese Stimme langsam zu nerven, es ist wie bei einem Song, den man nicht besonders mag, aber den man ständig im Ohr hat.

Als ich dann richtig genervt war, fragte ich laut in den Raum: ***Was ist denn das hier bloß ständig für eine Scheiße mit der Vergebung?***

Im selben Augenblick sagte dieselbe Stimme: *Das ist die Antwort!*

In diesem Moment dachte ich noch: *Mann, bin ich blöd!*

Ich holte mir einen Schreibblock und erfand eine Affirmation, die ich seit über 20 Jahren jedem empfehle, der im Leben wirklich vorankommen will.

***Ich habe mir selbst und allen Menschen dieser Welt restlos und absolut vergeben, ich habe vergeben, allen alles!***

Durch mein jahrelanges Studium der geistigen Gesetze und durch intensives Beobachten von Menschen habe ich gelernt, dass die Vergebung das absolut beste Mittel ist, um jedweden guten Dinge in dein Leben treten zu lassen.

Ich habe es am eigenen Leibe erfahren, dass es tatsächlich so ist. Anfangs, bevor ich die Vergebung für mich entdeckte, habe ich immer visualisiert wie ein Weltmeister, die Dinge änderten sich auch, aber nicht in der Weise, wie ich es gerne hätte.

Man kommt irgendwann zu der Erkenntnis, dass man ja nicht sein ganzes Leben visualisieren kann, ich meine so jede erwünschte Kleinigkeit.

Damals versuchte ich, einen geilen Körper zu visualisieren, Wohlstand zu visualisieren, die perfekte Frau zu visualisieren, gute Freunde zu visualisieren usw. Die ganzen Dinge bis ins Detail, die ein jeder in seinem Leben haben will, sind unendlich, die **kann** man nicht alle genau so visualisieren, wie man sie gerne hätte. Kein Mensch hat so viel Zeit dazu! Aber, und das ist ziemlich logisch, jeder einzelne Wunsch ist in meinem Unterbewusstsein gespeichert. Und das Universum weiß sehr wohl zu unterscheiden zwischen Dingen, die ich gern hätte, und Dingen, die ich lieber nicht hätte.

So hatte ich vor etlichen Jahren eine Traumfrau visualisiert, und sie kam auch in mein Leben. Alle Werte, die ich visualisierte, hatten

gepasst, so wie ich es mir aufgeschrieben hatte. Sie war sehr hübsch, hatte eine perfekte Figur, sie rauchte nicht, trank keinen Alkohol, sie war sportlich, ernährte sich gesund, sie war sehr zärtlich, sehr anhänglich, hatte keine allzu große Familienbindung, sie hatte und wollte keine Kinder, sie war 15 Jahre jünger als ich, sie hatte vorher schon Bücher über das Gesetz der Anziehung gelesen und teilte meine Ideologie usw. Aber man kann ja nun schlecht visualisieren, wie sie **nicht** sein soll, und so war sie extrem eifersüchtig. So sehr, dass sie sogar ausrastete, wenn ich mir in einem Sportkatalog Klamotten fürs Gym bestellte, weil sie dachte, ich geile mich da nur an den Models auf. So war es auch schon eine Herausforderung, mit ihr auf der Straße zu laufen. Sie guckte nicht wie jeder andere nach vorn, sondern sie beobachtete nur mich, wo ich denn hinschaue, um mich dann am Arm zu zerren, wenn uns eine hübsche Frau entgegenkam und mein Blick kurz in diese Richtung glitt.
Und so lernte ich, dass es unmöglich ist, sich das absolut Perfekte in jedem Detail zu visualisieren.
Aber wie schon gesagt, das Universum weiß, was du willst, du brauchst es nicht bis ins kleinste Detail zu imaginieren! Es reicht, wenn du vor deinem inneren Auge nur die ganz großen Sachen auf dem Schirm hast! Das Endziel sozusagen! In diesem Falle hätte es gereicht, hätte ich visualisiert, dass ich heirate! Nun wen heirate ich? Natürlich nur die wahre Traumfrau, das ist logisch, oder?
Hätte ich die Zeit, die ich damit verbrachte, meine Traumfrau bis ins Detail zu visualisieren, dazu genutzt, alten Groll und Selbstzweifel durch Vergebung aus meinem Inneren zu verbannen, wäre es schneller gegangen.
Du musst selbst völlig frei werden von negativen Gefühlen aller Art. Je eher du frei von latentem Groll und Hass wirst, umso schneller kommen deine Wünsche ohne Anstrengung in dein Leben!

Bei vielen Menschen ist es ja nicht nur eine Begebenheit, die vergeben werden sollte, sondern eine tiefe Aversion gegen viele Personen! Das hat sich über Jahre aufgebaut, ja eigentlich schon dein ganzes Leben lang.

Auch gibt es viele Leute, gegen die du etwas hast, die kennst du gar nicht persönlich. Weiterhin hat auch jeder noch eine Abneigung gegen sich selbst! Fast alle Menschen bereuen Taten aus der Vergangenheit. Das ist ein riesiger Müllhaufen in deinem Unterbewusstsein! Diesen solltest du beginnen abzutragen, und du wirst es am eigenen Leibe erfahren, wie leicht und spielerisch auch dein Leben werden kann. Dinge, die du möchtest, werden ohne große Anstrengung in dein Leben treten. Sachen, die du nicht möchtest, werden einfach irgendwie verschwinden, ebenfalls ohne große Anstrengung!

Also vergib allen Menschen, gegen die du etwas hast, ganz besonders dir selbst!

Ich sehe mich da auf vielen verschiedenen Etappen meines Lebens und sage mir immer wieder, dass alles richtig und gut war, wie ich es tat. Ich war eben damals so und konnte deswegen nicht anders handeln. Da ist sie wieder, die totale Akzeptanz! Natürlich ist die totale Akzeptanz Grundlage jeglicher Vergebung! **Ohne totale Akzeptanz keine Vergebung!** Und wenn ich mir selbst vergeben will, muss ich auch da die totale Akzeptanz ansetzen! Wenn ich anderen vergeben will, muss ich diese bei ihnen ansetzen. Erst wenn ich erkenne, dass, wenn ich an der Stelle des anderen geboren wäre, ich jetzt genauso wie er wäre! Ich hätte seine Gene und seine Prägung! **Ich wäre er, und ich würde es gut finden, so zu sein!**

Du solltest auch Menschen vergeben, die du persönlich gar nicht kennst, bei denen sich aber dennoch, wenn du an sie denkst, schlechte Gefühle in dir ausbreiten. Das ist bei jedem unterschiedlich, es könnten zum Beispiel Politiker sein, ein Moderator oder ein bestimmter Schauspieler. Wenn du an jemanden denkst – egal wen – und empfindest ein negatives Gefühl, weil du ihn nicht magst, ist das logisch, dass dieses negative Gefühl ja bei dir ist. Auf **deinem** Unterbewusstsein. Also musst du es auch dort beseitigen. Dieser Groll in dir drin macht dich abstoßend. Hass- und grollerfüllte Menschen sind abstoßend! Wenn du intensiv und ausdauernd vergibst, kommt irgendwann dann der Zeitpunkt, wo du nahezu gar keine negativen Gefühle in deinem Inneren hast. Also strahlst du nur noch positiv aus, das Gesetz der Anziehung wird dir dann nur noch Positives bringen. Dein Leben wird wunderbarer sein, als du es dir je erträumt hast! Vergebungstherapie ist ein Allheilmittel, das selbst schwerste Gemütskrankheiten zu heilen vermag! Das selbst schwerste Lebenskrisen zu bewältigen vermag! Das aus einem wirklich bescheidenen Leben einen nie gekannten Höhenflug machen kann!

## Vergebungstherapie

Die Vergebungstherapie kennst du ja bestimmt schon aus dem Arbeitsbuch, trotzdem möchte ich sie dir noch mal kurz in Erinnerung rufen.
Du setzt dich an einen Tisch, mit einem Blatt Papier und deinem Stift. Nun schreibst du auf dieses Blatt den Vergebungssatz von vorhin. Du kannst ihn auch etwas abändern, wenn es sich für dich besser anfühlt. Schreibe diesen Satz, nach Möglichkeit sprich ihn auch dabei. Dann schließe deine Augen und gehe zu einer Person, der du gerne vergeben möchtest. Das Schreiben dieses Satzes hat erstens den Sinn einer starken Affirmation. Du schreibst sie, siehst sie, sprichst sie, hörst sie. So kann diese Affirmation sehr tief in dein Unterbewusstsein eindringen. Zweitens hat das Schreiben dieses Satzes den Sinn, dass du nicht ständig abschweifst, so wie es vermutlich der Fall wäre, solltest du versuchen, deine Vergebungstherapie nur im Geiste auszuführen.

Fange klein an, mit Personen, gegen die du nur sehr latenten Groll hegst, nicht mit den Härtefällen wie Eltern oder Expartnern, sondern nimm einfach einen Mitschüler aus deiner damaligen Schulklasse, den du nicht besonders mochtest. Gib ihm die Hand oder nimm ihn in den Arm, und sage dabei etwas wie: *Ich vergebe dir alles was du gesagt oder getan hast, dass ich dich damals nicht leiden konnte! Ich wünsche dir ein wunderbares Leben!*

Auch da kannst du wieder abwandeln, wenn du möchtest. Danach öffnest du die Augen, schreibst wieder diesen Satz und gehst zu derselben oder einer anderen Person. Dieses Ritual praktizierst du jeden Tag mindestens eine Stunde. Natürlich musst du dich auch später an die schweren Fälle rantasten, und das wird mit Sicherheit schmerzvoll werden! Es ist nun mal so, dass beim Großreinemachen auch ein wenig Staub aufgewirbelt wird. Da musst du dich durchkämpfen!

Viele sagen mir immer, dass ihnen niemand mehr einfällt, dem sie vergeben sollten. Aber glaub mir, es sind unendlich viele Personen, gegen die du im tiefsten Herzen etwas hast. Dein Unterbewusstsein wird sie dir nach und nach offenbaren, wenn du dein Ritual regelmäßig und gewissenhaft durchführst.

Natürlich ist dir ja auch klar, dass du einer Person nicht vollständig vergeben hast, wenn du ihr einmal imaginär die Hand geschüttelt hast! Bei vielen Personen sind es Tausende einzelne Begebenheiten, die zusammen einen tiefen Groll produzieren. Zum Beispiel Eltern oder Expartnern musst du immer und immer wieder deine Vergebung zuteil werden lassen, bevor du den ersehnten Seelenfrieden erhältst!

Du selbst wirst es merken, wie du Fortschritte machst. Wenn du zum Beispiel jemandem in deinem Ritual zum ersten Mal begegnest, kann es sein, dass du dieser Person noch nicht mal die Hand geben möchtest. Wenn du ihn aber immer mal wieder mit in dein Ritual integrierst, wirst du nach einer Weile bemerken, dass du ihm gerne die Hand gibst. Später könntest du das Bedürfnis bekommen, diese Person in den Arm zu nehmen. Irgendwann kommt der Tag, wo du gar nicht mehr weißt, was du jemals gegen ihn hattest. Es fällt dir einfach nicht mehr ein! Diese Person ist dir auf einmal rundherum sympathisch, und du magst sie einfach. So kannst du, wenn du intensiv dranbleibst, Stück für Stück miterleben, wie sich dein langgehegter Groll in nichts auflöst.

## Selbstbewusstsein

Es gibt viele Menschen, die beklagen sich über sich selbst, weil sie nicht Nein sagen können, weil sie anderen alles durchgehen lassen, weil sie sich nicht trauen, vor anderen zu sprechen usw.
Diesen Menschen fehlt es ganz klar an Selbstbewusstsein. Mir ging es damals ebenso! Ich war nicht nur schüchtern, ich war schon total verklemmt. Im Grunde ist das kein Wunder, denn mein Vater hat meinen Bruder und mich einfach links liegen gelassen. Er hat wirklich nur das Nötigste mit uns geredet. Mein Vater hat sich gewünscht, eine Tochter zu haben, und nun sind wir nun mal zwei Jungen geworden, und er lehnte uns einfach ab.
Meine Mutter erzählte mir mal, dass er kurz nach meiner Geburt ins Krankenhaus kam. As sie ihm erzählte, dass es wieder ein Junge geworden ist, hat er die Klinik sofort wieder wortlos verlassen, ohne seinen Sohn auch nur eines Blickes gewürdigt zu haben.
So und ähnlich zog es sich die ganzen neun Jahre, bis unsere Eltern sich scheiden ließen. Natürlich waren seine Söhne total verklemmt, wenn ihnen vom ersten Tag ihres Lebens durch Worte und Gesten rübergebracht wird, dass sie nicht erwünscht sind, dass sie nicht gut genug sind!
Ich trage meinem Vater heute nichts nach, er war eben so! Was sollte er selbst dagegen tun, wenn er nun mal keine Jungs mochte? Er war eben so aufgrund seiner Prägung, die er vermutlich nie hinterfragt hatte.

Heute ist mein Selbstbewusstsein schon fast außergewöhnlich. Mir ist es vollkommen egal, was andere Menschen von mir denken. Es gibt eigentlich nichts, was ich mir nicht zutraue, und auch Lampenfieber ist mir völlig fremd, egal ob ich vor 5 oder 500 Menschen spreche. Ich, Andreas Boskugel, der sich in der Schule noch nicht mal traute, sich zu melden, der nicht er selbst sein konnte, sich ständig verstellte und von den Mitschülern wohl bloß als eine Art Randerscheinung wahrgenommen wurde.
Aber im Grunde ist es sehr einfach, eigentlich ist dieses Selbstbewusstsein sogar eine Art Abfallprodukt, das bei der Vergebung und der Vision entsteht! Ja, es ist tatsächlich so, du vergibst und visualisierst, um deine Ziele zu erreichen, und daraufhin steigt dein Selbstwertgefühl von Woche zu Woche!
Du kannst Selbstsicherheit nicht anders erzeugen, als dass du die alten Muster durch Vergebung auflöst! Da gibt es viele Trainer, die haben tolle Übungen parat, aber diese lösen nicht das Problem! Die können es höchstens übertünchen! Ich habe viele Bücher gelesen, wie man denn seine Schüchternheit überwindet. Da stehen dann Sätze wie: *Du musst es einfach tun ...* Oder: *Geh einfach zu der tollen Frau hin und sprich sie an, du hast doch nichts zu verlieren!* Aber im Grunde ist das der größte Bullshit aller Zeiten. Wäre so, als sagtest du zu dem Dicken: *Na dann werde doch einfach schlank, du hast doch nichts zu verlieren!* Oder: *Dann iss doch einfach weniger!*
**Der Dicke kann nicht einfach weniger essen, sonst wäre er ja nicht dick! Der Schüchterne kann nicht einfach eine tolle Frau ansprechen, sonst wäre er ja nicht schüchtern!**
Selbstvertrauen erlangst du auch, indem du prinzipiell das tust, was du dir vorgenommen hast. **Selbstvertrauen heißt, dass du dir selbst vertraust.** Und so wie du einem Kumpel irgendwann nicht mehr vertraust, wenn du merkst, dass du dich nicht auf ihn verlassen kannst, ist es auch mit dir selbst. Wenn du dir ständig etwas vornimmst und es nicht einhältst, dann vertraust du dir selbst

nicht mehr! Dein Selbstvertrauen wird im wahrsten Sinne des Wortes sinken!

Also mache immer genau das, was du dir selbst oder anderen angekündigt hast, ohne Wenn und Aber! Auch Ausreden wie: *Ich hatte keine Zeit* oder ähnlich gelten nicht, du tust das für dich selbst! Damit du selbstbewusster wirst, musst du sehr zuverlässig dir und anderen gegenüber sein. Natürlich solltest du dir auch nur die Dinge vornehmen, die du auch einhalten kannst, und dir selbst oder anderen keine unhaltbaren Versprechen machen. Also, wenn du dir sagst: *Morgen lerne ich 1 Stunde Gitarre spielen*, **dann tu es auch, erfinde keine Ausreden, tu es, und wenn die Welt untergeht, tu es trotzdem!** Damit kannst du dir innerhalb kürzester Zeit ein unüberwindliches Selbstbewusstsein aufbauen, und als Bonus werden andere dich für zuverlässig und aufrichtig halten.

Aber das wichtigste Mittel, um Selbstbewusstsein aufzubauen: Vergib dir selbst! Keine andere Übung ist auch nur ansatzweise in der Lage, dein Selbstbewusstsein schneller und nachhaltiger zu steigern, als die Selbstvergebung. Diese schafft es, sämtliche Schuld- und Minderwertigkeitsgefühle in deinem Herzen aufzulösen. Denn diese schlechten Gefühle sind die 100-prozentige Ursache für dein mangelndes Selbstwertgefühl! An Selbstvergebung führt kein Weg vorbei, wenn du ein selbstbewusstes Leben führen willst!

Ich finde das ziemlich logisch! Warum ist denn jemand schüchtern? Er ist es, weil er ein geringes Bild von sich selbst hat. Warum hat er das? Das hat er durch Erziehung! In seiner Kindheit wurde ihm oft durch Worte oder Gesten vermittelt, dass er nicht gut genug ist!

Das ist jetzt tief in seinem Unterbewusstsein verankert. Aber du kannst das ändern!

## Selbstvergebung

Die Selbstvergebung ist meiner Meinung nach noch wichtiger, als anderen Personen zu vergeben! Denn es ist genug Hass und Wut gegen dich selbst gespeichert. **Da bist du der Hassproduzent und der Empfänger in einer Person!**
Wenn du ganz tief in deinem Inneren glaubst, dass du etwas nicht verdient hast, dann kannst du es auch nicht bekommen. Dein Unterbewusstsein lässt Programme ablaufen, dass du dich ständig selbst sabotierst.
Das merkst du meistens gar nicht. Mit deinem Verstand glaubst du schon, dass du es verdient hast, aber tief im Herzen sieht es oft anders aus! Also tust du Dinge, die dir logisch erscheinen, und das Erwünschte wird unerreichbar oder zerrinnt dir zwischen den Fingern.
Selbstvergebung ist dein Antivirenprogramm, um diese schädlichen Programme zu löschen. Eigentlich werden gar nicht die Programme gelöscht, sondern deren Grundlage.
Menschen werden perfekt geboren, kein Baby fühlt sich wertlos, das bekommen wir erst in den Jahren unserer Erziehung aufgedrückt! Damals konntest du dich nicht dagegen wehren, aber heute kannst du das durchaus!
Das Ritual bei der Selbstvergebung ist das Gleiche, nur dass du diesmal nach dem Augenschließen zu Ereignissen gehst, wo du nicht besonders geglänzt hast. Du gehst jetzt zu deinem früheren Selbst und vergibst ihm. Das mag sich für einige erst mal etwas exotisch anhören, imaginär zu dem Kind zu gehen, das man mal war. Aber eigentlich ist es ganz einfach, du bist ja heute noch diese Person, nur eben etwas älter. Versuche es einfach und wenn es zuerst nicht so recht klappt, dann versuche es einfach weiter, bis du ein Profi auf diesem Gebiet bist!
Die erste Auswirkung, die ich wahrnahm, nachdem ich mein Vergebungsritual damals begonnen hatte, war ein wesentlich

gesteigertes Wohlbefinden! Ich fühlte mich danach einfach deutlich besser als davor. Also begann ich schon morgens, eine halbe Stunde Vergebung zu praktizieren, um das Wohlgefühl mit in den Tag zu nehmen. Und tatsächlich sind meine Tage jetzt **wesentlich besser**, als sie es vorher waren. Es ist tatsächlich wie eine Droge! Du schreibst eine Stunde deine Vergebung und hast Hochgefühle, fühlst dich total geflasht, bist ekstatisch und einfach glücklich! Ich persönlich finde, dass schon allein dieses gesteigerte Wohlbefinden es Wert ist, dass man diese Stunde investiert. Es ist irgendwie, als mache dein Unterbewusstsein Freudensprünge! Als möchte es dich ermuntern, das immer und immer wieder zu tun! Tu es einfach! Die ganz große Belohnung kommt etwas später, wenn du merkst, dass dein Leben immer besser und unkomplizierter wird.

**Vision**

Mit der Vision gibst du deinem Leben die Richtung vor! Wenn du nur so in den Tag hineinlebst, ohne deinem Unterbewusstsein ein klares Ziel vorzugeben, kannst du niemals vorankommen!
Du siehst und konzentrierst dich ja nur darauf, was gerade ist, also wird noch mehr von dem, was gerade ist, in dein Leben treten! Erst wenn du ein anderes Bild von deinem Leben in deinem Kopf entstehen lässt und dieses beharrlich visualisierst, wird Neues entstehen. Du bekommst immer das, was du vorrangig siehst, ob nun deinen strahlenden Erfolg, deinen Untergang oder eben ein 08/15-Leben!
Sicher kennt ihr das, viele meiner Kollegen und auch ich selbst schreiben es in Büchern und erzählen es auf Ihren DVDs. Nämlich, dass du deinen Fokus immer auf das Positive richten sollst, immer zuerst die Chance sehen sollst und nicht das Problem!
Das hört sich erst einmal ziemlich schlüssig an, aber die Sache hat einen Haken.

**Gedanken prägen dein Unterbewusstsein, aber du kannst nur denken, was dein Unterbewusstsein zulässt, dass du es denkst!** Das ist eine ziemliche Zwickmühle, der man aber durchaus entkommen kann!

So ist zum Beispiel ein sehr negativer Mensch gar nicht in der Lage, einer bedrohlichen Situation etwas Gutes abzugewinnen, egal wie sehr er **versucht**, positiv zu denken. Der positiv Eingestellte kann an derselben Situation gar nichts Bedrohliches wahrnehmen, er sieht darin ausschließlich eine Chance. So hat man schon von Menschen gehört, die sich das Leben nahmen, weil sie gerade ihren Arbeitsplatz verloren haben. Aber man hat auch schon von anderen gehört, die nach ihrer Entlassung erst mal so richtig durchgestartet sind, ihre eigene Firma gründeten und damit sehr erfolgreich wurden!

Aber man kann eben diese Sichtweise, die man hat, nicht auf Bestellung ändern!

Da beißt sich die Schlange in den Schwanz, das ist der Grund, warum die meisten Menschen ihr Leben nicht geändert bekommen, sondern im Großen und Ganzen bei ihnen immer alles gleich bleibt. Du kannst eben nur das denken, was dein Unterbewusstsein zulässt. Bist du sehr negativ geprägt, werden es deine Gedanken ebenfalls sein. Du kannst das jetzt nicht auf Bestellung anders machen. Weil die Gedanken immer gleich bleiben (gemäß den Inhalten deines Unterbewusstseins), bleiben auch die Handlungen immer gleich. Diesen frustrierenden Kreislauf kannst du nur durch Visionen durchbrechen! Jeder kann, wenn er will, berauschende Bilder von seinen tiefsten Sehnsüchten betrachten. Wenn du das täglich tust, werden sich die Inhalte deines Unterbewusstseins sehr schnell ändern, weil das Unbewusste bevorzugt in Bildern denkt. Also 3-mal 15 min täglich „Wünsche gucken“ schreibt die Inhalte sehr schnell um. Jetzt ändert sich natürlich auch dein gewohnheitsmäßiges Denken, es passt sich den neuen Inhalten an. Dadurch wirst du völlig automatisch andere Handlungen tätigen als

zuvor und dadurch andere Resultate erzielen! Natürlich kann das alles seine Zeit dauern!
Betrachte Zeiten, in denen nichts geschieht, als die Zeit, die das Universum braucht, um die Figuren und Ereignisse in Stellung zu bringen. Es passiert etwas, auch wenn du es nicht siehst.
Das ist so, als ob du eine große Datei runterlädst und keinen Kontrollbalken hättest. Da können schon 95 % auf deinem Rechner sein, du wirst es erst dann sehen, wenn 100 % drauf sind. Genauso ist es mit den Dingen, die du visualisierst, vielleicht sind sie schon zu 95 Prozent da, und die verbleibenden 5 Prozent brauchen noch einen Monat oder länger. Niemand weiß das wirklich, wie lange etwas dauert, ich werde ständig gefragt: *Wie lange wird es dauern?* Meine Antwort ist immer dieselbe: *Ich weiß es nicht!* Es hängt von vielen Faktoren ab: Was ist jetzt in deinem Unterbewusstsein gespeichert? Wie groß ist dein Wunsch im Gegensatz zu deiner jetzigen Realität? Wie fleißig bist du dabei, durch Vergebung und Vision die Inhalte deines Unterbewusstseins zu verbessern? Wie hoch ist dein Selbstwertgefühl? Verstößt der Wunsch gegen irgendeine latente Ethik, die dir früher anerzogen worden ist? Es sind unendlich viele Kriterien, und niemand weiß genau, wie es in deinem Inneren aussieht! Ich persönlich warte schon lange nicht mehr auf das Resultat, ich mache meine geistige Arbeit, weil ich mich superwohl dabei fühle! Seitdem ich das regelmäßig tue, ist mein Wohlfühllevel wirklich extrem gestiegen! Das ist irgendwie sogar kurios, manchmal ist es mir egal, ob sich irgendwelche Resultate einstellen. Das liegt daran, dass eigentlich das Endziel fast jedes Menschen darin besteht, sich gut zu fühlen. Viele glauben nun: *Wenn ich dieses Geld habe, dann fühle ich mich richtig gut!* Oder: *Mit einem neuen Partner werde ich endlich glücklich sein!*
Was ist nun aber, wenn du jetzt schon absolut glücklich bist, ohne den neuen Partner? Oder du dich wirklich atemberaubend gut fühlst, ohne das ersehnte Geld? Ja, dann wirst du noch mächtiger

sein, weil dein Glück nicht von äußeren Begebenheiten abhängt! Und genau dann, wenn du nicht mehr voller Ungeduld auf die Manifestation wartest, genau dann ist der Weg frei, damit das Erwünschte in dein Leben treten kann!

Also hat die geistige Arbeit gleich zwei Effekte! Zum Ersten wirst du dich wesentlich besser fühlen! Dadurch entspannst du dich deutlich, und deine Ungeduld verringert sich. Diese Ungeduld, die du vorher hattest, war der Hemmschuh, der verhinderte, dass das Erwünschte sich manifestieren kann!

Und zum Zweiten beschriftest du natürlich dein Unterbewusstsein neu. Durch die Vergebung reinigst du, durch Vision bringst du neue Inhalte herauf!

In der Vision solltest du deinen wahren Traum sehen! Nur die ganz großen Dinge!

**Und du kannst sie alle zusammenfassen in einen Traum.**

Viele behaupten, man sollte nur ein Ziel auf einmal angehen, aber warum? Wenn du gleichzeitig arm, krank und unglücklich werden kannst – und dafür gibt es genügend Beweise –, dann gilt logischerweise auch der Umkehrschluss! Du kannst also getrost den Wunsch nach Wohlstand mit dem nach einer glücklichen Beziehung zusammenpacken. Kreiere dir einen Spot, im dem du alles reinpackst, was du vom Leben erwartest. Sieh, wie du selbst in Wohlstand eine glückliche Beziehung lebst!

Mindestens 3-mal täglich mindestens 15 Minuten solltest du diese Innenschau tätigen! Du solltest dich vorher entspannen, in den Alphazustand gehen. Wie man das macht, weißt du bestimmt. Wenn nicht, besorge dir eine gute CD, mit der man das lernen kann. Oder besuche einen guten Hypnosetherapeuten, der dir Selbsthypnose beibringt. Wenn du mal in Berlin bist, kann ich dir Nikolai Hanf-Dressler ans Herz legen, er ist der beste Hypnosetherapeut, den ich kenne. Ich war vorher schon bei einigen anderen, aber es war immer ziemlich flach. Nikolai hat mich innerhalb von Sekunden in eine sehr tiefe Trance versetzt, das hat

mich nachhaltig beeindruckt. Von ihm habe ich dann Selbsthypnose gelernt, und so kann ich mich selbst zu jeder Zeit, an jedem Ort in eine tiefe Trance versetzen und meine Träume gucken. Einfach „Nikolai Hanf-Dressler“ googeln, da findest du alles, was du brauchst. Eine gute CD zum Entspannen findest du auf seiner Webseite ebenfalls.
Ich bin nicht an seiner Firma beteiligt, ich erwähne das nur, weil er wirklich gut ist. Du solltest nur zu ihm persönlich gehen, seine Angestellten kenne ich nicht, da weiß ich nicht, wie gut sie sind.
Wenn du das wirklich durchziehst, wenn du täglich dein Vergebungsritual tätigst und darüber hinaus noch 3-mal täglich in deine Vision gehst, steht deinem Traumleben nichts mehr im Wege! Jetzt heißt es, Geduld haben! Oder besser gesagt, es einfach zu tun! Denn wie bereits erwähnt wird sich dein Wohlfühllevel derart steigern, dass du gar keine Geduld mehr brauchst, weil du einfach schon jetzt glücklich bist! Ich weiß, dass das viele erst mal ablehnen, sie sagen: ***Ich will aber dieses Geld!!!***
Ich weiß, aber glaub mir, wenn du es **nicht** mehr sooo dringend willst, **dann** wird es kommen! Denn dieses **Unbedingt-haben-Wollen** ist auch eine Art Mangeldenken! Warum willst du es sooo dringend haben? Ja, weil dein Mangel schmerzhaft ist! Was wirst du bekommen, wenn du schmerzhaften Mangel empfindest? Natürlich noch mehr Mangel! Deswegen ziehe deine geistige Arbeit durch, dadurch steigt der Wohlfühllevel beträchtlich! Dadurch bist du einfach glücklich und nun kann noch mehr in dein Leben strömen, was dich noch glücklicher werden lässt. **Auch das viele Geld und die glückliche Partnerschaft können nun kommen!**
Du musst es einfach nur ausdauernd tun!
Du musst **zuerst** visualisieren, das kann jeder, selbst wenn jemand arm ist, kann er tagträumen, dass er Porsche fährt und eine Villa hat. Wenn er das jeden Tag tut, jeden Tag die gleiche Vision sieht, dann werden sich die Inhalte seines Unterbewusstseins ändern,

daraufhin werden sich seine gewohnheitsmäßigen Gedanken ändern, und daraufhin ändert sich sein Verhalten, daraufhin ändern sich seine Resultate!

Einfach nur seine gewohnheitsmäßigen Gedanken ändern, das kann man nicht! Da stehen einem die Inhalte des Unterbewusstseins im Wege.

Solange du A denkst, kannst du nicht B handeln, und solange dein Unterbewusstsein mit A angefüllt ist, kannst du nur dann B denken, wenn du dich darauf bewusst fokussierst! Also musst du so lange B visualisieren, bis es in das Unterbewusstsein eingedrungen ist, sich dort verfestigt hat, dann wirst du automatisch B denken und B handeln und dann B besitzen!

Die Vision verändert die Inhalte deines Unterbewusstseins schnell und radikal!

Auch musst du den Weg, wie du an dein Ziel gelangen möchtest, nicht kennen! Auch wenn das draußen in der Welt immer alle wissen möchten.

Wenn du ein neues Gewerbe ausüben möchtest und gehst nun zur Bank, dann wollen sie – obwohl sie nichts davon verstehen – einen Marketingplan von dir haben. Wenn du ihnen sagst, dass du nun 2–3 Mal täglich intensiv visualisieren wirst, werden sie dich vermutlich auslachen. Sie wollen Taten sehen, was du ganz genau und wann tun wirst. Aber es gibt Millionen, die ohne eine Vision völlig sinnlos handeln und keine guten Ergebnisse haben. Aber jeder mit einer starken Vision wird an seinem Ziel ankommen! Dazu braucht er keinen Marketingplan! Ich wohnte noch im Plattenbau in Berlin-Marzahn, als ich mir ein Bild von meinem Traumauto an die Wand hängte und davon träumte, solch ein Auto zu besitzen. Ein Jahr später wohnte ich in Schöneiche, einem vornehmen Vorort von Berlin, und fuhr meinen nagelneuen Daimler Super V 8.

Der mit einer Vision kommt immer an! Wenn du jetzt sagst: *Es ist schwer, heute was zu verkaufen, der Markt ist gesättigt* ..., dann

hast du auch eine Vision, und zwar davon, dass du eben nichts oder wenig verkaufst!
Also kümmere dich niemals um den Weg zum Ziel! Dein Weg ist deine geistige Arbeit, und diese wird dich sicher an dein Ziel führen!
Natürlich musst du dir vorher darüber im Klaren sein, was du wirklich willst. Wenn du keine Zielklarheit hast, werden deine Gedanken ebenso Wirklichkeit, dann wirst du das übliche Auf und Ab des Lebens erleben. Genau so ist es doch bei den meisten Menschen. Mal feiern sie Erfolge, und das nächste Mal scheitern sie wieder grandios! Sie konzentrieren sich ebenso auf ihre Wünsche wie auch auf ihre Ängste! Wenn sie einen Traum haben oder auch schon eine konkrete Idee, dann hören sie sich die kritischen Meinungen von Bekannten und Kollegen an, die meist Bedenkenträger sind. Einerseits wollen sie eine positive Veränderung, aber anderseits haben sie große Angst vor dem Scheitern!
Wenn du deine geistige Arbeit ausdauernd und gewissenhaft verrichtest, wird dieses „Auf und Ab des Lebens“ irgendwann einfach nicht mehr da sein, dann geht es immer nur noch beständig nach oben. Alles wird irgendwie von Monat zu Monat besser und leichter.
Eine genaue Schritt-für-Schritt-Anleitung zum Thema geistige Arbeit findest du im DENKE! ANDERS Arbeitsbuch sowie im *VIS-FOR-LO*® Lifestyle. Wenn du so richtig die Rosskur machen willst, verbunden mit täglicher Motivation, dann findest du auf meiner Website www.andreas-boskugel.com das Programm „FREI von Blockaden“. Da bekommst du ca. 6 Wochen lang jeden 2. Tag eine Mail, mit genauen Anleitungen + Motivation, diese Arbeit auch durchzuziehen. Diese 6 Wochen sind schon von Nöten, eine Gewohnheit fest im Leben zu verankern. Auch wenn du es ohne dieses Programm machst, wisse, dass es die erste Zeit schwer sein wird. Es ist immer schwer, den normalen Tagesablauf zu

verändern. Du musst einfach sinnlose oder gar schlechte Gewohnheiten wie übermäßigen TV-Konsum loswerden und gute, sinnvolle Gewohnheiten wie Vergebungsritual, Meditation und Vision installieren. Das ist anstrengend! Das wird dich zuerst Überwindung kosten!

***„Eine Angewohnheit kann man nicht aus dem Fenster werfen. Man muß sie die Treppe hinunterboxen, Stufe für Stufe.“***
Mark Twain

Wenn du das nicht schaffst, deine Gewohnheiten zu ändern, wirst du nie den gewünschten Erfolg in deinem Leben haben. **Also kneif die Arschbacken zusammen und zieh es endlich durch!**

## 42. Das Luftschloss

Das Wort „Luftschloss“ wird ja im allgemeinen Sprachgebrauch für Wünsche verwendet, die nicht in die Tat umgesetzt werden können. Natürlich gibt es selbst vor dem Gesetz der Anziehung solche Wünsche. Aber was ich meine, ist etwas anderes, vor dem du dich hüten solltest! Damit ist gemeint, dass du dich so sehr in deine Visionen reinsteigerst, dass du die Dinge, die jetzt schon in deinem Leben sind, einfach nicht mehr wertschätzen kannst und willst. Ich hatte da mal Steve beim Coaching sitzen, der hätte mit seinem Leben eigentlich zufrieden sein können. Er war gesund, hatte laut eigener Aussage eine ziemlich gute Partnerschaft, fuhr ein gutes Auto der Kompaktklasse und lebte in einer großen Wohnung. Nun hatte er sich aber so sehr in seine Vision verliebt, er wollte in die Schweiz auswandern, er stellte sich vor, Multimillionär zu sein, Rolls-Royce und Ferrari zu fahren, eine nahezu schon obszön große Villa zu besitzen und eine Frau zu haben, mit der er den Neid aller heterosexuellen Männer und aller homosexuellen Frauen auf sich ziehen würde. Das hatte nun zur Folge, dass er die Dinge, die er jetzt hatte und die eigentlich auch ziemlich gut waren, einfach nicht mehr wertschätzen wollte. Wenn er mit anderen über sein Auto, seine Wohnung oder seine Frau redete, so klang das ziemlich unglücklich: *Also, ich werde mir sowieso eine andere Frau suchen ...* Oder: *Die Scheißkarre ist ja nur ein Übergang, bis mein richtiges Auto in mein Leben tritt!* Das gesamte Gespräch war von Unzufriedenheit geprägt.
Ja, er visualisierte sein neues Leben! Wenn er es so macht, wie ich es empfehle, dann ist er bei 3-mal 15–20 Minuten am Tag. Das heißt, wenn er ca. eine Stunde am Tag sein neues Leben visualisiert, dass er ja dann noch, bei 6 Stunden Schlaf, 17 Stunden Wachbewusstsein hat, in denen er nicht visualisiert!
Wenn er also diese 17 Stunden negativ über das denkt und redet, was er hat, wie soll dann das Gute in sein Leben kommen?

**Ein großer Schlüssel, um alles in dein Leben zu ziehen, ist Liebe!** Du kannst sehr viel Liebe am Tag empfinden, wenn du die Dinge um dich herum wertschätzt! Sein Auto war ebenso gut wie seine Frau, er hätte sich genauso gut auf das Schöne daran konzentrieren können! Dann hätte er sich selbst wesentlich besser gefühlt, und er könnte seine Träume relativ schnell in sein Leben ziehen. So aber konzentrierte er sich vielleicht 17 Stunden täglich darauf, dass alles um ihn herum nicht gut genug war. Das ist Mangeldenken! Dem solltest du auf gar keinen Fall verfallen. Gehe in deine Vision und gib darin dein Bestes, aber wenn du damit fertig bist, dann wertschätze das, was du bereits in deinem Leben hast! Ansonsten wird deine Vision tatsächlich nur ein Luftschloss bleiben, denn du kannst deinen Traum nicht mit 17 Stunden Mangeldenken täglich in dein Leben ziehen. Ich finde, dass es sich ziemlich einfach und logisch anhört, aber dennoch habe ich selbst ziemlich lange gebraucht, bis ich es wirklich für mich umsetzen konnte. Denn damals, als ich damit begann, das Gesetz der Anziehung anzuwenden, ging es mir ähnlich wie Steve, und tatsächlich hat er mich an mich selbst erinnert. Also treffe die Entscheidung, dankbar für das Gute in deinem Leben zu sein, jeden Tag, sonst wird das nichts mit deinen großen Träumen! Irgendwie ist es nur eine Entscheidung zu sagen: *Ich werde mich jetzt auf das Gute in meinem Leben konzentrieren!* Dein Wohlgefühl wird so jeden Tag **wesentlich** höher liegen als sonst. Das ist logisch, wenn du denkst: *Ich habe ein gutes, zuverlässiges Auto! Ich weiß, dass ich später etwas Besseres besitzen werde, aber für den Moment ist es wirklich gut!* Dann fühlt sich das natürlich besser an als: *diese Scheißkarre ...*

Das gepaart mit 3-mal 20 Minuten Vision am Tag ist dann die Mischung, der sich nichts entgegenstellen kann. Der Erfolg wird in dein Leben kommen müssen, das ist Gesetz!

## 43. Du kannst es einfach tun!

Man sollte das mit der Vision vielleicht nicht so betrachten, dass da etwas von der Vision zur Materie wird, so als wenn man einen Gegenstand in einem 3D-Drucker herstellt.
Stell dir vor, ein von Hass und Neid erfüllter, sehr armer Mensch visualisiert täglich einen großen Geldbetrag. Vermutlich wird er ihn nie bekommen!
Du erhältst immer nach der **Gesamtsumme** deines Unterbewusstseins!
Um es mal farblich auszudrücken, wenn dein Unterbewusstsein noch grau ist, kannst du im Leben keinen weißen Gegenstand erhalten. Vielleicht mal kurz, aber er wird wieder verschwinden. Du kannst auch keinen schwarzen erhalten, vielleicht auch kurz, aber er wird auch wieder verschwinden.
Dein Leben wird grau sein. Also sei bemüht, dein Unterbewusstsein durch Vergebung und Vision eines Traumlebens täglich ein bisschen aufzuhellen.
So tue ich das schon seit Jahren, und es ging immer nur noch bergauf.
Rückschläge gab es nie, nur **gefühlte** Rückschläge, wenn eben mal etwas Schwarzes kam, was dann aber auch schnell wieder weg war.
Und **gefühlte** Rückschläge, wenn man ständig darauf wartet, dass doch nun **endlich** das Weiße kommen muss. Das fühlt sich ebenfalls nach Rückschlag an, ist aber keiner, es hat sich ja nichts geändert, außer dass die Erwartungshaltung gestiegen ist.
**Du musst es einfach tun! Täglich und konsequent!**
**Nach deinem Glauben wird dir geschehen!** Also wenn du dein Leben ändern willst, ist es doch wohl das Wichtigste, deinen Glauben zu ändern! Das ist doch wohl logisch, versteht jedes Kind! Es kann gar nichts geben, was noch wichtiger wäre! Im Grunde ist es noch nicht mal wichtig, ob du morgen zur Arbeit gehst. Deine

Kollegen oder Angestellten werden auch mal einen Tag ohne dich klarkommen. Aber wenn du nicht beginnst, die Inhalte deines Unterbewusstseins, also deinen Glauben, zu ändern, wird dein Leben immer so ähnlich bleiben, wie es jetzt ist!
Eigentlich brauchst du gar nichts mehr anderes tun, auch keine Bücher mehr lesen, ob vielleicht ein anderer Autor ein leichteres Konzept anbietet. Diese Konzepte gibt es bereits – hast du dir schon im Universum deine Million bestellt? Und hast du sie erhalten? Natürlich nicht, weil dieses Konzept unlogisch ist, und wenn du das Gesetz der Anziehung verinnerlicht hast, dann weißt du das auch selbst!

***„Arbeite härter an dir selbst als an deinem Geschäft!“***
Jim Rohn

Mach dir heute eine Momentaufnahme, schreib auf, wie dein Leben ist. Wie viel hast du in allen Bereichen? Gib dir Noten für Wohlbefinden, Liebe, Partnerschaft, Geld, Gesundheit.
Dann leg dieses Blatt Papier gut weg in ein Kuvert, schreib das Datum von heute drauf, danach sieh es nicht mehr an.
Genau ein Jahr später machst du wieder eine solche Bestandsaufnahme – nicht vorher! – und dann holst du das von heute raus und vergleichst! Wenn du das ganze Jahr an dir gearbeitet hast (Vergebung und Vision) und **nicht** nach Resultaten Ausschau hältst, dann wirst du geradewegs schockiert sein, wie sehr sich dein Leben verbessert hat!
**Aber es funktioniert eben nur, wenn du es wirklich tust.** Ich bin immer wieder ernüchtert, wenn ich Menschen beim Coaching habe und diese sich darüber beklagen, dass sich nicht viel in ihrem Leben verändert. Dann erzählen sie mir, dass sie schon hundert Bücher gelesen haben über das Gesetz der Anziehung und dass sie DENKE! ANDERS bereits das vierte Mal lesen.
Aber wenn ich sie danach frage, was sie denn nun genau davon

umsetzen, dann gucken sie mich verständnislos an, als sei ich nicht ganz dicht. **Sie tun nichts, also kann sich auch nichts verändern!** Sie philosophieren über den Weg, weiter nichts!

Stell dir vor, da ist ein weiter Weg vor dir, am Ziel ist das ersehnte Gasthaus, du hast Hunger und Durst, bist müde und erschöpft. Nun fragst du denjenigen, der dir den Weg zeigt, stundenlang aus, wie steil denn der Weg ist, was für ein Wetter unterwegs herrscht. Ob er vielleicht schon mal erlebt hat, dass das Wetter umschlägt, ob andere diesen Weg auch gegangen sind, wer denn genau die anderen waren, was sie für Kleidung trugen, wie das Wetter bei denen war. Ob die anderen es geschafft haben, ob schon mal einer aufgegeben hat, ob denn dieser Rasthof auch tatsächlich noch da ist. Danach suchst du fieberhaft andere Menschen, die du ebenfalls ausfragst, du suchst nach jemandem, der dir einen leichteren Weg aufzeigt. Aber es gibt keinen leichteren! **Du musst diesen Weg gehen, wenn du zum Ziel kommen willst! Du musst die Inhalte deines Unterbewusstseins verändern, wenn du dein Leben verbessern willst. Da kommst du nicht drum herum! Und nein, ein anderer kann das nicht für dich tun!**

Natürlich können ein paar Informationen hilfreich sein, aber bei vielen vermute ich, dass sie einfach noch Informationen sammeln möchten, um bloß nicht anfangen zu müssen. Um ja nicht ihren gewohnten Lebensrhythmus von Arbeit, Kneipe und Glotze verlassen zu müssen.

Das Leben kann so recht schnell an einem vorbeiziehen, deswegen ist es wichtig, dass etwas verändert wird, damit das vorbeiziehende Leben eine möglichst hohe Qualität besitzt. Du kannst das ohne Probleme schaffen, du musst nur beginnen! Ich weiß, aller Anfang ist schwer. Aber wenn du damit begonnen hast, dann wird es zu einem Selbstläufer. Wenn du erst mal die klare Vision hast, was du erreichen willst, dann wird viel passieren. Dann kann es sehr schnell gehen, dass du auf einmal gar keine Lust auf diese Versager hast, mit denen du jahrelang in der Kneipe gesessen hast!

Auch mein größtes Hobby war es damals, in irgendeiner Kaschemme zu hocken. Ja, das war lustig, wenn sich ein paar blöde Säufer ihre Storys erzählt haben! Nur war es eben nur so lange lustig, wie ich selbst so ein Loser war. Als sich in meinem Kopf eine klare Vision abzeichnete, was ich vom Leben wirklich will, hatte ich keine Lust mehr auf die versoffenen Kumpels, die mich allesamt ausgelacht hätten, wenn ich ihnen erzählt hätte, dass ich mein Leben zum Positiven verwandeln will!

Kaum fängst du mit einer Vision an, wird sie von selbst wachsen und dich verändern.

Du bist großartig, du kannst das vermutlich noch besser als ich, du musst es nur beginnen, tue es gleich heute!

## 44. Ausdauer

An vielen anderen Stellen habe ich schon angerissen, dass es eine Eigenschaft gibt, die weltweit alle Gewinner vereint! Jeder erfolgreiche Mensch hat diese Eigenschaft, und jedem Verlierer fehlt sie! **Ausdauer!** Natürlich spreche ich hier nicht von ein bisschen Ausdauer, so wie man sie beim Ausdauerlauf benötigt. Es wird ja schon als Ausdauerlauf bezeichnet, wenn jemand 20 Minuten Joggen geht. Ich rede hier von **wahrer Hartnäckigkeit!** Soll heißen: Du setzt dir ein Ziel, und danach fängst du an, dieses Ziel umzusetzen. Es kommt natürlich immer darauf an, welches Ziel es ist, aber nehmen wir so ein richtig Großes. Sagen wir, du bist im Moment nicht so wirklich vom Erfolg verwöhnt. Du selbst empfindest deine finanzielle Situation als unterdurchschnittlich und möchtest die finanzielle Unabhängigkeit erreichen.
Dein Leben ist eine großartige Geschichte, und was wäre eine Geschichte ohne Hürden, die es zu überwinden gilt?
In jedem Märchen gibt es Prüfungen, die der Held der Geschichte aber überwinden kann! Es ist natürlich nicht einfach, diese Probleme zu überwinden, sonst wäre es ja keine Heldengeschichte mehr. Man darf einfach nicht aufgeben, das ist der Deal in dieser Geschichte! Du bist dieser Held dieser, **deiner** Geschichte! Tu alles, was dir möglich ist, damit es ein wahres Heldenepos wird, gib niemals auf, beiß dich durch. Du kannst ruhig mal zweifeln, du kannst auch mal am Boden sein und weinen, aber dann steh wieder auf und mach weiter, ändere die Inhalte deines Unterbewusstseins, dann wird deine Geschichte ein Happy End haben! Du wirst es schaffen, und dein Leben wird sich verwandeln in ein wunderbares Abenteuer!
Wenn du versuchst, das Ganze in eine Metapher zu packen, dann stell dir vor, es gibt einen Ort, an dem du wirklich gerne wärest. Dieser Ort ist weit entfernt, und du hast kein schnelles Fahrzeug. Also musst du laufen, es ist eine lange Strecke, du weißt nicht

genau, ob es 100 oder 10.000 Kilometer sind. Aber du hast einen Kompass, der dir genau die Richtung anzeigt, die du gehen musst. Nun kommt es einzig und allein darauf an, wie sehr du dein Ziel liebst und wie sehr du deinem Kompass vertraust. Wenn du das Gesetz der Anziehung wirklich verinnerlicht hast, dann weißt du, dass du dein Unterbewusstsein nur dahingehend ausrichten musst, wohin du willst. Es ist immer die gleiche Kausalkette: Reinige dein Inneres durch Vergebung von negativen Gefühlen und bringe positive Eindrücke durch Vision hinauf. Also der Kompass ist schon mal in Ordnung, jetzt musst du laufen, und du wirst hohe Berge überwinden und durch stürmische See schwimmen müssen. Du wirst durch heiße Wüste laufen und durch finstere kalte Nacht. Und ja, du wirst alleine sein! Vor dem Gesetz der Anziehung bist du immer allein, niemand anderer kann dir helfen, deine Prägung zu verändern! Wenn du das unbeirrt tust, ist es eigentlich nur eine Frage der Zeit, wann du an deinem Ziel eintreffen wirst. Natürlich kommt es noch darauf an, wie schnell du dich vorwärts bewegst, also wie intensiv du mit deiner Vergebung und deiner Vision arbeitest. Aber dann heißt es einfach nur durchhalten. Klar ist das nicht immer einfach, gerade wenn das Leben da draußen ruft und ständig deine Aufmerksamkeit in Anspruch nimmt. Deine Familie, deine Kollegen und Freunde, alle wollen deine Aufmerksamkeit haben und die Medien natürlich auch, dort gibt es einen neuen Film, da eine neue Nachricht auf Facebook usw. Das ist der Punkt, wo sich die Spreu vom Weizen trennt. Der eine erliegt dem Drang nach dem Außen, bringt es einfach nicht übers Herz, dem Freund den gemeinsamen Kneipenabend zu verwehren; der Facebook-Nachricht nicht zu antworten; dem Chef seinen Wunsch nach Überstunden abzuschlagen und dem Onkel zu sagen, dass er nächstes Wochenende beim Familientreffen nicht dabei sein wird. Normalerweise wird das dann immer mit leeren Worthülsen begründet: *Man lebt doch nur einmal ...* oder: *Das ist doch nun mal*

*mein Onkel* ... Beides sind natürlich keine Argumente, sondern eigentlich nur leere Sprechblasen.
Kann sein, dass man nur einmal lebt, wer weiß das schon wirklich? Aber **gerade darum** sollte man manchmal auf kleine Annehmlichkeiten verzichten, um das Große erreichen zu können. Viele tun es im Äußeren schon, da ist der Mann, der noch mal ein Fernstudium macht, weil er sich im Job verbessern will. Da ist der Sportler, der das Ziel hat, bei der nächsten Olympiade dabei zu sein.
Aber ich möchte betonen, dass man große Dinge immer **zuerst im Inneren** erreicht! Denn du könntest ja jetzt sagen: *Ich bin unsportlich* ... oder: *Ich habe noch nicht mal Abitur* ...
Aber genau das ist der Punkt, es geht nicht darum, was du hast oder was du bist, es geht darum, wohin du willst und wie hartnäckig du an deinem Ziel dranbleibst!

***„Gib niemals, niemals, niemals, niemals, niemals auf, weder in großen noch in kleinen, weder in bedeutenden noch in geringfügigen Dingen, außer aus ehrenvoller Überzeugung oder Vernunft. Beuge dich niemals der Gewalt; beuge dich niemals der scheinbar übermächtigen Stärke des Feindes.“***
Winston Churchill

Imaginiere dieses Ziel immer und immer wieder, und es werden sich Wege eröffnen, die vorher nicht da waren. Natürlich wirst du als unsportlicher Mensch nicht den Wunsch haben, bei der Olympiade an den Start zu gehen, aber ich glaube, dass jeder Mensch Herzenswünsche hat, die so richtig groß sind und nahezu unerfüllbar erscheinen. **Nein, das sind sie nicht!** Nichts ist unmöglich, nichts ist unerfüllbar – wenn du **wirkliche** Ausdauer an den Tag legst, dann kannst du alles erreichen! Und wenn du es erreicht hast und ein völlig neuer Mensch geworden bist, dann wirst du heilfroh sein, dass du den Kneipenabend oder das

Familientreffen ausgelassen hast. Denn beides hätte dir nicht wirklich etwas genützt.
Du bist der Schöpfer, fokussiere dich auf dein Ziel und beiße dich fest, dann wirst du es früher oder später erreichen! Wenn du es dann erreicht hast, dann werden die Neider über dich lästern, dass du ja nur Glück gehabt hast, aber das wird dich dann nicht weiter interessieren, denn du weißt es besser.

***„Welches ist der beste Ratschlag, den Sie mir geben können?“ – „Geben Sie niemals auf. Sie können mit dieser Einstellung mehr erreichen als mit allem anderen, was ich Ihnen sagen könnte.“***
Donald Trump – Zitat aus seinem Buch: Gib niemals auf!

## 45. Sinnlose Zitate

In diesem Kapitel werden einige Sprichwörter und Zitate bekannter Menschen auf die Goldwaage gelegt und auf ihren Wahrheitsgehalt überprüft. Dabei tritt erstaunliches zutage!
Du wirst erkennen, welch groteske Absurditäten von vielen Menschen als wahr empfunden werden, einfach weil sie es gedankenlos übernommen haben.
Ich werde diese Sinnsprüche durch die Brille des Gesetzes der Anziehung betrachten. Es liegt mir fern, die Personen, die hinter den Zitaten stehen, zu kritisieren oder überhaupt zu bewerten. Aber es ist schon manchmal etwas befremdend, welchen Unfug Menschen reden, die im gesellschaftlichen Diskurs sehr hoch angesehen sind, und noch befremdender ist, dass alle applaudieren, ohne das Gesagte überhaupt erst einmal kritisch reflektiert zu haben!

***„Bei Geld hört die Freundschaft auf!"***
Deutsches Sprichwort

Auch ich habe das in meiner Kindheit oft gehört und ja, ich habe auch daran geglaubt! Aber später, o. k., viel später, als ich schon Autor war, fing ich an, das zu hinterfragen. Ich dachte immer: *Ist das denn wirklich so?*
Bei diesem Sprichwort stellte ich eben fest, dass es eben **nicht** so ist, sondern dass **genau das Gegenteil** zutrifft!
Stell dir vor, du brauchst mal sehr dringend 1.000 Euro. Nun gehst du zu deinen Freunden, angenommen es sind 10 Menschen, die du als deine Freunde bezeichnest. Nun gehst du zu jedem von ihnen und fragst, ob er dir mal aushelfen kann. Ich kenne deine Freunde nicht, aber die meisten Menschen würden jetzt wohl Sprüche hören wie: *Ein anderes Mal gerne, jetzt geht es gerade nicht!*
Oder: *Ich würde dir sehr gerne helfen, aber ich hab selber nichts!*

Vermutlich würden sich auch einige von ihnen als Finanzexperten entpuppen, die jetzt fürchterlich gute Ratschläge auf Lager haben, wie du denn dein Problem lösen kannst. Oder sie würden versuchen, die Schuldfrage zu klären, wer denn für dieses Desaster verantwortlich ist, manche würden dir vielleicht sogar vorwerfen, grob fahrlässig gehandelt zu haben. Natürlich hilft dir das alles nicht ein Stück weiter!

Das sind Schönwetter-Freunde, die, solange es dir gut geht, gern mit dir die Freizeit verbringen.

Aber vielleicht ist auch einer dabei – ich hoffe es für dich –, der sagt: *Pass auf, ich hab selbst nichts, aber ich gehe gleich mal zu meiner Bank und werde zusehen, dass die meinen Dispo erhöhen, dann gebe ich dir sofort die 1.000 Euro. Wiedergeben tust du sie mir dann, wenn es dir wieder besser geht!*

Oder ein anderer könnte anbieten, seine eiserne Reserve zu plündern: *Ich spare eigentlich auf ein neues Auto, aber es drängt nicht, das alte fährt ja noch, komm du erst mal wieder auf die Beine!*

Auf jeden Fall erkennst du einen wahren Freund daran, dass er dir nicht beim Ertrinken zusieht und dir kluge Ratschläge gibt, sondern **alles** versucht, um dir zu helfen. Deswegen:

**Bei Geld fängt die wahre Freundschaft überhaupt erst an!**

***„Liebe mich dann, wenn ich es am wenigsten verdient habe, denn dann brauche ich es am nötigsten.“***

Der Autor gilt als unbekannt, manche schreiben dieses Zitat aber Helen Keller zu.

Ich weiß aus Erfahrung, dass viele Menschen dieses Zitat über alles lieben, weil es impliziert, dass man bedingungslose Liebe erfahren kann, die komplett vom eigenen Verhalten abgekoppelt ist!

Solch ein Zitat wird dann unheimlich gerne bei Facebook gepostet und geteilt, und alle betonen in ihren Kommentaren, wie toll dieser

Spruch ist und welch tiefe Wahrheit sich dahinter verbirgt. Aber ich möchte dir nahebringen, dass dieses Zitat nur deswegen so viele Menschen lieben, weil es ihr größter Wunsch ist, dass es sich genau so mit der Liebe verhalten würde! Denn es impliziert, dass ich mich total daneben benehmen kann, mir mein Partner aber dann trotzdem seine Liebe offenbart, ja dass er mich dann sogar **noch mehr** liebt! Ja, das wäre er, der Freifahrtschein fürs Fremdgehen, hemmungslose Bequemlichkeit und für häusliche Gewalt!

Ja, das wäre schön, ich benehme mich rücksichtslos und unfair und werde trotzdem geliebt – **weil ich es brauche!** Wenn es so wäre, was da gefordert wird, dann hätten wir ja alle mal Adolf Hitler oder Joseph Stalin besonders viel Liebe geben müssen, oder, um in unserer Zeit zu bleiben, auch Osama bin Laden oder Anders Behring Breivik hätten wir dann besonders geliebt, weil sie es zwar nicht verdient haben, aber mit Sicherheit ganz dringend brauchten! Aber wir lieben nun mal nicht jemanden, weil er es **braucht**, so als werfe man dem Bettler ein Geldstück hin.

Der Gedanke, dass es möglich wäre, auf Bestellung zu lieben, ist ziemlich schlicht, denn genau das können wir eben nicht! Die Welt wäre wesentlich einfacher, wenn wir es könnten, aber es ist nun mal nicht der Fall. Niemand hat einen Schalter im Kopf, mit dem er die Liebe zu einem anderen ein- oder ausschalten kann. Nicht der, der liebt, verursacht Liebe, sondern der, der geliebt **wird**, entfacht sie im anderen! Diese Erkenntnis solltest du dir verinnerlichen! **Du wirst dann geliebt, wenn du anderen einen Grund gibst, dich zu lieben, und nicht weil du es brauchst!** Das ist sie nun mal, die Kausalkette der Liebe!

Eigentlich weiß das auch jeder, der sich die Mühe macht, darüber auch nur eine Minute nachzudenken! Wer war der erste Mensch, in den du so richtig verliebt warst? War das der unsympathische Klassenekel, den niemand leiden konnte, der hässlich war und aus dem Hals gerochen hat? Jede Wette, für den hattest du nur etwas

Verachtung oder vielleicht auch Mitleid übrig, aber verliebt warst du in einen Jungen oder ein Mädchen, den oder das du selbst als anziehend und attraktiv empfandest! **Und so ist das immer!**
Vielleicht hast du ja auch schon mal den vorwurfsvoll geäußerten Satz gehört: ***Du liebst mich ja gar nicht mehr!***
Jeder, der diesen Satz in vorwurfsvollem Ton äußert, könnte man guten Gewissens als Vollpfosten bezeichnen. Denn wenn mich ein anderer nicht mehr liebt, dann sollte ich erkennen, dass das nur an mir selbst liegen kann!
Also, wenn mich jemand nicht mehr liebt, sollte **ich mich selbst** vorwurfsvoll fragen, was ich denn getan hab, oder auch unterlassen habe, dass mich die andere Person nicht mehr liebt. Denn wie schon gesagt kann der andere nicht auf Bestellung lieben, ich muss diese Liebe in ihm entfachen!
Niemand kann also dann einen anderen ganz besonders lieben, wenn derjenige es besonders braucht! Deswegen ist dieses Zitat einfach nur eine Bitte, die aber nie erfüllt werden kann!

***„Wenn jeder Mensch auf der Welt nur einen einzigen anderen Menschen glücklich machte, wäre die ganze Welt glücklich.“***
Johannes Mario Simmel

Auch dieser Spruch wird von vielen Menschen geliebt. Ich glaube, es sind eher die, die nicht ganz so glücklich sind, die dieses Zitat mögen und vielleicht bei Facebook posten. Wenn ein 100 % glücklicher Mensch diesen Spruch liest und ihn toll findet, bräuchte er ja nur einen anderen Menschen finden, dem es nicht so gut geht, und versuchen, diesen glücklich zu machen. Warum sollte er dieses Zitat dann posten? Ich glaube, es ist der Unglückliche, der von dem Reiter auf dem weißen Schimmel träumt, der da kommt und ihm jeden Wunsch von den Augen abliest, ihm dann völlig uneigennützig diese Wünsche erfüllt und ihn damit glücklich macht.

Natürlich hört sich dieses Zitat auf den ersten Blick vernünftig an! Aber ist es das wirklich?
Nehmen wir dich, du bekommst jetzt die Aufgabe, den garstigen Opa im Altenheim glücklich zu machen!

1. Wüsstest du wahrscheinlich gar nicht, wie du das anstellen sollst. Wie willst du einen Menschen glücklich machen, der in seinem Herzen verbittert ist und an allem was rumzumeckern hat?

2. Hand aufs Herz – hättest du wirklich Lust dazu, das zu tun?

3. Wer sollte jetzt da ein Verteilsystem entwerfen, wer wen glücklich zu machen hat, das funktioniert? Wobei man natürlich festhalten muss, dass, selbst wenn es funktionieren würde, dann ja auch jeder abhängig wäre von einem anderen. Und es müsste Zwang ausgeübt werden, damit sich auch jemand um diesen cholerischen Opa kümmert.

Warum nicht die wesentlich einfachere Methode wählen:
Jeder ist dafür verantwortlich, sich selbst glücklich zu machen, dann wären auch alle glücklich. Und genau dieses System hat uns schon die Natur gegeben.
Jeder Mensch weiß selbst am besten, was ihn glücklich macht! Also sei einfach egoistisch, mach dich selbst glücklich, nutze die Macht deiner Gedanken, um dir damit das für dich bestmögliche Leben zu erschaffen! Ziehe dir so Gesundheit, Wohlstand und den idealen Partner in dein Leben.
Wenn jeder das tut, haben wir eine Welt voller glücklicher Menschen. Wenn der garstige Opa im Altenheim sich dem verweigert und lieber den ganzen Tag an Dinge denkt, die ihn unglücklich sein lassen, es sei ihm verziehen, da er selbst der Leidtragende dessen ist.

Ob die von mir vorgeschlagene Methode egoistisch ist? Darauf kannst du einen lassen! Dennoch ist sie überlegen, weil diese Methode einfach mehr glückliche Menschen produziert! Und da nur ein glücklicher Mensch eine wahre Bereicherung für die Gesellschaft ist, kommt sie auch anderen zugute! Viele stellen sich jetzt eine Welt voller Narzissten vor, die nur noch auf sich selbst fixiert sind und denen das Leid anderer völlig egal ist. Aber genau das wäre eben nicht der Fall. Es ist ja lediglich gemeint, dass man zuerst darauf achtet, dass es einem selbst gut geht. Kennst du die Hinweise im Flugzeug, dass bei Sauerstoffmangel du **dir selbst** zuerst die Sauerstoffmaske aufsetzen sollst und **danach** deinem Nachbarn dabei helfen sollst, falls er diese Hilfe benötigt? Wenn du zuerst dem anderen helfen würdest, obwohl du selbst nicht atmen kannst, würdet ihr womöglich beide sterben. Wem wäre damit geholfen?
Wenn du dann in deinem Leben viel für dich selbst getan hast, dann wird es dir gut gehen, du wirst gesund, reich und glücklich sein. Und genau dann wirst du auch genug Zeit und auch Nerven und Geld für andere haben. Auch für den cholerischen Opa. Wenn dein eigenes Leben ein Chaos ist, wirst du weder Lust noch Geduld für den bedürftigen alten Mann haben!

***„All unsere Träume können Realität werden, wenn wir den Mut haben, sie zu verfolgen.“***
Walt Disney

Eigentlich brauchen wir dazu keinen Mut ...
Es gibt viele Menschen, die sehr viel Courage besitzen, aber es dennoch niemals schaffen, aus ihrem unbefriedigenden Leben auszubrechen!
Angenommen, du wächst in einer armen Familie auf, dann ist dein Unterbewusstsein von dieser Armut geprägt. Dem kannst du nicht mit Mut entfliehen, sondern nur mit dem Wissen, wie es

funktioniert, dein Unterbewusstsein neu zu beschriften! Du könntest mutig wie ein Löwe sein – was solltest du denn tun, wenn du kein Geld und keine Bildung hast?
Das funktioniert nur, wenn du die Macht der Vision kennst! Nun kannst du jeden Tag das Leben deiner Träume visualisieren, aber dazu brauchst du keinen Mut. Eigentlich nur das Wissen und die Ausdauer, es wirklich jeden Tag inbrünstig zu tun, ansonsten könntest du eine total feige Sau sein, das spielt überhaupt keine Rolle!
Du solltest dir lediglich die Zeit nehmen, täglich deine Träume als bereits erfüllt vor deinem inneren Auge zu sehen. Dazu bedarf es lediglich Ausdauer, um diese Innenschau ohne Wenn und Aber jeden Tag zu tun.
Diese Ausdauer haben die meisten nicht, weil sie keine sofortigen Resultate sehen. Aber wenn du es wirklich tust, wirst du feststellen, dass du als sofortiges Resultat Wohlbefinden erntest. Wenn du 15 Minuten intensiv deinen Traum als bereits verwirklicht betrachtest, wirst du dich auch Stunden später noch wunderbar fühlen.
Wenn du natürlich 15 Minuten intensiv an das denkst, was du überhaupt gar nicht willst, dann wirst du dich noch Stunden später schlecht fühlen.
Auch wenn du ständig mit Kollegen und Bekannten über Dinge redest, die nicht erwünscht sind, wird sich ein dauerhaftes Unbehagen einstellen. Viele glauben nun, diese unerwünschten Dinge sind die Ursache für ihr Unwohlsein, aber das ist nicht richtig. Es ist die Konzentration auf diese Dinge, die das negative Gefühl entstehen lässt.
Die Macht liegt einzig und allein in dir! Stimme ein in den Chor der Zweifler, der Negativen, sei immer nur dagegen und führe ein Leben, was du nicht als großes Glück empfinden wirst. Oder betrachte das Gute, sei dafür, richte deinen Fokus auf Dinge, die du magst, die du als schön erachtest, und ein Leben voller Wunder

wird die Folge sein!
Sorry, lieber Walt, du hast großartige Dinge geleistet, aber dieser Spruch gehört nicht dazu.

***„Geld: ein Mittel, um alles zu haben bis auf einen aufrichtigen Freund, eine uneigennützige Geliebte und eine gute Gesundheit."***
George Bernard Shaw

Da maße ich mir an, dem weisen George Bernard Shaw entschieden zu widersprechen.
Natürlich kann nicht ein Mann zu einer Frau gehen, ihr Geld geben und sagen: „Los, liebe mich!" Wir haben ja schon an anderer Stelle festgestellt, dass niemand auf Bestellung lieben kann. Aber falls du eine Frau bist, würdest du dann den Penner auf der Parkbank als einen möglichen zukünftigen Ehemann in Betracht ziehen? Wohl kaum! Warum nicht? **Weil er kein Geld hat!** Ja, es hört sich grausam und materialistisch an, aber so ist es nun mal! Jede Frau, die etwas auf sich hält, sucht sich einen Ehemann, der in der Lage ist, eine Familie oder zumindest sich selbst zu ernähren. Ehrlich gesagt, das macht jedwedes Tier, dass es sich einen Partner sucht, von dem es glaubt, er könne den Nachwuchs versorgen! Bei den meisten Tieren, von der Fruchtfliege bis zum Elefanten, finden Kämpfe um das Weibchen statt. Und natürlich nimmt die Dame danach den Gewinner, denn er kann sie und den Nachwuchs vermutlich besser beschützen und ernähren als der Unterlegene!
Bei uns gibt es genau diese Kämpfe um das Weibchen immer noch! Der Penner auf der Parkbank ist der Verlierer dieses Kampfes, keine halbwegs normale Frau würde ihn als Partner auch nur in Betracht ziehen!
Einen guten Freund? Ich habe selbst der Unterschicht angehört, ich habe jahrelang von der Sozialhilfe gelebt, ich spreche aus Erfahrung! Ich hatte damals keine uneigennützigen Freunde, wir

haben uns gegenseitig beklaut und uns die Frauen ausgespannt! Uneigennützige Freunde habe ich erst, seit ich selber ein uneigennütziger Freund bin. Der kann man aber erst sein, wenn man in gesicherten Verhältnissen lebt. Wenn es ums nackte Überleben geht, ist sich jeder selbst der Nächste!
Gesundheit? Angenommen, jemand ist herzkrank, ich denke, dass er der Krankheit wirkungsvoller begegnen kann, wenn er reich ist und in eine der besten Spezialkliniken der Welt fliegen kann, sich dort vom Chefarzt – dem Star-Chirurgen persönlich – behandeln lässt, als jemand, der in irgendeinem Kreiskrankenhaus von einem Assistenzarzt operiert wird. Bei der Gesundheitsvorsorge sieht es ähnlich aus, auch da entscheiden die finanziellen Mittel darüber, wie gut sie ist!

***„Man darf Drogen nicht glorifizieren. Ich kenne genug Leute, die von ihren Trips nicht zurückgekehrt sind. Die sprangen aus dem Fenster, mußten feststellen, daß sie keine Flügel hatten, und knallten auf den Bürgersteig.“***
Paul McCartney

Ich bin immer etwas peinlich berührt, wenn jemand erzählt, was „man“ darf oder was „man“ nicht darf.
Wir alle kennen als Kinder Sprüche wie: *Das macht „man“ nicht.* Wenn wir gefragt haben: *Warum denn nicht?*, bekamen wir ebenso nichtssagende Aussagen wie: *Das gehört sich nicht!* Oder: *Das ist eben so!* Oder noch schlimmer: *Weil ich es sage!*
Das alles soll uns suggerieren, dass es nur eine Meinung auf dieser Welt gibt, die nun alle gefälligst zu befolgen haben.
Aber ich bin ein leidenschaftlicher Verfechter der Freiheit jedes einzelnen Menschen! Und deshalb glaube ich, dass es jeder für sich selbst entscheiden sollte, ob er z. B. Drogen glorifiziert oder nicht. Jeder sollte selbst entscheiden, ob er Drogen konsumiert. Es ist manchmal schon komisch, jeder ab 18 kann in den Supermarkt

gehen und sich literweise hochprozentigen Schnaps kaufen und sich damit ins Koma saufen. Ein anderer, der eine Pflanze auf dem Balkon züchtet, ist ein Verbrecher, weil man mit dieser Pflanze, wenn man denn wollte, einen Rausch erzeugen kann. Ist das nicht grotesk? Ich war jahrelang schwerer Alkoholiker, aber es würde mir nicht einfallen, jetzt jemanden belehren zu wollen, weil er etwas Alkoholisches trinken mag. Auch nicht wenn sich jemand ins Koma saufen will. Jeder muss da seine eigenen Erfahrungen machen, auf die Mahner und Oberlehrer hört sowieso niemand, meist erreichen sie durch ihre Warnungen genau das Gegenteil! Denn auch hier gilt: **Beachtung bringt Verstärkung!**

***„Ich habe in meiner Karriere über 9.000 Würfe verfehlt. Ich habe fast 300 Spiele verloren. 26-mal wurde mir der entscheidende Wurf anvertraut; und ich habe nicht getroffen. Ich bin wieder und wieder in meinem Leben gescheitert – und das ist der Grund für meinen Erfolg.“***
Michael Jordan

Das Scheitern ist natürlich **nicht** der Grund für seinen Erfolg! Wenn man dieser Logik folgen würde, dann wären alle Menschen erfolgreich, weil gescheitert ist ja wohl schon jeder. Der Grund für den Erfolg besteht darin, sich von diesem Scheitern nicht unterkriegen zu lassen, sondern es erneut zu versuchen, immer und immer wieder! Angenommen, der gute Michael hätte nicht 9.000 Würfe verfehlt, sondern diese hätten alle den Korb getroffen, hätte er dann weniger Erfolg gehabt? Nein, natürlich nicht, dann hätte er **noch viel größeren Erfolg** gehabt. Er war so erfolgreich, weil er trotz Niederlagen weitergemacht hat! Es ist wieder einmal die Hartnäckigkeit! Meines Erachtens ist die Ausdauer die wirklich beste Garantie für große Erfolge im Leben! Durchhaltevermögen ist die Eigenschaft, die **alle** wirklich erfolgreichen Menschen dieser Welt vereint! Es gibt keine Karriere ohne kleinere oder größere

Niederlagen! Genau da trennt sich dann die Spreu vom Weizen. Wenn ich irgendeinem Menschen, der sich ein Ziel gesetzt hat, nur einen Rat erteilen könnte, würde ich ihm sagen: *Sei stur wie ein Maulesel, was dein Ziel angeht, und du wirst es erreichen!*

***„Wer aufgehört hat, besser zu werden, hat aufgehört, gut zu sein.“***
Philip Rosenthal

Auch das ist wieder ein Zitat, das erst mal fast jeder unterschreiben würde, aber ist das wirklich so? Angenommen, da ist jemand richtig gut. Nehmen wir einen Weltmeister im Gewichtheben. Natürlich sind dem irgendwelche biologischen Grenzen gesetzt! Warum sollte er jetzt noch besser werden müssen, um gut zu sein? Manche Weltrekorde halten sich über viele Jahre hinweg! Ist Bill Gates besser geworden? Nicht wirklich, früher war Microsoft mal das Nonplusultra, das ist heute nicht mehr so. Hat Bill aufgehört, gut zu sein? Nun, er ist der reichste Mann der Welt, ich denke, das beantwortet diese Frage!
Niemand muss ständig besser werden, auch du nicht. Du brauchst dich auch nicht in einem ständigen Wettbewerb mit anderen sehen. Visualisiere dir deine Ziele, deine Wünsche, und wenn du sie erreicht hast, wirst du sehen, ob dir das genügt. Es gibt Menschen, die erreichen aus meiner Sicht der Dinge nicht besonders viel, aber sie sind damit ein Leben lang glücklich. Jeder braucht was anderes zum Glücklichsein, manch einer vielleicht auch, dass er immer besser wird. Aber ich glaube, wenn man das Ziel hat, immer besser zu werden, wird man irgendwann frustriert sein, wenn man erkennt, dass es noch besser nicht geht. Denn mit 90 wird der Gewichtheber bestimmt kein Weltmeister mehr sein, höchstens der Star im Seniorenheim.
Deswegen ist es manchmal einfach genug, wenn man gut und damit auch glücklich ist.

***„Hass kann nur durch Liebe überwunden werden.“***
Mahatma Gandhi

Diesen Spruch halte ich selbst für absoluten Blödsinn. Ja, er hört sich erst mal nett an, aber wie sollte das funktionieren? Wie sollte ein Mensch z. B. seinen Peiniger lieben? In einem Krieg, wie sollen die Soldaten ihre Angreifer lieben? Hat Jesus seine Mörder geliebt? Nein, er hat ihnen vergeben! Vergebung ist der Schlüssel gegen den Hass. Und natürlich die totale Akzeptanz. Ich wiederhole mich sicherlich, aber Vergebung ist dazu da, um alten Groll aufzulösen, die totale Akzeptanz dazu, keinen neuen entstehen zu lassen.
Hass wird niemals durch Liebe überwunden, weil man jemanden, den man hasst, nicht lieben kann. Wenn ich ihm lange genug vergebe, dann wird er mir irgendwann gleichgültig sein. Es ist auch gar nicht nötig, ihn zu lieben, schließlich kann ich ja andere Personen oder Dinge lieben. Es wird immer genug Gelegenheiten geben, um meine Liebe zu verteilen.

## 46. Schlussbemerkung

Nun bist du am Ende dieses Buches angekommen – schön, dass du so lange durchgehalten hast!
Ich möchte dich noch einmal daran erinnern, dass das Lesen eines Buches nichts in deinem Leben bewirkt. Stell dir vor, ein Mann würde gerne Muskeln haben, und er beschränkt sich darauf, Bücher darüber zu lesen, wie man Muskeln aufbaut! Natürlich kann er das so nicht erreichen, er muss es umsetzen, was er da gelesen hat. Und genau damit solltest du spätestens heute beginnen, ansonsten kann sich dein Leben nicht signifikant verbessern, wenn die Inhalte deines Unterbewusstseins gleich bleiben! Ich denke, das hast du verinnerlicht, dass die **einzige Möglichkeit**, deine Lebensqualität nachhaltig zu erhöhen, darin besteht, vorher die Inhalte deines Unterbewusstseins zu verbessern!
Des Weiteren ist es für dich von Vorteil, etwas mehr Gelassenheit an den Tag zu legen, was aktuelle Themen betrifft. Ist es gut, dass Donald Trump jetzt der Präsident der Vereinigten Staaten ist, oder ist es ein Desaster? Keine Ahnung, die einen sehen es so, die anderen anders. Wie ich es sehe? Es ist mir egal! Von mir aus könnte auch Charlie Sheen der neue Präsident sein oder Mike Tyson, ich denke, das müssen die Bürger der USA entscheiden, und es geht mich nichts an.
Ob Donald Trump ein guter Präsident ist? Keine Ahnung, da gibt es jetzt solche und solche Meinungen darüber. In 100 Jahren, unabhängig davon, was er tut oder nicht tut, wird es auch solche und solche Meinungen darüber geben. Also wen interessiert es? Ich weiß, deine Eltern und Lehrer haben dir das anders erzählt, aber glaub mir, umso gleichgültiger du Dingen gegenüber wirst, die du eh nicht ändern kannst, umso besser wird es dir persönlich gehen! So kannst du zu jedem Thema stehen! Ist der Klimawandel menschengemacht? Keine Ahnung, wer weiß das schon wirklich! Stimmt die Evolutionstheorie? Keine Ahnung, ist auch völlig egal!

Wer weiß das schon genau, was sich da vor Millionen von Jahren abgespielt hat!
Es ist wesentlich besser für dich selbst, wenn du da völlig gleichgültig reagierst. Meide solche Diskussionen, denn bei solchen Debatten gibt es keine Gewinner. Bei jedem Streitgespräch gibt es immer nur Verlierer!
Das einzige Thema, wo du absolut interessiert sein solltest, ist deine Zukunft! Da solltest du glasklare Vorstellungen haben! Und einen detaillierten Plan! Der könnte sich so anhören: ***Ich weiß, dass sich ab heute mein Leben täglich ein klein wenig verbessern wird! Es wird ab heute nur noch bergauf gehen. Dieser Weg, den ich jetzt gehe, führt mich zur Erfüllung aller meiner Herzenswünsche! Ich führe ein Leben mit strahlender Gesundheit, immensem Wohlstand und gleißendem Glück! Ich weiß das ganz genau! Da ich das Gesetz der Anziehung wirklich verstanden und verinnerlicht habe! Denn ich werde ab diesem Augenblick täglich daran arbeiten, die Inhalte meines Unterbewusstseins zu verbessern!***

Ich weiß, dass du das schaffen kannst,

in Liebe,
Andreas

Rich Verlag-Andreas Boskugel
Korrektorat: Veronika Roman, www.lektorat.koeln
**ISBN 978-3-95754-021-8**
1. Auflage

## Weitere Werke von Andreas Boskugel:

**DENKE! ANDERS**

**Das wohl wertvollste Buch der Welt!**

316 Seiten, Softcover, 12,99 €

ISBN 978-3-9815377-9-6

Das Buch DENKE! ANDERS enthält atemberaubende Informationen, die Dir den Durchbruch in Deinem Leben bringen. Du wirst ohne große Anstrengungen zu einer Naturgewalt, der sich nichts in den Weg stellen kann. Egal wo Du stehst, egal wer Du bist, egal was Du besitzt. Ganz gleich was es ist, Dein Körper, Deine Beziehungen oder Deine Finanzen, Du wirst in kürzester Zeit das haben, was Du schon immer wolltest! Die bahnbrechende Philosophie dieses Werkes ist der Schlüssel zu Deinem Erfolg. Dieses Buch enthält radikal neue Ansätze, wie auch Du Dein Leben in Rekordgeschwindigkeit ohne große Anstrengungen in die gewünschte Richtung bringst!

**DENKE! ANDERS ARBEITSBUCH**

**Nutze die Macht!**

160 Seiten, Taschenbuch, 11,99€

ISBN. 978-3-95754-001-0

Nach dem Bestseller DENKE! ANDERS nun das Arbeitsbuch. Darauf haben viele schon sehnsüchtig gewartet! Boskugel legt einen klaren Weg vor, welchen er selbst gegangen ist.
Er hat sich damit aus der Falle der Armut befreit und hat sich von einem Sozialhilfe-Empfänger zu einem extrem erfolgreichen Geschäftsmann, Autor und Erfolgstrainer entwickelt.
**Dies ist eine klare Schritt-für-Schritt Anleitung!**
So wie ein Profi-Monteur unter die Motorhaube schaut, den Fehler erkennt und beseitigt, wird Dir der Weg geebnet, den Fehler in deinem Inneren zu beheben, damit Dir das Gesetz der Anziehung die Resultate bringen kann, welche **Dich** glücklich machen!
Egal wo Du stehst, wenn Du dieser Anleitung gewissenhaft folgst, wirst Du in die Lage versetzt, endlich **Deinen** Traum zu leben!

## Der VIS-FOR-LO® Lifestyle

288 Seiten, Hardcover, 19,99€

ISBN 978-3-9575400-4-1

In diesem Buch erfährst Du: -Wie Du inneren Frieden erfährst, der alles übersteigt, was Du bislang kanntest! -Wie Du wahren Reichtum in Dein Leben ziehst! -Wie Du Deine Beziehungen zu anderen Menschen enorm bereicherst! -Wie Du eine unverwüstliche Gesundheit aufbaust! Ich denke nicht, dass Du der Gute bist, wenn Du den Bösen verachtest und verurteilst, sondern ich glaube, Du zählst dann zu den Guten, wenn Du gegen niemanden Groll hegst und Dein Herz frei ist von jeglichen negativen Gefühlen, Du Liebe und Güte in Deinem Inneren hast. Hier findest Du eine klare Anleitung, wie Du in kurzer Zeit Dein Inneres so aufräumst, dass Dein Leben in Zukunft von Gesundheit, Glück und Wohlstand dominiert sein wird. In diesem Buch wird Dir vermittelt, wie Du es vollbringst, negative Emotionen wie Groll und Schuldgefühle dauerhaft aus Deinem Herzen zu verbannen. Daraus erwächst eine mentale Stärke in Dir, mit der Du stetige Glückseligkeit in Dein Leben ziehen wirst. Dieses Buch ist eine unglaublich starke Botschaft für Verständnis, Güte und Herzenswärme! Menschen, die diesen Lebensstil praktizieren, berichten von einem bisher nie gekannten inneren Frieden. Einfach grandios *****

## RICHTIG DENKEN!

**Ein extrem wertvolles Buch!**
96 Seiten, Taschenbuch, 6,99€
ISBN 978-3-9815377-4-1

Wenn Du Dein Leben um 20%verbessern willst, nehme einen der üblichen Mainstream-Autoren, die erzählen Dir was von positivem Denken, harter Arbeit und wie Du den widrigen Umständen in Deinen Erfahrungen angemessener begegnest. Willst Du dagegen den wahren Erfolg, dann lerne bei Andreas Boskugel, wie Du Deine Erfahrungen gestaltest, bevor sie überhaupt entstehen! Wenn Du Dein Leben ENTSCHEIDEND verbessern willst, aber dennoch aus eigener Kraft nicht weiter kommst, ist Andreas Boskugel der Spezialist, der Dich mit seinen unkonventionellen Maßnahmen, seiner exorbitanten Offenheit, seiner magischen Leidenschaft für Erfolg auf kürzesten Weg dahin bringt, wo Du hin willst. In diesem Buch wird der Grundgedanken von dem Standardwerk „DENKE! ANDERS“ in stark komprimierter Form vermittelt.

**FREI vom Alkohol**

**Ohne Kampf, ohne Willenskraft zur ersehnten Freiheit**

96 Seiten, Taschenbuch, 9,99 €

ISBN 978-3-9815377-6-5

Die meisten Bücher zu diesem Thema werden von „Therapeuten“ geschrieben, die mit theoretischem Halbwissen aufwarten, die gar nicht nachempfinden können, worüber sie da sprechen. Andreas Boskugel trank über 15 Jahre exzessiv, bevor er eine Technik entwickelte, mit deren Hilfe sich jeder Mensch selbst aus der Falle der Sucht befreien kann. Und das ohne Entzugsklinik, ohne Gruppentherapie, ohne Willenskraft. „Es wird das Größte sein, das Nachhaltigste, was Du jemals getan hast.“

Boskugels Methode funktioniert ganz hervorragend und das völlig entspannt!